两河口特大桥
工程施工技术

刘玉兴 柴泽民 王凯 杨仕耀 何丰前 田继业 等 著

中国水利水电出版社
www.waterpub.com.cn
·北京·

内 容 提 要

本书以我国川西高原第一高墩特大桥工程施工技术为例，详细调研并介绍了该工程由施工准备阶段到整体施工完成阶段的施工工艺与方法，并提出地质、气候、技术要求等苛刻条件下施工技术应对方法。全书总计12章，主要包括绪论、施工准备、桥梁桩基施工、主桥承台施工、主桥墩身施工、T梁施工、连续梁施工、隧道施工、引道施工、梁板架设施工、桥面系施工和试验交验。

本书对各阶段施工的概况、目的、施工设计、施工准备及要求、施工工艺及方法和施工质量保证技术等进行了详细介绍，以期为环境类、市政工程类、土木工程类和水利工程类等相关专业科研人员和工程技术人员提供施工经验与技术参考。

图书在版编目（CIP）数据

两河口特大桥工程施工技术 / 刘玉兴等著. -- 北京：中国水利水电出版社，2023.2
ISBN 978-7-5226-1380-2

Ⅰ.①两… Ⅱ.①刘… Ⅲ.①长跨桥－桥梁施工－案例－四川 Ⅳ.①U448.4

中国国家版本馆CIP数据核字(2023)第036522号

书　　名	两河口特大桥工程施工技术 LIANGHEKOU TE DA QIAO GONGCHENG SHIGONG JISHU
作　　者	刘玉兴　柴泽民　王　凯　杨仕耀　何丰前　田继业　等著
出版发行	中国水利水电出版社 （北京市海淀区玉渊潭南路1号D座　100038） 网址：www.waterpub.com.cn E-mail：sales@mwr.gov.cn 电话：(010) 68545888（营销中心）
经　　售	北京科水图书销售有限公司 电话：(010) 68545874、63202643 全国各地新华书店和相关出版物销售网点
排　　版	中国水利水电出版社微机排版中心
印　　刷	清淞永业（天津）印刷有限公司
规　　格	170mm×240mm　16开本　17印张　333千字
版　　次	2023年2月第1版　2023年2月第1次印刷
定　　价	**86.00元**

凡购买我社图书，如有缺页、倒页、脱页的，本社营销中心负责调换

版权所有·侵权必究

前 言

2019年9月28日上午，两河口跨库特大桥正式通车，向新中国成立70周年献礼，为我国"十三五"重点建设项目两河口水电站按期下闸蓄水提供了保障。

两河口特大桥是衔接四川省雅江县至新龙县、雅江县至道孚县的重要交通工程，是雅江、道孚、新龙三县连接318国道的重要枢纽，为当地藏族群众与外界沟通联系提供了安全便捷的交通设施，对推动地区经济发展、藏区脱贫攻坚将产生深远的影响。

两河口特大桥建设在海拔2900多m的川西高原，全长628m，最大跨度220m的主桥一跨飞越雅砻江大峡谷，主桥墩高172m，是目前我国在藏族地区修建的桥面至江面落差最大的公路桥，超过了280m。大桥具有墩高、跨大、水深、地震烈度高、海拔高、峡谷风速高、高寒年施工期短等特点，综合难度位居国内连续钢构桥型前列。

基于此，本书开展了两河口特大桥施工技术调研整合方面的工作。

根据我国复杂地质与气候条件地区修建长主跨、高桥墩、高桥面的桥梁工作发展的实际需要，结合实践经验，按照国家有关法规、标准、技术导则和最新学科研究成果，刘玉兴、柴泽民、王凯、杨仕耀、何丰前、田继业、王金国、于长彬、张鹏、尹黔、张贵科、李其虎、张东明、严跃岗撰写了此书。

本书以我国川西高原第一高墩特大桥施工技术为核心，提出地质、气候、技术要求等苛刻条件下施工技术应对方法。本书力求通俗易懂，简明实用，以详细的案例分析为主。适合于环境类、市政工程类、土木工程类和水利工程类等相关专业科研人员和工程技术人员作为技术参考书。本书编写过程中参考了许多研究者的有关成果，在此一并致谢。限于编者水平和时间，书中不足之处在所难免，恳请读者批评指正。

作者

2022年10月

目 录

前言
第1章 绪论 …………………………………………………………………… 1
  1.1 国内外大跨桥梁现状及发展趋势 …………………………………… 1
  1.2 大跨径桥梁的分类与特点 …………………………………………… 2
    1.2.1 梁式桥 …………………………………………………………… 2
    1.2.2 拱式桥 …………………………………………………………… 3
    1.2.3 斜拉桥 …………………………………………………………… 5
    1.2.4 悬索桥 …………………………………………………………… 6
    1.2.5 刚架桥 …………………………………………………………… 6
  1.3 大跨度桥梁施工中存在的问题 ……………………………………… 7
第2章 施工准备 ……………………………………………………………… 9
  2.1 各项临建设施的规划布置 …………………………………………… 10
  2.2 临建设施与生产生活营地施工 ……………………………………… 14
    2.2.1 临建设施施工 …………………………………………………… 14
    2.2.2 生产生活营地施工 ……………………………………………… 15
  2.3 用电施工 ……………………………………………………………… 19
  2.4 用水施工 ……………………………………………………………… 20
  2.5 其他保证措施 ………………………………………………………… 20
  2.6 排架施工 ……………………………………………………………… 22
    2.6.1 施工方法及工艺 ………………………………………………… 23
    2.6.2 脚手架的拆除施工技术要求 …………………………………… 25
  2.7 溜索施工 ……………………………………………………………… 26
    2.7.1 设计参数说明 …………………………………………………… 26
    2.7.2 主要部位设备选用 ……………………………………………… 26
    2.7.3 施工工艺流程 …………………………………………………… 26
    2.7.4 施工准备 ………………………………………………………… 27

2.7.5　锚索施工 ………………………………………………………… 27
　　2.7.6　压浆 …………………………………………………………… 27
　　2.7.7　锚板安装、张拉 ………………………………………………… 27
　　2.7.8　预应力施工质量控制措施 ……………………………………… 27
　　2.7.9　引索过江 ………………………………………………………… 28
　2.8　过江索道桥施工 ……………………………………………………… 29
　　2.8.1　索道桥基本组成 ………………………………………………… 30
　　2.8.2　主要施工内容 …………………………………………………… 31
　　2.8.3　桥台施工 ………………………………………………………… 32
　　2.8.4　锚固工艺 ………………………………………………………… 33
　　2.8.5　主索架设安装 …………………………………………………… 33
　　2.8.6　桥面安装 ………………………………………………………… 34
　　2.8.7　一般工程施工 …………………………………………………… 35
　　2.8.8　索道桥验收 ……………………………………………………… 37

第3章　桥梁桩基施工 ……………………………………………………… 39
　3.1　概述 …………………………………………………………………… 40
　3.2　桩基混凝土浇灌施工 ………………………………………………… 43
　　3.2.1　终孔检查 ………………………………………………………… 43
　　3.2.2　桩基钢筋 ………………………………………………………… 43
　　3.2.3　浇灌桩基混凝土 ………………………………………………… 44
　　3.2.4　施工注意事项 …………………………………………………… 46
　3.3　质量、安全、文明施工 ……………………………………………… 46
　　3.3.1　质量保证措施 …………………………………………………… 46
　　3.3.2　工程质量控制指标、检验频率及检验办法 …………………… 46
　　3.3.3　分项工程报验程序 ……………………………………………… 47
　　3.3.4　材料质量保证措施 ……………………………………………… 47
　　3.3.5　安全保证措施 …………………………………………………… 48
　　3.3.6　环境保护及文明施工措施 ……………………………………… 49
　3.4　雨季及特殊情况应急措施 …………………………………………… 50
　　3.4.1　雨季施工技术措施 ……………………………………………… 50
　　3.4.2　特殊情况的应急措施 …………………………………………… 51

第4章　主桥承台施工 ……………………………………………………… 52
　4.1　概述 …………………………………………………………………… 52
　4.2　施工组织和进度计划 ………………………………………………… 53

- 4.2.1 准备工作 53
- 4.2.2 设备配置 53
- 4.2.3 材料 54
- 4.2.4 工程进度保证措施 54
- 4.3 承台施工方案 55
  - 4.3.1 承台施工工艺 55
  - 4.3.2 基底封底层及桩头凿毛 55
  - 4.3.3 钢筋工程 58
  - 4.3.4 模板工程 61
  - 4.3.5 混凝土浇筑 62
- 4.4 混凝土温度裂缝分析及控制措施 65
  - 4.4.1 温度裂缝理论分析 65
  - 4.4.2 混凝土温度控制措施 66
- 4.5 承台混凝土的测温 67
  - 4.5.1 测温方法 67
  - 4.5.2 测温点的布置 67
  - 4.5.3 测温钢管的预埋 67
  - 4.5.4 测温制度 67
  - 4.5.5 水池布设 68
- 4.6 大体积混凝土热工计算 68
  - 4.6.1 大体积混凝土的温控计算 68
  - 4.6.2 承台混凝土的温控计算 70
  - 4.6.3 建议 71
- 4.7 混凝土泵输出量和所需搅拌运输车数量计算 71
  - 4.7.1 仓面设计 71
  - 4.7.2 确定混凝土泵送数量 72
  - 4.7.3 确定混凝土运输车台数 72
- 4.8 雨季施工措施 72
- 4.9 主要保证措施 73
  - 4.9.1 质量保证措施 73
  - 4.9.2 安全生产保证措施 73
  - 4.9.3 环境保护措施 73

第5章 主桥墩身施工 75
  5.1 概述 75

- 5.2 施工组织设计 ··· 77
  - 5.2.1 施工现场布置 ·· 77
  - 5.2.2 进场主要机械设备及人员职责 ······································ 77
  - 5.2.3 施工准备 ·· 78
  - 5.2.4 工期保证措施 ·· 79
- 5.3 墩身施工方案 ··· 81
  - 5.3.1 墩身施工工艺 ·· 81
  - 5.3.2 模板设计及构造 ··· 81
  - 5.3.3 施工工艺方法 ·· 83
  - 5.3.4 液压爬模工艺原理 ··· 85
  - 5.3.5 塔机及电梯安装 ··· 87
  - 5.3.6 墩身首节施工 ·· 87
  - 5.3.7 爬架安装 ·· 90
  - 5.3.8 爬架爬升 ·· 92
  - 5.3.9 墩身正常节段施工 ··· 93
  - 5.3.10 墩身施工测量控制 ··· 94
  - 5.3.11 墩身横隔板施工 ··· 96
- 5.4 引桥墩柱施工方案 ··· 96
  - 5.4.1 墩柱施工工艺 ·· 96
  - 5.4.2 引桥墩柱概况 ·· 96
  - 5.4.3 墩柱施工方法 ·· 97
- 5.5 质量控制及保证体系 ··· 100
  - 5.5.1 墩身施工质量控制要点 ··· 100
  - 5.5.2 质量保证体系 ·· 101
  - 5.5.3 质量保证措施 ·· 101
- 5.6 雨季施工安排及措施 ··· 103
  - 5.6.1 安全保证体系 ·· 103
  - 5.6.2 保证安全的主要措施 ·· 104
- 5.7 5号、6号主墩-内部横隔板托架施工计算 ································· 108
  - 5.7.1 工程概况 ·· 108
  - 5.7.2 施工方案 ·· 108
  - 5.7.3 每层隔板施工所需材料 ··· 109
  - 5.7.4 牛腿托架的验算 ··· 109

第6章 T梁施工 ... 113
6.1 概述 ... 113
6.2 施工计划 ... 114
6.3 T梁预制施工工艺及方法 ... 115
6.3.1 工艺流程 ... 115
6.3.2 施工方法 ... 115
6.3.3 预制场临设布置 ... 115
6.3.4 预制T梁模板加工安装 ... 115
6.3.5 制梁台座施工 ... 117
6.3.6 钢筋加工及安装 ... 118
6.3.7 波纹管施工 ... 119
6.3.8 T梁混凝土施工 ... 119
6.3.9 T梁拆模及养护 ... 119
6.3.10 T梁预应力张拉 ... 120
6.3.11 预应力孔道压浆 ... 121
6.3.12 T梁封端 ... 121
6.4 T梁的运输及架设 ... 121
6.4.1 T梁运输 ... 121
6.4.2 T梁架设工艺流程 ... 121
6.4.3 T梁架设 ... 121
6.4.4 架桥机吊装T梁 ... 127
6.5 湿接缝施工 ... 129
6.6 质量控制保证措施 ... 130
6.6.1 建立全面的质量管理体系 ... 130
6.6.2 强化质量意识，树立质量第一观念 ... 130
6.6.3 建立和落实各项质量管理规章制度 ... 130
6.7 质量保证措施 ... 131
6.7.1 加强技术管理 ... 131
6.7.2 严把混凝土质量关 ... 131
6.8 T梁施工质量控制要点 ... 132
6.9 T梁混凝土防开裂技术措施 ... 133
6.10 安全保证措施 ... 133
6.10.1 危险源辨识 ... 133
6.10.2 架桥机施工安全技术保证措施 ... 134
6.11 应急预案 ... 135

  6.11.1 应急组织机构职责 …………………………………………… 135
  6.11.2 预防与应急准备 …………………………………………… 136
  6.11.3 危险源监控 ………………………………………………… 136
  6.11.4 预警级别 …………………………………………………… 136
  6.11.5 信息报告程序 ……………………………………………… 136

第7章 连续梁施工 ……………………………………………………… 139

 7.1 概述 …………………………………………………………………… 139
 7.2 总体施工方案 ………………………………………………………… 140
 7.3 0 号段施工 …………………………………………………………… 141
  7.3.1 托架预压试验目的 ………………………………………… 141
  7.3.2 试验前的检查 ……………………………………………… 142
  7.3.3 安装 ………………………………………………………… 142
  7.3.4 加载 ………………………………………………………… 142
  7.3.5 卸载与拆除 ………………………………………………… 145
 7.4 预压验收 ……………………………………………………………… 145
 7.5 托架施工 ……………………………………………………………… 146
  7.5.1 托架的设计及搭设 ………………………………………… 146
  7.5.2 模板施工 …………………………………………………… 150
  7.5.3 0 号段内膜支架设计 ……………………………………… 151
 7.6 挂篮施工 ……………………………………………………………… 153
  7.6.1 挂篮设计 …………………………………………………… 153
  7.6.2 挂篮拼装 …………………………………………………… 155
  7.6.3 挂篮走行 …………………………………………………… 156
  7.6.4 挂篮验算 …………………………………………………… 157
 7.7 钢筋及预应力管道施工 ……………………………………………… 157
  7.7.1 钢筋加工及安装 …………………………………………… 157
  7.7.2 预应力管道施工 …………………………………………… 158
  7.7.3 挂篮施工孔洞预留及钢筋预埋 …………………………… 158
 7.8 混凝土施工 …………………………………………………………… 158
  7.8.1 材料控制与储备 …………………………………………… 158
  7.8.2 混凝土拌制 ………………………………………………… 159
  7.8.3 混凝土运输 ………………………………………………… 160
  7.8.4 混凝土浇筑 ………………………………………………… 160
 7.9 预应力张拉 …………………………………………………………… 161

  7.9.1　理论伸长量计算 …………………………………………………… 161
  7.9.2　预应力筋的实际伸长值 ……………………………………………… 162
  7.9.3　预应力张拉顺序及程序 ……………………………………………… 162
  7.9.4　预应力穿束及张拉 …………………………………………………… 163
 7.10　孔道压浆 ………………………………………………………………… 164
  7.10.1　压浆前的准备工作 …………………………………………………… 164
  7.10.2　真空压浆施工工艺 …………………………………………………… 164
 7.11　边跨直线段施工 ………………………………………………………… 166
  7.11.1　支座安装 ……………………………………………………………… 166
  7.11.2　模板支护 ……………………………………………………………… 166
  7.11.3　钢筋绑扎及预应力管道安装 ………………………………………… 167
  7.11.4　混凝土浇筑 …………………………………………………………… 167
 7.12　不平衡段施工 …………………………………………………………… 167
 7.13　合龙段施工 ……………………………………………………………… 167
  7.13.1　边跨合龙段施工 ……………………………………………………… 167
  7.13.2　中跨合龙段施工 ……………………………………………………… 168
  7.13.3　中跨合龙段顶推 ……………………………………………………… 168
  7.13.4　合龙段张拉压浆 ……………………………………………………… 168
 7.14　施工质量及安全控制 …………………………………………………… 169
  7.14.1　0号段内膜支架 ……………………………………………………… 169
  7.14.2　混凝土浇筑 …………………………………………………………… 170
  7.14.3　预应力施工 …………………………………………………………… 172
  7.14.4　孔道压浆质量控制要点及注意事项 ………………………………… 173

第8章　隧道施工 ……………………………………………………………………… 175
 8.1　概述 ………………………………………………………………………… 175
 8.2　隧道施工方案 ……………………………………………………………… 176
 8.3　洞门与明洞施工方法 ……………………………………………………… 176
 8.4　超前支护 …………………………………………………………………… 176
  8.4.1　砂浆锚杆施工 …………………………………………………………… 177
  8.4.2　注浆小导管施工 ………………………………………………………… 179
 8.5　洞身掘进与初期支护 ……………………………………………………… 180
  8.5.1　开挖方法及步骤 ………………………………………………………… 180
  8.5.2　Ⅲ级围岩全断面法施工工序 …………………………………………… 180
  8.5.3　Ⅳ级围岩台阶法施工工序 ……………………………………………… 184

8.5.4 Ⅴ级围岩环形开挖预留核心土法施工工序 …………………… 184
8.6 光面爆破施工 ………………………………………………………… 185
　　8.6.1 钻爆设计 …………………………………………………… 185
　　8.6.2 Ⅲ级围岩爆破设计 ………………………………………… 186
　　8.6.3 Ⅳ级围岩爆破设计 ………………………………………… 186
　　8.6.4 Ⅴ级围岩爆破设计 ………………………………………… 187
8.7 初期支护施工 ………………………………………………………… 188
　　8.7.1 砂浆锚杆 …………………………………………………… 188
　　8.7.2 喷射混凝土 ………………………………………………… 188
　　8.7.3 钢筋网 ……………………………………………………… 189
　　8.7.4 格栅钢架 …………………………………………………… 189
8.8 二次衬砌 ……………………………………………………………… 191
8.9 隧道防排水 …………………………………………………………… 192
　　8.9.1 隧道防水 …………………………………………………… 192
　　8.9.2 隧道排水 …………………………………………………… 192
　　8.9.3 隧道洞口防排水 …………………………………………… 192
8.10 隧道辅助设施 ………………………………………………………… 193
　　8.10.1 通风 ……………………………………………………… 193
　　8.10.2 隧道排水 ………………………………………………… 193
　　8.10.3 隧道供电 ………………………………………………… 193
　　8.10.4 高压供风 ………………………………………………… 193
　　8.10.5 高压供水 ………………………………………………… 193
　　8.10.6 隧道弃渣 ………………………………………………… 193
8.11 隧道监控量测 ………………………………………………………… 193
　　8.11.1 洞外方向控制测量 ……………………………………… 193
　　8.11.2 洞外高程控制测量 ……………………………………… 193
　　8.11.3 洞内施工测量 …………………………………………… 194
　　8.11.4 量测项目 ………………………………………………… 194
　　8.11.5 量测断面及测点布置、量测作业 ……………………… 194
　　8.11.6 量测数据处理 …………………………………………… 194
8.12 隧道路面 ……………………………………………………………… 195
　　8.12.1 基层水泥混凝土刚性路面施工 ………………………… 195
　　8.12.2 路面施工要点 …………………………………………… 195
8.13 隧道机电施工 ………………………………………………………… 195
　　8.13.1 预留预埋孔洞 …………………………………………… 195

8.13.2 预留预埋管线 …… 196

第9章 引道施工 …… 197
9.1 概述 …… 197
9.2 路基横断面设计 …… 197
9.3 路基开挖施工 …… 198
9.3.1 一般石方路基爆破 …… 198
9.3.2 特殊地质条件下的边坡开挖 …… 200
9.3.3 开挖质量控制 …… 201
9.4 边坡防护施工 …… 201
9.4.1 挂网喷锚施工工艺流程 …… 201
9.4.2 挂网喷锚施工方法 …… 202
9.5 路肩挡土墙施工 …… 203
9.5.1 准备工作 …… 203
9.5.2 施工工艺 …… 204
9.5.3 施工方法 …… 204
9.5.4 挡土墙形式及标准尺寸 …… 205
9.6 路堑路基路面施工 …… 206
9.6.1 填挖交界及半填半挖路基 …… 206
9.6.2 石质路基路段施工 …… 206
9.6.3 路面施工注意事项 …… 207
9.7 排水工程施工 …… 207
9.7.1 工作内容 …… 207
9.7.2 施工方法 …… 207

第10章 梁板架设施工 …… 209
10.1 盖梁施工准备及托架设计 …… 209
10.1.1 施工准备 …… 209
10.1.2 托架设计 …… 211
10.1.3 交界墩盖梁托架荷载确定及强度计算 …… 211
10.2 盖梁立模 …… 213
10.2.1 模板制作 …… 213
10.2.2 钢筋骨架的制作 …… 214
10.2.3 钢筋骨架安装 …… 214
10.2.4 模板安装 …… 215
10.3 盖梁混凝土施工 …… 215

  10.3.1 混凝土拌和 ………………………………………………………… 215
  10.3.2 混凝土浇筑 ………………………………………………………… 215
 10.4 盖梁施工检测及安全措施 ……………………………………………… 216
  10.4.1 盖梁结构测量控制方法 …………………………………………… 216
  10.4.2 原材料及配合比检验 ……………………………………………… 217
  10.4.3 钢材检测 …………………………………………………………… 217
  10.4.4 混凝土检测 ………………………………………………………… 218
  10.4.5 施工作业安全操作技术措施 ……………………………………… 218

第 11 章 桥面系施工 ……………………………………………………… 221
 11.1 湿接缝施工 ……………………………………………………………… 221
  11.1.1 T 梁中心线及标高复测、调整 …………………………………… 221
  11.1.2 梁断面凿毛 ………………………………………………………… 221
  11.1.3 钢筋绑扎 …………………………………………………………… 222
  11.1.4 底模支立 …………………………………………………………… 222
  11.1.5 混凝土浇筑 ………………………………………………………… 222
  11.1.6 养生 ………………………………………………………………… 222
 11.2 桥面铺装层及防水层施工 ……………………………………………… 222
  11.2.1 桥面铺装层施工 …………………………………………………… 222
  11.2.2 桥面防水层施工 …………………………………………………… 224
 11.3 外侧连续防撞护栏 ……………………………………………………… 224
  11.3.1 测量放样 …………………………………………………………… 224
  11.3.2 钢筋绑扎 …………………………………………………………… 224
  11.3.3 模板支立 …………………………………………………………… 224
  11.3.4 混凝土浇筑 ………………………………………………………… 225
  11.3.5 混凝土浇筑注意事项 ……………………………………………… 225
 11.4 桥面沥青混凝土施工 …………………………………………………… 225
  11.4.1 铺筑前处理 ………………………………………………………… 225
  11.4.2 测量放样 …………………………………………………………… 225
  11.4.3 铺筑防水层 ………………………………………………………… 225
  11.4.4 沥青摊铺 …………………………………………………………… 226
  11.4.5 沥青路面的压实与成型 …………………………………………… 226
  11.4.6 完工路面养护 ……………………………………………………… 226
 11.5 伸缩缝施工 ……………………………………………………………… 226
  11.5.1 工艺流程 …………………………………………………………… 227

  11.5.2 施工方法 ·· 227
 11.6 桥面及附属工程施工质量及安全控制 ······································ 228
  11.6.1 钢筋施工质量保证技术措施 ······································ 229
  11.6.2 模板施工质量保证技术措施 ······································ 229

第 12 章 试验交验 ·· 231
 12.1 试验概况及目标 ·· 231
  12.1.1 试验概况 ·· 231
  12.1.2 试验段实施目标 ·· 232
 12.2 沥青混凝土路面试验材料要求 ··· 232
  12.2.1 施工准备 ·· 232
  12.2.2 材料要求 ·· 232
 12.3 面层试验段施工 ·· 234
  12.3.1 透层油施工 ··· 234
  12.3.2 沥青混合料面层施工 ··· 235

参考文献 ·· 239

第1章 绪 论

在我国桥梁分布星罗棋布，截至2022年在我国大地上已有各类公路桥梁超过96万座，而在长达4万km的高铁里程中，更有将近一半都是桥梁工程。它们跨越高山大川，连通城镇村庄，让中国成为了一座幅员辽阔的"桥梁博物馆"。我国西部的高原山地，峡谷纵横；东部的丘陵平原江河蜿蜒，绵延的海岸线上，岛屿散布。众多天堑阻挡人们交通与交流，需要桥梁来跨越。我国公路建设事业迅猛发展，作为公路建设重要组成部分的桥梁建设也得到了相应发展，我国大跨径桥梁的建设进入了一个辉煌的时期，一大批结构新颖、技术复杂、设计和施工难度大和科技含量高的大跨桥梁相继建成，标志着我国的公路桥梁建设水平已跻身于国际先进行列。近几年建成的特大桥梁，不少在世界桥梁科技进步中具有显著地位。一座座桥，实现了天堑的跨越，缩短了时间与空间的距离，美化了秀美山川，为我国经济的腾飞起着重要的作用。

1.1 国内外大跨桥梁现状及发展趋势

随着科技的发展，新材料的开发和应用，在桥梁设计阶段采用高度发展的计算机辅助手段，进行有效的快速优化和仿真分析，运用智能化制造系统在工厂生产部件，利用GPS和遥控技术控制桥梁施工。目前，我国桥梁建设正在与国际接轨，开始向大跨、新型、轻质和美观方向发展。

1. 跨径不断增大

目前，世界上钢梁、钢拱的最大跨径已超过500m，2019年日本建成主跨890m钢斜拉桥，多多罗大桥；日本明石海峡大桥为钢悬索桥之最，跨度达1990m，截至2022年其记录未被打破；2020年我国建成沪苏通长江公铁大桥，钢斜拉桥的跨径突破1000m。随着跨江跨海的需要，钢悬索桥将超过3000m。至于混凝土桥，梁桥的最大跨径为300m，拱桥已达420m，斜拉桥为530m。

2. 桥型不断丰富

20世纪50—60年代，桥梁技术经历了一次飞跃：混凝土梁桥悬臂平衡施工法、顶推法和拱桥无支架方法的出现，极大地提高了混凝土桥梁的竞争能力；斜拉桥的涌现和崛起，展示了丰富多彩的内容和强大的生命力；悬索桥采用钢箱加劲梁，技术上出现新的突破。

3. 结构不断轻型化

悬索桥采用钢箱加劲梁，斜拉桥在密索体系的基础上采用开口截面甚至是板，使梁的高跨比大大减小，非常轻盈；拱桥采用少箱甚至拱肋或桁架体系；梁桥采用长悬臂、薄板件等，这些都使桥梁上部结构越来越轻型化。

4. 重视美学及环境保护

桥梁是人类最杰出的建筑之一，闻名遐迩的美国旧金山金门大桥，澳大利亚悉尼港桥，英国伦敦桥，日本明石海峡大桥，中国上海杨浦大桥、南京长江二桥、香港青马大桥，这些著名大桥都是一件件宝贵的空间艺术品，成为陆地、江河、海洋和天空的景观，成为城市标志性建筑。因此，21世纪的桥梁结构必将更加重视建筑艺术造型，重视桥梁美学和景观设计，重视环境保护，达到人文景观同环境景观的完美结合。

1.2 大跨径桥梁的分类与特点

分类是以力学特征为基本着眼点，以主要的受力构件为基本依据，桥梁按结构体系可分为梁式桥、拱式桥、斜拉桥、悬索桥和刚架桥五大类。

1.2.1 梁式桥

梁式桥种类很多，也是公路桥梁中最常用的桥型，其跨越能力为20~300m。公路桥梁最常用的大跨径梁式桥主要为预应力混凝土连续箱形梁桥，20世纪70年代，我国公路上开始修建连续箱梁桥，截至2022年我国已建成了多座连续箱梁桥，如一联长度1340m的钱塘江第二大桥和跨越高集海峡全长2070m的厦门大桥等，目前，最大跨度已达到180m，如黑龙江松花江公路大桥，浙江杭州湾跨海大桥，辽宁星海湾跨海大桥，四川岷江特大桥（目前中国最大跨度连续桥梁）。山东胶州湾大桥全长约42km，江苏丹昆特大桥（图1.1）以近165km的长度成为世界最长桥梁。由于预应力混凝土连续箱梁具有桥面接缝少、梁高小、刚度大、整体性强、外形美观和便于养护等，在构造、施工和使用上的优点，近年来它已成为建成较多的桥梁。其发展趋势为减轻结构自重，采用高强度等混凝土。随着建筑材料和预应力技术发展，其跨径增大，葡萄牙已建成250m的连续箱梁桥，超过这一跨径，也不是太经济的。大跨径梁桥的上部结构大多采用箱形截面，是因为箱形截面有较大的抗扭刚度，箱梁允许有最大细长度，同T形梁相比徐变变形较小。由于嵌固在箱梁上的悬臂板，其长度可以较大幅度变化，并且腹板间距也能放大，能适应各种使用条件，特别适合于预应力混凝土连续梁桥、变宽度桥，因此，箱梁能在独柱支墩上建成弯斜桥。

图 1.1　江苏丹昆特大桥

连续箱梁桥的施工方法多种多样，只能因时因地，根据安全经济、保证质量、降低造价、缩短工期等方面因素综合考虑选择。一般常用的方法有：立支架就地现浇、预制拼装（可以整孔、分段串联）、悬臂浇筑、顶推、用滑模逐跨现浇施工等。预应力钢束采用钢绞线，可以分段或连续配束，一般采用大吨位群锚。为了减轻箱梁自重，可以采用体外预应力钢束。虽然连续箱梁桥采用预应力混凝土建造，能就地取材、工业化施工、耐久性好、适应性强、整体性好且美观，这种桥型在设计理论及施工技术上都发展得比较成熟，但由于结构本身的自重大（占全部设计荷载的30%～60%），且跨度越大其自重所占的比值更显著增大，大大限制了其跨越能力。另外，大跨径连续箱梁要采用大吨位支座，如南京二桥北汊桥165m变截面连续箱梁，盆式橡胶支座吨位达6500kN，这种大吨位支座性能如何，将来如何更换等一系列问题都有待研究。

1.2.2　拱式桥

拱式桥，在桥梁的发展史上曾经占有重要地位，迄今为止，已有3000多年的历史，当今亦因其形态美、造价低、承载潜力大而得到广泛的应用，也是大跨径桥梁形式之一，跨径从几十米到400多米。我国大跨度混凝土拱桥的建设技术，居国际领先水平。拱桥的受力特点为拱肋承压、支承处一般有水平推力，按其建造材料来分，可分为圬工拱桥、钢筋（骨）混凝土拱桥、钢管混凝土拱桥和钢拱桥等。

1. 圬工拱桥

圬工拱桥最常见的为石拱桥，我国古代石拱桥建造就有很高的成就，如修建于公元606年的河北赵县安济桥，跨径为37.40m，矢高为7.23m，宽约9.00m，在跨度方面曾保持记录达1350年之久，且至今保存完好。圬工拱桥不便于实现工厂化施工，施工周期较长，相应的费用较高。同时，圬工材料尽管适合承压，但其自重相对于许用应力而言较大，因而不适于用作大跨度桥梁。

2. 钢筋（骨）混凝土拱桥

钢筋（骨）混凝土拱桥为拱桥的主要形式，它分箱形拱、肋拱和桁架拱。根据近年的实践，常用的拱桥施工方法有主支架现浇、预制梁段缆索吊装、预制块件悬臂安装、半拱转体法、刚性或半刚性骨架法。我国钢筋混凝土拱桥的发展趋势为拱圈轻型化，长大化以及施工方法多样化。

3. 钢管混凝土拱桥

钢管混凝土是在钢管内填充混凝土，使钢管和混凝土在受压方面实现优势互补：钢管借助于其内部的混凝土其抗压性能和稳定性得以增强；而内部的混凝土由于处于三向受压状态而使自身的强度得以提高。钢管混凝土更接近于一种新材料，具有强度高、塑性好、耐高温、耐腐蚀、抗冲击性能好等优点。它不仅在力学方面性能优越，而且在施工方面也有许多优点。例如钢管本身可以兼作模板骨架，不用拆模、支模，混凝土可以泵灌；钢管本身可兼作纵筋和箍筋，卷制钢管较制作、绑扎钢筋骨架容易。

4. 钢拱桥

随着我国钢铁产量的日益丰富，钢拱桥随之发展壮大，创造一个又一个工程奇迹，如广东新光大桥跨度为428m、广西西江特大桥最大跨度为450m、上海卢浦大桥最大跨度为550m、重庆朝天门长江大桥最大跨度为552m，广西平南三桥（图1.2）跨度为575m，为世界已建成最大跨度拱桥。

图1.2 广西平南三桥

1.2.3 斜拉桥

斜拉桥由索塔、主梁和斜拉索组成主要承重构件，利用索塔上伸出的若干斜拉索在梁跨内增加了弹性支承，减小了梁内弯矩，受力特点为外荷载从梁传递到索，再到索塔。选择不同的结构外形和材料可以组合成多彩多姿、新颖别致的各种形式。索塔形式有A形、倒Y形、H形和独柱，材料有钢和混凝土。主梁有混凝土梁、钢箱梁、结合梁和混合式梁。斜拉索布置有单索面、平行双索面和斜索面，拉索材料有热挤PE防护平行钢丝索和PE外套防护钢绞线索。斜拉桥的施工方法主要采用悬臂浇筑和预制拼装。

斜拉桥是我国大跨径桥梁最流行的桥型之一，大跨径混凝土斜拉桥的数量已居世界第一。整体来说，我国斜拉桥设计施工水平已迈入国际先进行列，部分成果达到国际领先水平。上海南浦大桥，跨度为423m；浙江杭州湾大桥；港珠澳大桥；湖北天兴洲长江大桥，跨度为504m；贵州北盘江第一桥跨度720m为世界第一高桥；世界首座超千米斜拉桥，江苏苏通长江公路大桥，跨度为1088m；中国已建成最大跨度斜拉桥，江苏沪苏通长江公路大桥，跨度为1092m（图1.3）。

图1.3 江苏沪苏通长江公路大桥

斜拉桥优点：①梁体尺寸较小，使桥梁的跨越能力增大；②受桥下净空和桥面标高的限制小；③抗风稳定性优于悬索桥，且不需要集中锚锭构造；④便于无支架施工。

斜拉桥缺点：①由于是多次超静定结构，计算复杂；②索与梁或塔的连接构造比较复杂；③施工中高空作业较多，且技术要求严格。

斜拉桥作为一种拉索体系，比梁式桥有更大的跨越能力。由于拉索的自锚特性而不需要悬索桥那样巨大锚锭，加之斜拉桥有良好的力学性能和经济指标，已成为大跨度桥梁的最主要桥型，在跨径200～800m的范围内占据着优势。

1.2.4 悬索桥

悬索桥是特大跨径桥梁的主要形式之一，其造型优美，规模宏伟，常被人们称为"桥梁皇后"。从1883年美国建成布鲁克林桥（主跨486m）开始，至今已有130多年历史。20世纪80年代末，世界上修建悬索桥到了鼎盛时期，建成跨径大于1000m的悬索桥17座。日本于1998年建成了世界最大跨度的明石海峡大桥（主跨1991m），将悬索桥跨径从20世纪30年代的1000m提高到接近2000m，是世界悬索桥建设史上的一座丰碑。我国在悬索桥建设方面犹如异军突起，1995年在国内率先建成了汕头海湾大桥（主跨452m），相继建成西陵长江大桥（主跨900m）、虎门大桥（主跨888m）、宜昌长江大桥（主跨960m）以及名列世界第四位的江阴长江大桥（主跨1385m），江苏五峰山长江大桥，跨度1092m；湖北杨泗港长江大桥（图1.4），我国已建成最大跨度桥梁，跨度1700m。根据学者们推算，悬索桥的跨度能达到5000m之多。多年来，我们积累了丰富的悬索桥设计与施工经验，标志着我国悬索桥设计和施工水平已迈入国际先进水平行列。悬索桥由索塔、锚锭、主缆、吊索（或吊杆）和主梁（加劲梁）五大部分组成。主缆为主要承重构件，受力特点为外荷载从梁通过系杆传递到主缆，再到两端锚锭。主要材料为预应力钢索。

图1.4 湖北杨泗港长江大桥

1.2.5 刚架桥

桥跨结构和墩台整体相连的桥梁称为刚架桥，又称刚构桥。主要承重结构采用刚架（见框架）的桥梁。刚架的腿形成墩（台）身，梁和腿为刚性连接，可用钢、钢筋混凝土或预应力混凝土制造。世界十大跨度最大的刚架桥我国占五位，1997年最先完成世界排名第七的万州长江大桥（主跨420m），后陆续完成了世界第二卢浦大桥（主跨550m）、世界第六巫山长江大桥（主跨492m）、世界第八菜园坝长江大桥（主跨420m）以及世界第一的朝天门大桥（主跨

552m)（图1.5）。刚架桥是一种介于梁与拱之间的一种结构体系，它是由受弯的上部梁（或板）结构与承压的下部柱（或墩）整体结合在一起的结构。是一种桥身主要承重结构为刚架的桥梁，能增加桥下净空高度，一般用于跨径不大的城市桥或公路高架桥和立交桥。

图1.5　朝天门大桥

1.3　大跨度桥梁施工中存在的问题

道路桥梁的施工质量直接影响了人们的出行安全，因此，人们十分关注其施工质量。虽然随着我国工业水平的不断提高，道路桥梁工程的施工质量和施工技术水平也在不断提高，但依然存在一些问题没有得到解决，所以，本书针对这些问题进行分析，并对当前的发展趋势进行探讨。

1. 桥梁施工技术无法满足高质量的需求

在一些道路桥梁工程的施工过程中，使用的钢筋混凝土技术无法保证其结构的完整性，强度不够，如果遇到恶劣天气或者较大的外力，可能有坍塌的风险，一些结构在使用一段时间后可能需要更换，施工和维护费用较高，造成各种资源的浪费。

2. 桥梁施工管理落后

为了确保道路桥梁工程的质量，提升整体技术水平，必须进行科学的管理。但很多施工单位没有认识到施工管理的重要性，管理人员只是简单记录施工过程，一部分管理者的管理能力有待提高，管理理念有待更新。甚至一部分工程在开展过程中由兼职人员进行管理，导致记录的数据不够准确，相关的技术资料也不够真实，且管理措施不合理，工程存在质量隐患。

3. 桥梁钢筋很容易被腐蚀

道路桥梁的主要施工材料之一是钢筋。如果桥梁结构中的钢筋被腐蚀，桥梁工程的使用寿命会受到严重的影响，严重时可能会危害人们的生命安全。引起钢筋腐蚀的原因是多种多样的，例如，施工过程中相关防护措施不到位，环境因素的影响等。所以，在钢筋施工过程中，需要采取防腐措施，从多个方面提高钢筋材料的施工质量。

道路桥梁的建设是为了给人们提供更方便的交通服务，但就当前的情况来看，道路桥梁施工过程中，还有很多问题需要解决。在发展过程中，应引入更多先进的施工技术，提升管理人员的管理意识，使用耐性更好、更加精致的材料。在未来，桥梁结构会更加稳定，更加美观，设计方案也更趋于人性化。

第 2 章 施 工 准 备

施工准备工作[2]，是建筑施工管理的一个重要组成部分，是组织施工的前提，是顺利完成建筑工程任务的关键[3]。按施工对象的规模和阶段，可分为全场性和单位工程的施工准备。全场性施工准备指的是大中型工业建设项目、大型公共建筑或民用建筑群等带有全局性的部署，包括技术、组织、物资、劳力和现场准备，是各项准备工作的基础。单位工程施工准备是全场性施工准备的继续和具体化，要求做得细致，预见到施工中可能出现的各种问题，能确保单位工程均衡、连续和科学合理地施工[4]。

（1）施工单位要参与初步设计、技术设计方案的讨论，并据此组织编制施工组织设计。这是施工准备的中心环节，各项施工准备工作都必须按此进行[5]。

（2）施工单位要和建设、设计单位签订合同和有关协议，在确定建设工期和经济效益的前提下，明确分工协作的责任和权限。几个施工单位共同施工的建设项目，由总包单位和建设单位签订总包合同，总包与分包单位签订分包合同，分包对总包负责，总包对建设单位负责，总包和分包之间的职责划分要明确详尽[6]。施工单位要主动协助建设、设计单位做好有关工作，这也是为本身的施工准备创造条件。

（3）调整部署施工力量[7]。根据工程任务特点，调整施工组织机构，特大工程项目要组建新的施工机构。部署结集施工力量，既要满足工程进度的要求，又要有利于提高劳动生产率，做到工种配套、人机配套、机具配套，并根据工程布局相对固定施工和劳动组织。

（4）生产和生活基地的建设。生产基地包括预制混凝土构件、混凝土搅拌、钢筋加工、木材加工、金属加工和机修厂等的建设。在新建工业区，这项工作必须提前进行，加工厂要统一规划，分期建设。在原有城市内建设时，则要根据当地建筑构、配件的生产能力进行补充调整，签订供需合同[8]。施工队伍的居住和生活福利建筑，要最大限度地利用永久性建筑，尽可能减少临时建筑。

（5）确定建筑材料、成品、半成品的资源和运输方式，要尽量减少中间装卸环节，充分利用当地已有生产能力和运输力量[9]。地方材料在建筑材料中占很大比重，要特别注意安排好它们的生产和运输。还要根据"产、供、运、用"

相结合的原则，经济合理地布置材料堆放场地。

（6）接通水源、电源、场内外交通道路、排水渠道。修建现场供水、排水、供电、供热干线、主要道路和防洪工程。要充分利用永久工程设施，尽量少建临时性管线工程。一般要根据先场外后场内、先室外后室内、先地下后地上的原则，合理安排各类管线工程的施工顺序和进度，尽可能减少管道工程的重复开挖。铁路专用线要和仓库、加工厂等配合建设。

（7）进行建设区域的工程测量[10]、放线定位[11]，设置永久性的经纬坐标和水平基桩，补做必需的现场水文、地质勘定工作、清除现场施工障碍和平整场地。土方工程要全面规划，挖填平衡，采用机械化一次性场地平整，尽可能减少重复倒运量。

两河口特大桥工程施工时，前期施工准备包括各项临建设施的规划布置与施工[12]、用电用水施工[13-15]、上报排架施工专项方案[16]、其他保障措施方案[17]、溜索施工方案[18-19]以及过江索道桥施工方案[20]。

2.1 各项临建设施的规划布置

进场后组织人员对施工现场进行多次踏勘，并对原规划场地逐一排查，指定了各项存放场地。

1. 项目驻地及大型材料设备存放区

三家寨台地，上、下台地地势相对平缓，面积较大，且上台地靠山侧无滑坡体，但是该地距离首跨库大桥桥址约4km，路况极差，往返需要大量时间，不利于混凝土施工，因此经过多种方案比对，决定将下台地建立项目驻地，将上台地建为大型材料设备存放区，其中上台地占地约2400m^2，下台地占地约3600m^2，具体位置，如图2.1和图2.2所示。

图2.1 拟建项目驻地

图 2.2　拟建大型材料设备存放区

2. 拌和站及工地试验室

拌和站的选址从确保混凝土施工质量和方便施工的角度考虑，将拌和站和工地试验室建立在河口隧道附近现土料场Ⅰ标临时营地，该地靠山侧山势相对较缓，拟建拌和站及工地试验室避开左侧冲沟，原场地占地约 1400m^2，仍需向里开挖 10m。多次安排人员在该地段边坡往山顶排查，该段边坡表层覆盖坡残积碎石土，下伏砂板岩，植被以青草及低矮灌木为主，植被层有岩石出露无冲沟、堆积体及汇水面，浅层表土下方为整体基岩，不存在高位滑坡、泥石流等风险。为了确保拌和站及工地试验室安全，拟对该区域进行防护：

（1）靠雅新路一侧砌筑挡墙，防止拌和站杂物落到雅新路上伤及路人及车辆。

（2）对里侧边坡进行锚喷支护处理。

（3）里侧边坡开挖线上方设置被动防护网，防止边坡滚石、掉块。

（4）里侧边坡做好截排水措施（图 2.3）。

图 2.3　拌和站及试验室位置

3. 临时炸药库及守卫室

临时炸药库拟建立在日地隧道出口约 380m 处，是原葛洲坝临时炸药库的守卫房，需要重建。该炸药库所在地为一处独立区域，拟用砖墙围砌，临时炸药库后方开挖坡面已进行锚喷支护处理。守卫室拟建在临时炸药库下方废弃便道上，如图 2.4 所示。

图 2.4 临时炸药库及守卫室位置

4. 施工临时营地及钢筋加工场

施工队临时主要集中在三个施工区域分别是隧道出口、跨库大桥左岸、跨库大桥右岸。从安全与方便施工角度考虑，本着就近原则，对施工区域进行逐一排查，拟定将隧道出口作业区临时营地建在托达西隧道内，将钢筋加工场建立在托达西隧道与日地隧道之间的混凝土道路靠山侧，如图 2.5 和图 2.6 所示。

图 2.5 隧道施工临时营地

跨库大桥左岸施工临时营地及钢筋加工场拟建在雅新路上方较为平缓的山坡上，经过人员实地踏勘，该地植被以青草和低矮灌木为主，无冲沟、堆积体及汇

图 2.6　隧道钢筋加工场

水面，浅层表土下方为整体基岩，不存在高位滑坡和泥石流等风险（图 2.7）。

图 2.7　左岸施工临时营地及钢筋加工场

跨库大桥右岸施工临时营地及钢筋加工场拟建在 6 号公路末端与跨库大桥相接的隧道内，经过多次现场踏勘，右岸山势坡度较陡，建立营地与钢筋加工场难度很大，防护困难，因此拟将右岸施工临时营地及钢筋加工场建在隧道中（图 2.8）。

5. 隧道施工空压机房

隧道施工空压机房拟建立在日地隧道出口附近空地上，该地坡势较缓，需要进行小范围开挖，考虑到该位置会受到洞口施工的影响，决定将该开挖去向后方延伸 10m 距离，并对开挖坡面进行锚喷支护处理（图 2.9）。

图 2.8 右岸施工临时营地及钢筋加工场

图 2.9 隧道施工空压机房

2.2 临建设施与生产生活营地施工

2.2.1 临建设施施工

工程开工前，及时做好现场的各项施工准备工作，其主要内容为"四通一平"和临时设施的搭建等。

施工便道主要分场内既有道路和新建便道，其中新建道路共两条：

（1）雅砻江左岸新建施工道路。位于大桥线路右侧，由雅新公路依山势向 6 号墩展线之后呈"之"字形盘山而上经 7 号、8 号墩基坑的一侧到达 9 号台，新建施工道路全长 2300m。

（2）雅砻江右岸新建施工道路。便道位于线路左侧由0号台位置向5号墩呈"之"字形依山势盘山展线而下，依次经3号、4号墩基坑到达5号墩基坑，全长2000m。

便道标准为路面净宽4.5m，毛路基宽度5.0m，调头段毛路宽度12.0m，设计最大纵坡10%，调头延长线0。路面为泥结石或碎石土路面。

便道均设计为挖方路基，以减少隐患。挖方边坡坡度采用1：0.25。临坡侧设置混凝土防撞墩。防撞墩尺寸长60cm，宽35cm，高50cm，基础埋入地下50cm，间距2.5m。

挖方边坡破碎路段采用挂网喷锚处理，不稳定路段采用6m砂浆锚杆处理。正面陡崖（经勘查有一处为5m位于便道线路上，4号墩左侧）采用加大开挖量直接穿过。

滑坡岩石裸露段（5号墩左侧长150m），采用两端连接便道向山体方向移动5m，便道标高不变，形成全路堑，以便顺直接入裸露段傍山便道，该段至5号墩段与5号墩基坑同宽度开挖，作为临时施工场地。

跨越冲沟段采用暗埋1.0m混凝土管。管底岩面修成20%坡度，两端路基采用干码片石（右岸3处，左岸4处）。

2.2.2 生产生活营地施工

根据实际情况及工程任务分布情况，遵照方便施工和便于管理的原则，各施工作业队伍尽量集中居住，所有生活、生产房屋配足消防设施。项目部营地及设备材料堆放区按业主推荐方案建立在三家寨台地，距跨库大桥桥址约4km处，经原雅新路县道到达施工区域，该县路况较差，需利用机械设备对其进行拓宽和平整。

修建原则：防潮保温，经济适用，合理利用地形，少破坏植被与地貌。加强驻地建设的管理与维护，满足科学管理、文明施工的要求，工程交工之后，恢复地貌。

1. 项目营地施工

（1）项目营地建在三家寨台地上台地位置，占地约2400m^2。

（2）项目营地采用单、双层活动板房和砖混结构相结合的方式（其中食堂为砖砌）。

（3）活动板房夹板材料必须采用不燃材料或经阻燃处理的材料。

（4）房屋基底清表后应进行碾压，碾压后基底应平整、密实、无积水、无反弹现象，方可进行地梁施工。地梁基础为C20条形混凝土，下挖300mm深、300mm宽（挖至老土为止，超挖部分用2：8灰土回填），在满足地基承载力大于15t/m^2后进行基础混凝土浇筑。地梁顶标高比室外坪高出100mm，基础面表面平整度不大于10mm。

(5) 宅楼房首层地面宽度为1.0m，为人行通道，比室外高150mm，并四周作散水处理，将散水排到宅楼房前的排水沟内。

(6) 主楼为外廊式，设1.0m宽的走廊，在走廊外端设高度为1.05m高的栏杆。每间房屋设一樘900mm×2200mm门，和两樘1500mm×1200mm窗，门窗均采用塑钢门窗。

(7) 房屋修建完成后，用钢丝绳和钢管将房屋固定，以免刮大风将房屋掀翻。具体加固以现场安排为准，抗风不小于8级。

(8) 待房屋修建完成后，对屋内进行场地硬化。硬化前需将场地内的杂物等垃圾清理干净。要求采用C20混凝土，室内混凝土厚度为10cm，室外重车及罐车经常压到处20cm，其他地方10cm。对于大面积的场地，混凝土硬化后及时切缝，以免混凝土开裂，切缝后板块为4m×4m。

(9) 混凝土浇筑应按一定厚度、顺序和方向分层浇筑，上一层混凝土的浇筑应该在下一层混凝土的初凝前完成。混凝土振捣使用插入式振动器，振动时移动间距不应超过振动器作业半径的1.5倍。振捣后先用刮尺进行刮平，紧接着进行混凝土收面（混凝土初凝前），收面次数不少于3次。混凝土结构的表面应密实平整，不得有蜂窝、孔洞、疏松、麻面和缺棱角等缺陷。混凝土浇筑完成后要进行养护，保持混凝土表面为湿润状态，严禁忽干忽湿，龄期不少于7d，避免强风直接吹混凝土表面，必要时需要用塑料薄膜进行覆盖。

(10) 施工中注意按照图纸的要求进行预埋件预埋。

(11) 办公区内配置与工程规模相适应的现场办公设施、测量仪器、试验仪器设备及交通工具。项目部营地具体布置相关尺寸和标准要求以营地设计图为准。

2. 施工作业队临时营地施工

(1) 施工作业队临时营地采用单层活动板房和砖混结构相结合的方式（其中食堂为砖砌）。

(2) 活动板房夹板材料必须采用不燃材料或经阻燃处理的材料。

(3) 施工作业队临时营地分为两处：一是桥梁施工作业队（含左岸、右岸）临时营地建在场内交通6号公路Ⅲ标隧道出口段洞内；二是日地隧道施工作业队临时营地布置在托达西隧道出口段洞内。

(4) 施工作业队临时营地所处隧道均已完成，隧道内路面为混凝土路面，活动板房建好后需用膨胀螺栓和钢丝绳对房屋进行加固，防止倾倒。

(5) 板房靠洞内一侧建设，确保单线通车，并负责洞内交通安全保障。

(6) 活动板房在洞内按条形布置，跨库大桥施工作业队房间数为20间，日地隧道施工作业队房间数为10间。

3. 拌和站及工地试验室施工

(1) 拌和站及工地试验室建在河口隧道进口上游原土料场Ⅰ标临时营地。

(2) 配置1套2×HZS90型的混凝土拌和站，进行混凝土拌和作业，拌和站内设砂石料仓（料仓采用10cm混凝土硬化，并在其上铺设10cm厚的垫底碎石）。拌和楼以厂家的专业要求图纸为准施工。

(3) 拌和站料仓为4个，即3个碎石仓和1个砂石仓。

(4) 料仓后墙基础采用红砖M7.5浆砌，宽0.7m，厚不小于0.4m，墙身采用红砖M7.5浆砌，料仓后墙0.5m宽，隔墙基础采用红砖M7.5浆砌，宽0.5m，厚不小于0.4m，隔墙为37墙，墙高1.8m，四周设排水沟。

(5) 相关的发电机房、变电室等基础采用M7.5浆砌片石，宽0.4m，厚不小于0.4m。墙身采用红砖M7.5浆砌，高2.5m，按标准要求设置门窗。房顶采取铺木板浇筑10cm厚的C15混凝土。底板1∶2.5水泥砂浆厚5.0cm抹面，围墙四周设排水沟。

(6) 在拌和站驻地建立工地试验室，并在日地隧道附近建立流动试验室，负责材料检验与工程质量的控制试验，试验室所有仪器由计量部门标定，再由当地省级交通基本建设工程质量监督站对其进行技术资质审查合格并确定其试验范围后才能进行试验检测工作。

(7) 拌和站及试验室根据施工要求砌筑蓄水池和沉淀池。

(8) 具体布置、相关尺寸和标准要求以拌和站设计图为准。

4. 火工品临时储存点施工

(1) 火工品临时储存点建在普巴绒土料场公路Ⅰ标段原火工产品临时储存点值班房位置。

(2) 民爆物品临时储存库根据规范要求会同管理局、监理、水电公安和地方公安等部门进行现场选点布置，尽量布置于施工现场附近偏僻处，设独立封闭的院落，炸药库、雷管库和监控值班室分开设置，由项目部安排专职保管员和安全员看守。

(3) 围墙基础采用M7.5浆砌片石，宽0.4m，厚不小于0.4m。

(4) 围墙采用水泥空心砖M7.5浆砌，高2.6m，内、外墙1∶2水泥砂浆抹面，墙顶埋设碎玻璃片；底板1∶2.5水泥砂浆厚3.0cm抹面，围墙四周设排水沟；防爆堆采用沙土堆面层沙袋堆砌，高3m。

(5) 该爆炸物品临时储存库要求有"三防"措施，即人防、机防和犬防。

(6) 炸药库房采用YKF-1-004型，外形尺寸3.5m（长）×2.3m（宽）×2.7m（高），库内尺寸3.2m（长）×2.0m（宽），库房重量6.5t，最大存炸药量

3t；雷管库房采用YKF-1-005型，外形尺寸2.0m（长）×1.6m（宽）×2.0m（高），库内尺寸1.7m（长）×1.3m（宽），库房重量4.5t，最大存雷管量1万发。

（7）库房周围5.0m范围内应清除枯草、易燃物，之后铺5.0cm厚碎石。

（8）设备安装同时，埋设库房的人工接地体，接地体埋设深度应不小于0.5m。

（9）炸药物品库与监控值班房间设置栅栏围挡以防牛羊进入，栅栏围挡依现场地形情况布置。

（10）发放间围墙采用水泥空心砖M7.5浆砌，高2.0m，门同雷管库房门一侧。门的尺寸为0.9m（宽）×1.5m（高），房顶采取铺木板浇筑10cm厚的C15混凝土。

（11）监控值班房（包括厨房和澡堂）围墙采用水泥空心砖M7.5浆砌，高2.8m，门的尺寸为0.9m（宽）×2.0m（高），房顶采取铺木板浇筑10cm厚的C15混凝土。窗户的尺寸为0.8m（宽）×1.0m（高）。

（12）厕所围墙采用水泥空心砖M7.5浆砌，高1.8m，门的尺寸为0.8m（宽）×1.8m（高）。

5. 设备及材料存放场施工

（1）设备及材料存放场建在三家寨台地下台地。

（2）首先对加工场地进行平整碾压，并确保地坪高程高于20年一遇围堰回水位（2647m）以上，紧接着对场地硬化，浇筑0.1m厚的C20混凝土。

（3）设备及材料存放场分三个主要区设置，即设备存放区和材料存放区及油库、水泥库房。

（4）材料存放区设可移动彩钢棚架。

（5）设1个15t油罐。

（6）油罐检查完好后挖基坑埋于地下，检查不漏油后开始砌筑油库。

（7）油库基础采用M7.5浆砌片石，宽0.4m，厚不小于0.4m。

（8）围墙采用水泥空心砖M7.5浆砌，高2.6m，隔为两间，一间为加油房，一间作为临时仓库使用，门的尺寸为0.9m（宽）×2.0m（高），窗户的尺寸为0.8m（宽）×1.0m（高）。房顶采取铺木板浇筑10cm厚的C15混凝土。底板1∶2.5水泥砂浆5.0cm抹面，围墙四周设排水沟。

（9）水泥库依需设置，施工方式同上。

6. 钢筋加工场施工

（1）右岸桥梁钢筋加工场布置在场内交通6号公路Ⅲ标隧道出口端明线路段、左岸桥梁钢筋加工场布置在6号主墩下游侧原县道上方山体缓坡地带、日地隧道钢筋加工场布置在托达西隧道进口端明线路段。

（2）首先对加工场地进行平整碾压，紧接着对场地硬化，浇筑 0.1m 厚的 C20 混凝土。

（3）钢筋加工场分三个主要区设置，即原材料区、下料及加工区和半成品及成品区。

（4）原材料区和半成品及成品区堆放时采取垫方木或先行砌筑墙垛，墙垛采用红砖 M7.5 浆砌，宽为 0.2m，高为 0.4m，墙垛间距为 4.0m。

（5）加工区设置加工棚架。

7. 隧道空压机房施工

（1）隧道空压机房布置在日地隧道出口下游侧山体坡面。

（2）首先清除场地杂物并进行平整碾压，开挖基础基坑，基坑尺寸为 30cm×40cm。

（3）基础砌筑，在砌筑之前应先用碎石找平，基础尺寸为 24cm×40cm，基础上层应用砂浆找平。

（4）地面采用 C20 混凝土浇筑，尺寸为 8m×10m。

（5）房屋采用 ϕ50 钢管搭建框架，彩钢瓦焊接固定封闭。

（6）空压机房后设置隔油池，尺寸为 1.0m×1.0m×0.6m，隔油池采用空心砖砌筑，砌筑厚度为 20cm，底部浇筑 C20 混凝土。

2.3 用电施工

雅砻江左、右岸均有 10kV 电源接入点。左岸在 10kV 苹-红输电线路 22 号、23 号铁塔提供 10kV 电源接入点；右岸在 6 号交通公路隧洞内提供一个 10kV 电源接入点（接入点距离 6 号交通公路隧洞出口 800m 左右）。在左、右岸 10kV 电源接入点设置变压器，1 号 500kVA 变压器从 6 号公路洞内箱变搭火，2 号 1000kVA 变压器从 10kV 苹红线 22 号塔 T 接搭火，3 号 1000kVA 变压器与日地隧道共用 22 号塔，从日地隧道采用负荷开关设备进行 T 接搭火，4 号 400kVA 变压器从苹红线 16 号塔 T 接搭火，具体布置如下所述。

1. 1 号 500kVA 变压器

安放地点位于 6 号公路库首大桥桥台供应右岸桥台及桥墩施工，至洞内搭火点全长 400m，采用全电缆敷设电缆型号为（YJLV22-3×50mm），洞内穿管 2.5m 高度挂设，洞外 50cm 地埋敷设，无法地埋的用沙袋覆盖敷设。

2. 2 号 1000kVA 变压器

安放地点位于日地隧道洞口供应隧道开挖施工，至 22 号塔搭火点大约 1.5km，全线采用钢芯绝缘架空线架空敷设，沿线由于植被相当茂盛，电力通道砍伐需左右砍伐 5m。

3. 3号1000kVA变压器

安放地点位于河口隧道旁往上游200m处，供应搅拌站及桥墩施工，至日地隧道3km，与日地隧道共用22号塔，从日地隧道采用负荷开关设备进行T接搭火，在施工线路出现故障时可直接切断施工电源不影响日地隧道用电，电缆型号为YJLV22-3×70mm以架空方式过公路，顺公路外侧护栏穿管挂设至河口隧道，外挂在公路护栏则至安放地点。

4. 4号400kVA变压器

安放地点位于三家寨台地供应项目部办公及职工生活用电，至16号塔搭火点大约1.5km，全线采用钢芯绝缘架空线架空敷设。在系统电不具备供电条件时自发电满足生产、生活和办公需要，施工用电均采用三相五线制。其中施工现场用电采用架空线路，生活用电采用预埋电缆。

2.4 用水施工

（1）施工营地供水、三家寨台地项目营地生活用水，由营地对岸雅砻江上游不远处接水管将水引入三家寨台地，上下台地各布置一座 $2×50m^3$ 水池，主要供应项目营地生活用水。

（2）桥梁施工及拌和站供水，桥梁施工及拌和站用水就近从雅砻江利用高扬程潜水泵结合引水管道将水引至所需区域，拌和站建立一座 $100m^3$ 水池。

2.5 其他保证措施

1. 工地卫生保健措施

工程实施期间，为工地人员提供必要的医疗和急救服务。在传染病易发期应配合当地防疫、卫生管理部门及医疗机构做好消毒预防、隔离感染人员、抢救和疫情防控等工作。在传染病传播期，建立人员流动登记制度、信息报告制度，与当地卫生防疫部门取得联系，做好各项防范措施的落实工作。为工地聘请有行医资格的、在卫生保健与急救方面具有丰富经验的医务人员。对有关供水、环境卫生、垃圾与污水处理以及工人健康等方面的有关问题，遵从有关医疗卫生防疫和管理部门的意见。定期对施工人员进行疾病控制等知识教育。

2. 消防措施

满足节能设计要求，墙和屋面板均采用双层金属夹聚苯板（阻燃材料）而成的压型板[21]。

按当地消防管理部门的有关规定，配备消防器材和消防用水，做到布局合理，并经常检查、维护、保养，保证灭火器材灵敏有效、水源充足。施工驻地安放明显的防火宣传标志，并设专人负责对工地人员进行防火知识教育。结合施工用水设施设置消防水池并保持储水不小于30m³，该水池备有方便的接水管口，管口水压不小于30m水头，以便在发生火情后启用。

施工驻地用电及使用的电气设备符合防火要求。临时用电安装过载保护装置，严禁超负荷使用电气设备。施工材料的存放场地和使用符合防火要求。对易燃易爆物品，制定严格的保管制度和防火措施，专人负责，分类单独存放，并设置危险地点及危险物品安全警告标志牌，确保安全。

3. 污水与垃圾处理措施

工程施工污水排量大，生产生活垃圾量大，根据各施工队伍污水排放情况，在各工区营地建污水处理池和垃圾处理场，拌和系统对环境造成的污染主要是生产污水、灰尘、废油对周围环境造成污染。因此采取下列措施进行控制、治理。

（1）污水的治理措施。施工中的废水主要来源于施工以及其他生产废水，包括施工机械冲洗废水及施工工厂机械维修废水等。在系统附近修建沉淀池，生产废水须收集在沉淀池内，经过沉淀、隔油等处理，再排放。

（2）废油的治理措施。施工中的废油的治理采取集中收集后直接运往监督部门指定地点进行深埋处理，确保对施工区环保没有影响。

（3）生产生活垃圾分类集中存放、集中处理，营地均设置二级化粪池。

4. 各种信号的设置措施

在施工区内与各施工道口，设置标准的道路信号、报警信号、危险信号、控制信号、安全信号和指示信号等。项目经理部各职能部门及各施工队安装程控电话，项目经理部设程控交换机分至各主要业务部门办公室及各作业队，在施工现场形成电话通信网，并根据工程需要配备一定数量的移动电话和对讲机，确保施工组织指挥及各方面的通信联络。前期无通信信号，需安装1台卫星电话对外地联络。工程管理充分利用计算机网络，项目经理部建立内部局域网，并通过互联网与业主、设计、监理单位建立信息快速通道，提高工作效率。利用项目管理软件对工程项目进行网络信息化管理。

5. 接地和避雷措施

可能漏电伤人或易受雷击的电气设备及建筑物均设置接地和避雷装置。

6. 环保措施

驻地内做好绿化、美化，并处理好临时雨水、污水排放，以防止污染环境。为保护施工区域周边环境，保证文明施工，集中生活区使用栅栏围护；施工区域悬挂施工标牌、标语；配置洒水车、污水净化池等。

7. 防洪防汛措施

施工临时排水与设计边沟结合进行，同时利用既有排水系统确保临时排水畅通,避免积水影响施工。生产、生活营地要求屋前屋后设置排水沟,水沟尺寸宽为30cm,深度为40cm。便道跨越冲沟处设涵管并在挖方侧设排水沟,施工便道在跨越较小沟谷或既有水系时,埋置管涵,过流断面依据现场实际情况进行设置,以保证排水畅通。

8. 安全防护措施

营地板房除固定在基础圈梁上外,还应按要求打设地锚,在屋顶设置三道钢管或角钢,采取钢丝绳从屋顶牵引至地锚以紧固住房屋,避免房屋受大风损坏。

2.6 排架施工

排架施工项目范围为跨库大桥4~7号承台基坑边坡支护、路基边坡支护及日地隧道洞口边仰坡支护。

跨库大桥及其引道段施工边坡支护工程脚手架搭设范围见表2.1。

表2.1 边坡支护脚手架搭设一览表

序号	项目名称	支护桩号	工作内容	备注
1	路基边坡支护	K0+000~K0+056	水泥砂浆锚杆、挂网喷混凝土	二级边坡
2	跨库大桥4号墩承台基坑边坡支护	K0+140	普通型挂网喷锚	一级边坡
3	跨库大桥5号墩承台基坑边坡支护	K0+260	普通型挂网喷锚及预应力锚索加固	二级边坡
4	跨库大桥6号墩承台基坑边坡支护	K0+480	加强型挂网喷锚	三级边坡
5	跨库大桥7号墩承台基坑边坡支护	K0+600	普通型挂网喷锚	一级边坡

人员安排详见表2.2。

表2.2 边坡支护脚手架搭设人员投入

序号	工种	人员数量/人	序号	工种	人员数量/人
1	重机工	1	6	钢筋工	4
2	驾驶员	1	7	施工员	1
3	架子工	12	8	技术员	1
4	电焊工	3	9	安全员	1
5	普工	5			

主要机械设备投入详见表 2.3。

表 2.3　　　　　　　　边坡支护脚手架搭设机械设备投入

机械名称	规格型号	额定功率或容量或吨位	数量/台
装载机	ZL50C	—	1
自卸车	—	20t	1
钢筋调直机	GJ4-14	4.5kW	1
钢筋切断机	GD40	5.5kW，A6-40	1
钢筋弯曲机	GW40	2.8kW，A6-40	1
电焊机	BX1-500	15kW	4

2.6.1　施工方法及工艺

2.6.1.1　基坑边坡脚手架搭设方案

采用 ϕ48.3×3.6mm 双排钢管脚手架搭设，立杆横距 1.5m，立杆倾斜度与边坡平行，并与 ϕ25 地面插筋连接牢固，立杆纵距 1.5m，立杆步距 1.5m，立杆顶端距离出边坡约 1.5m。

脚手架最上一层设置防护棚，外侧搭设 1.2m 高防护栏并用尼龙安全网封闭。

承台基坑边坡支护施工时，拟采取开挖一级支护一级，及时封闭开挖岩面以保证施工安全。根据施工计划安排，日地隧道洞口开挖及支护与路基边坡开挖及支护先后进行施工，钢管架拟按一级基坑边坡支护所需的最大工作面（高 20m、宽 40m 为 1 个工作面）进行搭设，考虑到工作面的安排及材料周转使用损耗，故钢管用量需 ϕ48.3×3.6mm 钢管约 12t。

2.6.1.2　预应力锚索加固脚手架搭设方案

预应力锚索加固脚手架搭设方法同上，按设计要求并结合现场地形，脚手架搭设高度为 15m，宽度为 15m。

2.6.1.3　脚手架底部设置纵、横向扫地杆

纵向扫地杆应用直角扣件固定在距基底表面不大于 200mm 处的立杆上，横向扫地杆应用直角扣件固定在架管纵向扫地杆下方的立杆上。

每一主节点处必须设置一小横杆，并采用直角扣件扣紧在立杆上，设杆轴线偏离主节点的距离不应大于 150mm，靠边坡一侧的外伸长度不应大于 250mm，外架立面外件长度为 150mm 为宜，操作层上非主节点处的横向水平杆宜根据支承脚手架的需要等间距设置，最大间距不应大于立杆间距的 1/2，施工层小横杆间距为 0.75m。

脚手板应设置在 3 根以上小横杆上，并应与其可靠固定，以防倾翻，脚手板平铺，应铺满铺稳，周围设防护栏杆每 60cm 一层，设两层，并设不小于 180mm 高的挡脚板。

搭设中每隔一层外架要及时与结构进行牢固拉结,以保证搭设过程中的安全,要随搭随柱校正杆件的坡度和水平偏差,拧紧扣件。

剪刀撑应用旋转扣件固定在与之相交的小横杆的伸出端成立杆上,旋转扣件中心线距主节点的距离不应大于150mm。

用于大横杆对接的扣件开口,应朝架子内侧,螺栓向上,避免开口朝上,以防雨水进入,导致扣件锈蚀、锈腐后强度减弱,直角扣件不得朝上。

剪刀撑是在脚手架外侧交叉成十字形的双杆互相交叉,并与地面成45°～60°夹角,作用是把脚手架连成整体,增加脚手架的整体稳定。

2.6.1.4 纵向水平杆的构造

(1) 纵向水平杆宜设置在立杆内侧,其长度不宜小于3跨。
(2) 纵向水平杆接长宜采用对接扣件连接。
(3) 纵向水平杆的对接扣件应交错布置;两根相邻纵向水平杆的接头不宜设置在同步或同跨内;不同步或不同跨两个相邻接头在水平方向错开的距离不应小于500mm,各接头中心至最近主节点的距离不宜大于纵距的1/3。

2.6.1.5 横向水平杆的构造

主节点处必须设置一根横向水平杆,用垂直扣件扣接且严禁拆除。主节点处两个直角扣件的中心距不应大于150mm。

2.6.1.6 脚手板的设置

作业层脚手板应铺满、铺稳,离开墙面120～150mm。脚手板应设置在3根横向水平杆上。脚手板对接平铺时,接头处必须设2根横向水平杆,脚手板外伸长度应取130～150mm,两块脚手板外伸长度的和不应大于300mm,脚手架挡接铺设时,接头必须交在横向水平杆上,搭接长度应大于200mm,其伸出横向水平杆的长度不应小于100mm。

作业层端部脚手板探头长度取150mm,其板长两端均应与支承杆可靠地固定。

2.6.1.7 立杆

每根立杆底部应设置基础插筋与钢管连接牢固。当立杆基础不在同一高度上时,必须将高处的纵向扫地杆向低处延长两跨与立杆固定,高低差不应大于1m,靠近边坡上方的杆轴线到边坡的距离不应小于500mm。

立杆上的对接扣件应交错布置,两根相邻立杆的接头不应设置在同步内,同步内隔一根立杆的两个相隔接头在高度方向错开的距离不宜小于500mm,各接头中心到主节点的距离不宜大于步距的1/3。

搭接长度不应小于1m,采用3个扣件固定,端部扣件盖板的边缘至杆端距离不应小于100mm。

2.6.1.8 连墙件

双排脚手架高度 $h \leqslant 50m$ 时,每根连墙件覆盖面积不大于 $40m^2$;$h > 50m$

时，每根连墙件覆盖面积不大于 $27m^2$。

连墙件的布置要求：

(1) 在管架主节点设置，偏离主节点的距离不大于 300mm。

(2) 从底层第一步纵向水平杆处开始设置，当该处设置有困难时及时采用其他可靠措施固定。

(3) 连墙杆的垂直间距不大于 2 步（每步 1.8m，共 3.6m）。

(4) 连墙件中的连墙杆或拉筋呈水平设置，当不能水平设置时，与脚手架连接的一端采取下斜连接，不采用上斜连接。

(5) 连墙件采用可承受拉力和压力的刚性构造。

2.6.1.9 剪刀撑

剪刀撑角度为 45°~60°，覆盖 5~7 跨。高度在 24m 以下的脚手架在外侧立面的两端各设置一道剪刀撑并由底至顶连续设置，中间各道剪刀撑之间的净距不大于 15m。高度在 24m 以上的双排脚手架在外侧立面整个长度和高度上连续设置剪刀撑。剪刀撑斜杆的接长采用搭接。在脚手架拐角处，设置横向斜撑，中间就每隔 6 跨设置一道横斜撑。

2.6.2 脚手架的拆除施工技术要求

(1) 为保证脚手架拆除中的稳定性，拆除脚手架必须完成下列准备工作[22]：

1) 全面检查脚手架，重点检查扣件、连墙件、支撑系统等是否符合要求。

2) 根据检查结果及现场情况编制拆除方案并经有关部门批准。

3) 进行技术交底，交底双方在交底书上签字。

4) 根据拆除现场的情况，设围栏或警示标志，并有专人看守。

5) 清除脚手架上留存的材料，电线等杂物。

(2) 脚手架的拆除应符合下列要求：

1) 拆除脚手架必须有专人指挥，参与拆除的人员应注意动作的配合和协调，在拆除过程中不宜中途换人，不得擅自拆除有危险的构配件。

2) 拆除顺序为后搭设的部件先拆，先搭设的部件后拆，严禁采用推倒或拉倒的拆除做法。

3) 连墙杆在位于其上的脚手架全部可拆除之后再拆除。当拆至最后一节立杆时，先搭设临时支撑加固后再拆除。

4) 拆脚手架要一步一清，分段拆除时高差不大于 2 步，如高差不得已大于 2 步，及时采取临时固定措施。

5) 拆除剪刀撑和纵向水平杆时，先拆中间扣件，后拆两端扣件。拆除扣件前，先设置防止杆件忽然坠落的临时措施。

6) 拆除的脚手架部件及时运至地面，严禁从空中抛掷。

7) 运至地面的脚手架部件，及时清理、保养，根据需要涂防锈油漆，并按品种、规格入库堆放。

2.7 溜索施工

两河口水电站库首跨库大桥及其引道段起于雅砻江右岸电站场内交通（6号公路）隧道出口上游约500m，设跨库大桥横跨雅砻江后接左岸日地隧道（全长1516m），日地隧道展线至鲜水河右岸出洞。路线止于日地隧道出洞口K2+207.00，终点高程2890.71m，路线全长约2.2km，其中桥梁1座628m，隧道1座1516m。

由于右岸山体陡峻，施工便道施工难度大、运营风险高，所以便道只到4号桥墩，小型机械设备无法到达5号墩位置，为确保年度目标加快5号墩施工进度，需在5号和6号上方架一条吊运溜索，解决5号墩承台基坑开挖、边坡支护及桩基等施工设备、材料运输。

2.7.1 设计参数说明

溜索位置：跨库大桥纵向中线位置，左岸锚点标高2770.00m，右岸锚点标高2740.00m。

溜索长度：328m。

最大起重能力：80kN。

失跨比：1/20。

溜索承重索锚固形式：预应力钢绞线束岩锚形式；每端锚固预应力2×1000kN。

使用工况：风力6级以下，非雷电天气。

设备、物料调运（不允许人员乘坐）。

2.7.2 主要部位设备选用

锚索：左右岸各2根锚索，采用6*A15.24高强度低松弛钢绞线，钢绞线标准强度1860MPa，锚索长度30m，锚索孔内锚固段长25m，自由段5m，张拉控制力1000kN/索。

承重索：采用强度等级2160MPa，6*36WS+IWRC-42钢丝绳作承重索，最小破断拉力1360kN。

起重索：采用强度等级1770MPa，4v+39s+5FC-20钢丝绳作承重索，最小破断拉力255kN。

牵引索：采用强度等级1960MPa，6*36WS+IWRC-24钢丝绳作承重索，最小破断拉力402kN。

起重卷扬机、牵引卷扬机型号：5t。

2.7.3 施工工艺流程

施工工艺流程如图2.10所示。

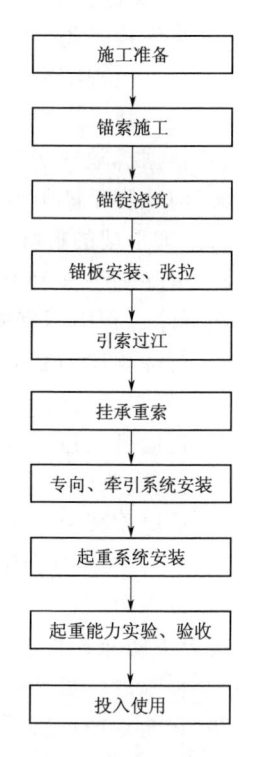

图2.10 施工工艺流程

2.7.4 施工准备

施工前要进行测量放样两岸锚锭位置，之后地形、地质调查。适当移动锚锭位置，以避开岩层破碎、地形有障碍位置；进行采购各种设备、材料并进场；各类技术文件进行报备；对施工人员进行安全与技术交底等工作。

2.7.5 锚索施工

钻孔施工，锚索孔直径为130mm，孔深31m。采用YQ100E型潜孔钻成孔，严禁使用清水洗孔。锚孔下斜角度15°，外斜角度15°，两锚孔间距为600mm。

预应力锚索编索，锚索采用6*A15.24高强度低松弛钢绞线，锚索底端采用挤压套形式的P锚，沿钢绞线端头每3m用铁丝绑扎（作为紧固件），并在每两处紧固件之间用10mm厚橡胶板制作扩张件，将6根钢绞线撑开使其均匀分布。孔内自由段5.5m与锚锭处0.5m钢绞线用PVC套管包裹，并注满黄油。

锚索入孔，采用人工搬运的方法将编制好的钢绞线锚索，放入孔内，（孔口外侧至少留1.5m钢绞线锚索）并在孔口处设置注浆塞，将孔口封堵好。

2.7.6 压浆

浆液采用微膨胀水泥浆，水泥等级42.5，水灰比0.35，外加剂为膨胀型减水剂。先用0.4MPa压力将注浆塞注满，待水泥浆达到20MPa强度后进行孔内高压注浆，稠度控制在17S以上。现场注浆时做好抗压试块[23]。

待浆体达到25MPa强度后进行锚锭和锚块施工，锚锭尺寸0.5m×0.5m×1.0m，施工前先对孔口表面进行清理，并设置锚固筋，绑扎钢筋，将锚锭内的钢绞线用PVC管包裹好，支立模板，进行混凝土浇筑，混凝土标号采用C40。

2.7.7 锚板安装、张拉

锚锭强度达到22MPa后安装锚板，分两次进行锚索张拉，施加预应力[24]。锚具型号为OVM15-6型锚具，每根锚索张拉力为1000kN。张拉前进行千斤顶、油表标定，得到张拉力-油表读数回归曲线公式。分别计算出200kN、400kN和1000kN油压，并计算出各阶段理论伸长值。张拉后将理论伸长值与实际伸长值进行比较，找出误差原因，确认张拉力无误后锁定。

2.7.8 预应力施工质量控制措施

（1）钢绞线下料时，严禁采用电弧氧焊切割，在钢绞线附近电焊时，不得使钢绞线受热影响[25]。

（2）锚固时夹片外口齐平，夹片间缝隙均匀，锚具内缩值不大于6mm。

（3）孔道灌浆用水泥浆的水灰比严格控制在0.4以内，灌浆时冒出浓浆后方可封闭。

（4）浆体强度不少于设计要求，泌水率不超过2%。

(5) 每束钢绞线断丝或滑丝，不得大于 1 丝且每个张拉断面断丝之和不超过该断面钢丝总数的 1%[26]。

(6) 锚锭混凝土浇筑时，锚板下混凝土必须振捣密实，尤其要关注锚垫板后面的混凝土振捣。

(7) 锁定与锚头封闭，经质量检测合格后，进行锁定和锚头封闭，防止生锈、进水[27]。

2.7.9　引索过江

采用抛绳器，将引导绳由雅砻江右岸锚锭位置抛射过江，至左岸雅新公路（越过路边的通信线），由引导绳将承重索由左岸向右岸牵引过江。

2.7.9.1　安装溜索承重索及牵引起重装置

在左岸（高）采用锚筋桩地锚固定 2 台 5t 卷扬机，防止卷扬机前移，其中一台作为牵引行走小车，另外一台作为起重设备。将承重索固定在两岸锚板的滑轮上，通过倒链将承重索拉紧，并反复调节，使溜索矢跨比满足 1∶20，再用马蹄卡将承重钢丝绳固定牢固，固定时应注意卡扣一正一反设置。

2.7.9.2　安装行走小车

在左岸将行走小车安装在承重索上，并将两台卷扬机上的钢丝绳分别固定在行走小车上，一根用于牵引行走小车，另一根通过行走小车上的滑轮组进行起重作业。牵引索及起重索采用 A22 钢丝绳。

2.7.9.3　起重能力实验、溜索使用前验收

溜索安装完毕，需对各承重、专向、牵引、连接设备和机具进行全面检查，确保符合设计要求。之后进行联机运行调试，符合要求后进行吊重实验。起重实验分 60% 重量静态起重－60% 重量吊重动态运行－100% 静态吊重－100% 重量吊重动态运行四步进行，每一步测试进行过程中仔细观察锚锭、钢绳、转向系统、卷扬机运行情况，进行调整，解决出现的问题后，再进行下一步实验。

实验完成后整理技术资料，申请验收。取得运行许可后正式投入运行。

2.7.9.4　溜索施工、使用注意事项

(1) 溜索由专业的操作人员操作，持证上岗。

(2) 操作人员配备对讲机，规范操作用语，避免口令误解和误操作。

(3) 操作人员要坚持起重操作规程，严格做到"十不吊"[大风天气（6级以上）不吊；雷电天气不吊；超重不吊；命令不明确不吊；吊物捆绑不牢、重心不稳不吊；调运通道下有人员、车辆不吊；设备有故障时不吊；违章指挥的不吊；观察条件不满足安全运行不吊；落点处起重指挥员不到位不吊]。

(4) 设备定期检查保养，确保设备正常运行。

(5) 起重、牵引、转向设备，需设防雨棚。

(6) 规范设备用电,坚持"一机、一闸、一漏保"。

2.7.9.5 运营维护事项

(1) 每年两次对缆索起重机进行全面的安全技术检查工作。

(2) 卷扬机每工作 8h,应向润滑部位注入润滑油,并随时检查各螺栓紧固情况。

(3) 经常检查卷扬机集电环总成,紧固接线螺栓,处理热变色接头,清除锈斑及刷块粉末,如发现集电环上出现电蚀、烧伤则用砂布磨光,以保证接触部位正常导电,刷块如磨损 1/3,应更换相同规格刷块(可向厂家定购)。

(4) 每工作 4h,检查主索平衡轮和工作索松紧度,发现问题要随时处理。

(5) 每工作 4h,检查各地锚和卷扬机底座,随时检查情况,发现问题向领导汇报,处理后方可使用。

2.8 过江索道桥施工

雅砻江两河口水电站先移民后建设专项工程库区复建跨库大桥起始里程为K0+056.00,终止里程为K0+684.00,全长为628m。大桥孔跨形式为3×13m(连续板梁)+40m(简支梁)+120m+220m+120m(T形连续刚构)+2×40m(简支梁)。主桥采用460m预应力钢筋混凝土T形刚构连续梁,主桥连续梁采用悬臂灌注施工,5号、6号主墩采用群桩基础,墩高172m为矩形薄壁空心墩。

两河口水电站跨库大桥施工索道桥横跨雅砻江大峡谷,河道宽约80m。为方便两岸的施工现场管理、5号桥墩混凝土供应、人员及小型工具转运、供水等,拟在跨库大桥附近搭建跨雅砻江峡谷索道便桥一座(图2.11)。

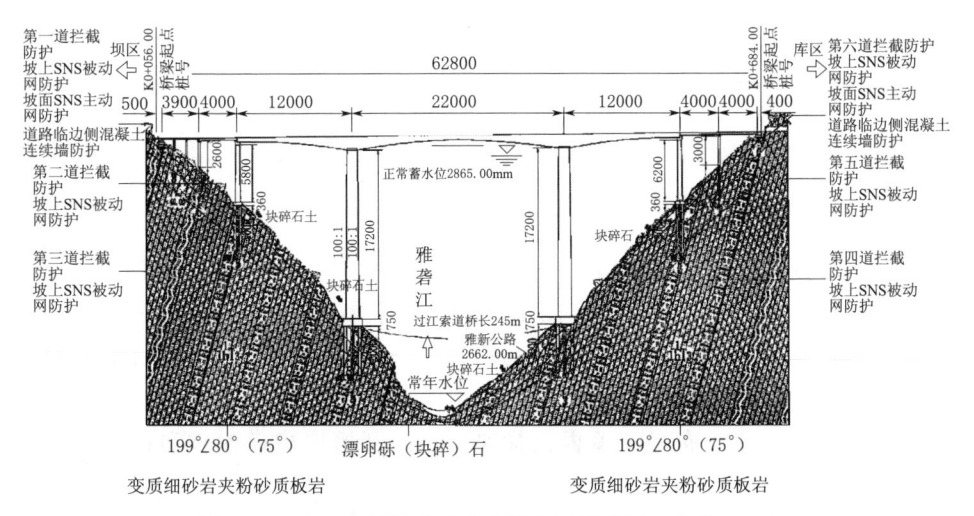

图 2.11 跨库大桥桥式及索道桥布置示意图(单位:cm)

第2章 施工准备

根据现场地形，索道便桥设置在线路右侧20m处5号和6号桥墩之间，位于跨库大桥下游，主要由主索、缆风索、稳定索、锚固索、钢横梁（稳定梁）和桥面索等组成，桥面宽为2m，跨度为245m。

2.8.1 索道桥基本组成

（1）桥面索。采用11根直径为A42mm的钢丝绳。抗拉强度标准值为1960MPa，有效面积为294.6mm^2，弹性模量为$1.15×10^5$MPa；型号为6＊37＋IWR-42、稳定索采用1×2＝2根A42钢丝绳，技术指标同上。

（2）缆风索。采用2×4＝8根A24-6＊37＋FC-1770钢丝绳。

（3）锚固索。与主索相同。主索进入岩锚与锚固索连接固定。

（4）钢横梁。采用I14工字钢共计25根，每根长4m，顺桥向间距按从两端到中间距离递减，如图2.12所示。

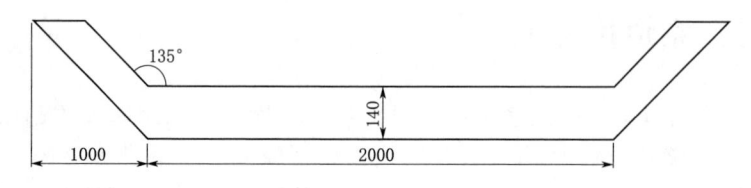

图2.12 横梁尺寸图（单位：mm）

（5）桥面索、主索与平衡索布置。桥面索、主索与平衡索布置横断面，如图2.13所示。

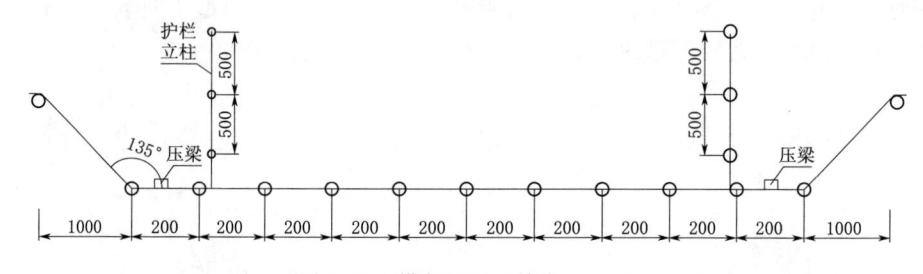

图2.13 横断面图（单位：mm）

1）桥面横向木板，采用2m×20cm×5cm的东北红松制作，按顺桥向245m长度满铺计算数量。其中钢横梁的横向木板下缘开槽，卡住主索。

2）横向木板边缘设边压木，纵向共2道，采用2m×10cm×10cm的东北红松制作，按顺桥向245m长度满铺计算数量。

3）钢横梁压木，布置于每根钢横梁上面，开槽连接横木板和钢横梁，共25根。

4）全桥连接螺栓（含各种高强度螺栓）。

5）桥面外侧设栏杆，高度1.5m，立柱采用A50×3mm钢管，纵向间距为2m，扶手为纵向布置的A12钢丝绳，立面布置3道，外立面设钢丝网。

（6）平衡索（也称为稳定索）。钢横梁两端都设置平衡索，安装在滚轮上，每根索用一个滚轮，每个滚轮重5kg。

2.8.2 主要施工内容

主要施工内容有：

(1) 桥梁控制尺寸测量定位（桥长度、桥面高程）。
(2) 桥梁两端施工平台开挖。
(3) 钢筋混凝土施工桥台浇筑。
(4) 岩锚造孔。
(5) 桥台索鞍制作安装。
(6) 钢丝绳制作加工。
(7) 木材加工制作煮油。
(8) 锚索下索灌浆。
(9) 连接器加工安装。
(10) 钢梁制作加工。
(11) 桥面连接件加工运输。
(12) 桥面安装：

1) 挂索、放索。
2) 施工张拉、调索。
3) 钢索适度调整，挠度控制测量。
4) 横梁安装。
5) 稳定索索鞍安装。
6) 桥面木材安装连接。
7) 桥栏杆安装。
8) 缆风索安装。
9) 钢丝网安装。

主要工程材料数量见表2.4。

表2.4 主要工程材料数量

序号	名 称	数量	序号	名 称	数量
1	钢绞线		4	木材/m³	
1.1	钢丝绳材料/t	64.60	4.1	木材材料/m³	161.10
1.2	钢丝绳制作/t	64.60	4.2	木材加工制作煮油/m³	161.10
2	钢梁/根	49	5	连接器/套	30
3	岩锚钻孔/孔	30			

续表

序号	名　称	数量	序号	名　称	数量
7	钢丝网/m²	490.00	11.6	风缆索安装/根	4
8	桥栏杆/根	245	11.7	桥栏杆安装/根	220
9	连接件/项	1	11.8	钢丝绳过河挂钩/套	52
10	锚索下索灌浆/索	30	11.9	张拉调索/根	76
11	桥面安装施工/项	1	12	专用千斤顶/台	4
11.1	放索/根	38	13	泵站/台	4
11.2	成品木材安装连接/m³	161.10	14	顶压器/台	2
11.3	大梁安装/根	49	15	5t卷扬机/台	2
11.4	钢丝网安装/m²	490	16	空压机/台	1
11.5	行车道钢板安装/t	16.33			

2.8.3　桥台施工

2.8.3.1　测量

建立测量控制网，设置永久水准点。桥址开挖前，需要进一步精确测定桥面中心轴线、两岸桥台纵轴线间距、锚坑开挖线。开挖过程中应随时测量控制[28]。

2.8.3.2　开挖

桥台基础和锚坑开挖严禁大爆破，特别是锚坑应采用预裂爆破或光面爆破，锚坑中锚孔位置必须准确。

左右岸桥台中心线之间的距离为桥梁净跨245m。左岸桥台轴线至锚孔的水平距离为10m，右岸桥台轴线至锚坑后口的水平距离为10m，深为2.5m。

施工完后，锚坑需要回填后再浇筑混凝土。回填采用砂卵石比例符合规范的碎石土分层压实。

2.8.3.3　桥台浇筑

两岸桥台施工平台开挖至基岩面后，浇筑桥台混凝土，混凝土浇筑前，再次进行一次精确测量。两岸桥台纵轴线间距严格控制，两岸桥台索鞍上缘表面高程差控制在±2cm内。桥台轴线与桥面轴线必须垂直，此外，砌体、混凝土结构要求位置准确、高程无误。

混凝土浇筑前，基础必须清洗干净并组织分项验收，混凝土标号应严格按设计要求指标取样检测、控制，预埋构件安装牢固准确。

钢筋材质须做检查，搭接部位应符合要求，不得随意代换，如需代换须经过设计方同意，施工按《公路桥涵施工技术规范》执行[1]。

两岸桥台基础采用C20钢筋混凝土，桥台上部采用C30钢筋混凝土，预埋地脚螺栓，安装承载钢索的索鞍。

2.8.4 锚固工艺

2.8.4.1 右岸锚固

右岸锚碇采用埋入基岩的锚索式锚锭，锚索采用与承重主索相同的材料。

锚索前端必须经过加工制作处理后，锚入山体岩石锚孔内，锚入深度视岩石情况而定，为20m，锚索另一端通过专门设计的连接器与主索连接，锚孔口折角部位加弧形导向板过渡。锚索锚固段必须去除表面油脂，清洗干净后，制作编花，加隔离架和锚板等工序。

锚索下索灌浆，首次灌浆至锚固段，预留自由端张拉调索，后灌浆封口，灌浆使孔口满浆，保持孔密闭保护锚索。孔口处理后，保持10d以上的凝固和养护期。

2.8.4.2 左岸锚固

左岸采用主索端经过特殊处理后锚入稳定岩石孔内。

2.8.5 主索架设安装

2.8.5.1 准备工作

(1) 两岸桥头清理出比较宽敞的场地，张拉机具定位在左岸。
(2) 设置测量控制点。
(3) 安装卷扬机，设置转向锚锭。
(4) 采用可靠的两岸联系方式。
(5) 挂索、放索，形成初步张拉系统。
(6) 两岸设置照明系统，设置警戒线，非场地工作人员，严禁入内。

2.8.5.2 主索安装

主索由承重索、稳定索组成。共13根主索，其中承重索11根，稳定索2根，左右各1根。主索采用规格为6*37+IWR-42，要求符合《钢丝绳通用技术条件》(GB/T 20118—2017)[29]标准。锚索钢丝绳与承重主索相同的材料，每根主索分别与一根锚索连接。

首先在左右岸各设置5t卷扬机一台，利用溜索将牵引钢丝绳送至左岸，在主索上安装滑车，滑车与两岸的卷扬机钢丝绳连接，用于左右移动。由于主索数目较多，防止牵索时发生混淆，对每根索逐一编号。首先牵引上游第一根稳定索，主索牵引到右岸桥台上，穿过稳定梁吊架轮后，依次与主索套轮、连接器、锚索连接。注意：每处连接螺丝长度满足设计要求。

2.8.5.3 缆风索安装

缆风索采用A24-6*37+FC-1770钢丝绳，全桥共设置4组缆风索，共8

根，其线形为空降抛物线。

2.8.5.4 张拉调索施工

张拉时，两岸必须统一指挥，技术人员严格把关，钢索与锚坑连接器一对一连接，不能连接错误，主索用绳卡、卡板、连接板等连接可靠。专用千斤顶必须安装在正确位置[30]。

张拉式连接调整器，根据实际情况，为不同的桥专门设计而成。利用专门定做的千斤顶可调式张拉，调节主索的松紧度，每根主索必须张拉至规定的矢度以保证整座桥的架设质量，配合测量调节主索的初始挠度。

张拉过程中，应加强安全工作，随时检查张拉系统，如发生隐患及时排除。连接、张拉、预紧、卡板和千斤顶等都到位后，统一施工，不能发生混乱或错乱，否则失去控制，应立即停止作业，检查完好后再进行。

索鞍经过专门设计，采用Q235、16Mn及合金钢组装而成。

具体施工方法为卷扬机收索到一定位置，卷扬机牵引力达到额定牵引力时，改用张拉千斤顶对主索收紧。收索前，提前将索夹按设计位置夹牢，收索时，用水准仪监测主索收索挠度，初步达到设计挠度时，停止收索，然后，主索依次与套轮、连接器、拉紧器和锚索连接，连接好后，最后用拉紧器调节主索的挠度，使之满足设计要求。该根主索基本成功。

第一根主索改用千斤顶收紧后，卷扬机与第一根脱离，随滑轮回到江对岸，继续牵引第二根主索。其他主索收紧方案与第一根相同。

在收索时，监测办法具体为在桥台附近定出主索收紧挠度标高，然后支水准仪，使仪器十字视与挠度标高向平，这样就可以对主索进行监测。

收索时，应注意以下几点：①收索前，应仔细检查各构件间的连接，连接长度是否满足设计要求；②收索时，要做好雅新路车辆的安全警告，确保来往车辆的安全通行；③收索时，卷扬机周围不许有闲杂人员，确保施工安全；④索紧绳夹时，保证绳夹数量不少于设计数量；⑤注意检查各加工构件焊接处焊接质量，有无变形；⑥由于主索受环境温度影响，在不同的温度下，绳索伸长率不同，所以，所有主索收紧3天后，应对每根主索重新调整，每根主索挠度应满足设计要求。

2.8.6 桥面安装

2.8.6.1 钢横梁安装

在桥面全长范围内顺桥向间距按从两端到中间距离递减[31]设置钢梁，经计算，钢梁采用I14a工字钢，横向宽度为4m，共25根。

钢横梁中部上缘布置主索，在其上再用带齿口的横桥板将主索卡住，并用螺栓将钢横梁、主索和横桥板连接起来[32]。

2.8.6.2 人行道板安装

在钢横梁之间安装桥面木横板，专用铁带钩连接横向人行道板和主索[33]。桥面两侧共 2 道边压木纵梁，纵木梁用螺栓与车道横木连接。木构件采用一级松木。

2.8.6.3 平衡索安装

在钢横梁的两外侧布置平衡索，钢索支撑在滚轮之下，滚轮专门设计。全部主索在桥台设置的索鞍转向后与锚索连接。

2.8.6.4 栏杆和钢丝网

人行道外侧布置钢管栏杆柱，并安装 3 道钢丝绳作为扶手，栏杆通过设计的底座与边压木连接。人行道栏杆外侧设置钢丝网，钢丝网选用适宜的规格和高度进行安装。

2.8.7 一般工程施工

2.8.7.1 土石方开挖

土方开挖采用人工开挖，石方采用风钻钻孔，人工装药爆破开挖，人工装运，弃渣就近分片集中堆放于渠道周边的凹地内。

石方开挖主要坑槽石方开挖，开挖战线短，开挖断面小，为避免爆破对保留岩体的破坏，拟采用多孔、浅孔、少药微差爆破的方式进行。

石方开挖施工循环工序：工作面清理、平整—测量放线、布孔—钻孔—装药连线、爆破—安全处理—爆破石渣清理（挖、弃）—下一循环[34]。

管沟石方开挖采取较小分层（0.5~1.0m），逐层下挖的方法：采用手风钻钻孔、非电毫秒雷管连网、周边光面爆破、V 形方式起爆。底部局部欠挖采用风镐或人工修整成型。

对于特殊部位的爆破作业必须控制爆破振动（质点振速值应在设计规定值内），以免影响建筑物内在质量，损坏设备和设施的原有性能，并保证开挖面的平整度。为此，施工时拟采取如下措施，控制爆破危害，确保开挖质量[35-36]：

（1）通过爆破试验确定单响最大药量，采取非电毫秒雷管连网、孔间微差起爆网络，避免爆破振动叠加。

（2）特殊部位采取减振孔、密眼、少药量、单孔单段等措施，减少爆破振动和飞石。

（3）采取"光面爆破"方式施工，减少爆破振动和控制超欠挖量，保证开挖而平整度。

（4）采用沙袋压盖孔口、橡胶带网覆盖爆区等措施控制爆破飞石。

（5）用橡胶板或木板等物遮盖保护建筑物和设备表面，防止爆破飞石损伤建筑物和设备。

（6）对于特别重要的部位，必要时亦可采取静态爆破的方法进行开挖。

2.8.7.2 混凝土工程

1. 混凝土施工程序

施工程序：模板设计、制作——接触面处理——模板安装——混凝土拌制——混凝土运输及入仓——平仓——振捣——模板拆除——挂帘洒水养护。

2. 混凝土施工方法

(1) 模板设计、制作。主要采用普通钢模，局部异形部位模板采用定形钢模或现场加工木模，当基础经监理工程师检验合格后，按设计要求进行模板的加工制作、现场拼装。要求：模板表面光滑平直，无污垢，板间接缝应符合设计及规范要求，模板的尺寸符合设计图纸的要求。

模板的设计、制作严格按《水工混凝土施工规范》(SDJ 207—82) 的有关规定进行[37]，其制作误差应在规范及设计允许的偏差范围内。

(2) 接触面处理。当基础开挖到设计高程，且其地质条件达到设计要求，进行底板清理，局部平滑岩面进行凿毛处理，冲洗干净后，重新放样定线。作出基础面横断面图及地质剖面图，并按设计要求进行检测。待监理工程师检验合格后，再进行下一道工序。

与基础接触面混凝土浇筑前，先清理干净建基面上的松动石块、泥团及杂物，在岩基上铺 2~3cm 厚 M10 水泥砂浆，然后进行混凝土浇筑。

(3) 模板安装。渠道底板混凝土模板只需设计轮廓线周边端头模板，拟采用普通小钢模板现场拼装，48 钢管架固定支撑结合木支撑。

渠道侧墙混凝土模板采用普通钢模板组合现场立模，外侧 48 脚手架支撑，模板内侧采用 10 号镀锌铁丝对拉加固。以确保模板立模尺寸不变形，混凝土浇筑成型尺寸符合设计要求。

木模板安装前，先在模板加工场清洗干净模板表面并在模板表面烤涂石蜡或刷脱模油，然后再进行模板安装。模板安装时，先按设计要求和建筑物结构尺寸进行模板安装的测量放样，设置必要的控制点，以便安装后校正模板。模板安装前，先将模板运至工作面附近堆存待用，安装时先将模板紧贴建筑物设计轮廓或仓面面边缘线地面侧立，模板支架必须支承在坚实的地基上，确保模板不变形，不漏浆。使混凝土拆模后表面光滑、平直，无蜂窝、麻面等施工缺陷。模板安装完毕后，进行模板安装后的校正工作，校正完毕，即可进行混凝土浇筑。安装后的模板应具有良好的密封性，其安装误差应在设计及《水工混凝土施工规范》(SDJ 207—82) 规定的允许范围内[37]。

(4) 混凝土拌制。结合结构特点，不考虑设置固定拌和站，混凝土拌制采用布置于施工面附近的 $0.25m^3$ 强制式拌和机流动拌制，混凝土要严格按试验确定的配合比进行称量配料，按随拌随用的原则，严禁擅自更改配料单，配合料要称量准确，拌和过程中应随时注意砂石含水量的变化，以便合理调整拌和用水数量，确保混凝土的拌和质量。

(5) 混凝土运输及入仓。混凝土出搅拌机口后，立即采用人工胶轮车运送、梭槽入仓，运输过程中不应有分离、漏浆和严重泌水现象，混凝土的垂直自由下落距离不得超过 2m。

渠道混凝土采用人工胶轮车运送入仓。

(6) 混凝土浇筑。渠道混凝土浇筑采用分仓浇筑成型，按设计分缝分仓或是具体情况进行调整。

每仓混凝土浇筑前进行脚手架及模板校验，确保稳定及符合设计要求后方可浇筑。

混凝土浇筑采用 2.2kW 插入式振捣器捣固密实，混凝土经梭槽或人工胶轮车入仓后，应立即进行人工摊铺，大致水平，从仓面一端向另一端平层，然后再采用人工持 1.1kW 插入式振捣器或平板振捣器由仓面一端向另一端排列对流态混凝土进行振捣，直至混凝土不再显著下沉，不出现气泡，并开始泛浆为止。

(7) 混凝土施工技术措施。混凝土施工前做好下列准备工作：掌握好天气情况，尽量避开雨天施工；检查砂石料、水泥等材料是否满足浇筑要求，检查施工机械设备是否运转正常；检查模板、钢筋安装是否正确、牢固可靠，平面尺寸、高程是否符合设计要求；清洗干净浇筑工作面；自检合格后交监理工程师验收后方可开工；认真设计好混凝土配合比，报现场监理工程师审批确认。

混凝土浇筑施工：在浇混凝土之前先进行混凝土的配合比设计，并报监理工程师审批，然后按规定的设计配合比换算成施工配合比，按规定的配合比投料。投料时用磅秤称量，将混凝土的配合重量比换算成体积比，在人工手推车内画线作记录，人工铲料到手推车量设后，投到混凝土拌和机搅拌。搅拌之后，再用人工手推车推料或通过溜槽运送至施工面入仓振捣密实。

为确保混凝土浇筑质量，严格控制振捣时间，做到不少振也不过振，每一位置的振捣时间以混凝土不再显著下沉，不出现气泡，并开始泛浆为准，杜绝漏振，振捣操作应严格按照操作规程规定进行。振捣器距模板的垂直距离控制不小于振捣器有效半径的 1/2。在浇筑的第一层混凝土以及两次混凝土卸料后的接触处加强平仓振捣，凡无法使用振捣器的部位，均辅以人工振捣。

不合格的混凝土不准入仓，严禁仓内加水。加强混凝土施工一条龙的现场组织工作，使混凝土浇筑作业保持连续。如因故中止且超过允许间歇时间，则按施工缝处理。

(8) 混凝土养护。混凝土浇筑完毕后一般 12~18h 内即开始洒水养护，养护时间不得低于 14d。

2.8.8 索道桥验收

索道桥建成后，应联系质量技术监督部门对该桥进行荷载检验，并观察桥面矢度，与设计矢度对比复核，经检验正常后方可允许正常运营，否则应对主索重新进行调整。

2.8.8.1　索道桥保养维护

（1）应定期对桥面的螺杆进行拧紧检查。

（2）定期对钢索进行防锈打油处理。

（3）定期观察桥面的矢度及横向坡度变化，纵向坡度不得大于5%。

（4）定期检查调整端的卡环松紧，索口的变化。

2.8.8.2　索道桥使用管理

（1）索道桥为人行索道桥，严禁车辆通行。

（2）索道桥桥头两侧设置防护及标识牌，注明过桥须知，严禁与施工无关人员通行。

（3）此桥为木结构，防止火灾，禁止将烟头及易燃物丢在桥上。

（4）大风、雨雪天气下该桥禁止人员通行。

（5）由于该桥作为泵送混凝土至5号墩的主要通道，在进行5号墩混凝土浇筑时严禁人员通行，必须通行时需停止混凝土泵送后，方可通行。

（6）索道桥上同时过桥不宜超过20人，且禁止齐步通过[38]。

（7）由于该桥跨雅新县道，施工人员过桥时严禁向下乱抛杂物。

2.8.8.3　索道桥拆除

索道桥上部结构的拆除，原则上按其架设的逆向顺序进行，即按桥面—横梁—主索的顺序进行，然后回收运走，桥台等现浇混凝土可保留。

第3章 桥梁桩基施工

在公路桥梁下部结构基础形式当中，桩基础是最常用的形式之一。桩基础以稳定性好、承载力高、节省材料和适用性强，被认为是桥梁设计的主要选择形式，它的受力机理是：通过作用于桩端的地层阻力和桩周土层的摩阻力来支承轴向荷载，依靠桩侧土层的侧向阻力支承水平荷载。在桥梁下部结构设计中，选择何种形式的桩基础，对桥体结构安全、便于施工、节约投资从而降低造价有着巨大的作用。

（1）端承桩和摩擦桩的区别。《公路桥涵地基与基础设计规范》（JTG D 63—2007）[39]中提供了两种典型的桩基形式，摩擦桩和端承桩，并对两种桩基的适用情况范围作了规定。摩擦桩即主要利用桩周的摩阻力提供承载力，一般认为桩底的支撑力不足以提供足够承载力；端承桩一般主要是利用桩端的支撑力提供承载力，桩周的摩阻力很小。从定义上看，桩基设计时端承桩应该是首选，只有当桩端的地质条件不能满足要求时，选用摩擦桩。从实际工程上看，摩擦桩的桩长一般都比端承桩要长，造价较端承桩高，优先选用端承桩是设计的原则之一。但是当端承桩所要求的地质条件埋深较深时，设计的端承桩长度按摩擦桩设计都能满足要求时，端承桩就失去了价值，这样的设计采用摩擦桩更好。当桩基按端承桩设计的桩长和按摩擦桩设计的桩长长度接近时，一般宜按摩擦桩设计较安全。大量现场结果表明：桩侧阻力、端阻力的发挥性状与上覆土层的性质和厚度、桩长径比、嵌入基岩性质和嵌岩深径比、桩底沉渣厚度等因素有关。

一般情况下，上覆土层的侧阻力是可以发挥的，而且随着长径比 L/d 的增大，侧阻力也相应增大；只有短粗的人工挖孔嵌岩桩，端阻力先于土层侧阻力发挥，端阻力对桩的承载力起主要作用，属端承桩。对 $L/d=15\sim20$ 的泥浆护壁钻（冲）孔嵌岩桩，无论是嵌入风化岩还是完整基岩中，桩侧阻力均先于端阻力发挥，表现出明显的摩擦型。对于 $L/d \geqslant 40$，且覆盖土层不属于软弱土，嵌岩桩端的承载作用较小，此时桩基受力状态为摩擦桩，桩端嵌入强风化或中风化岩层中即可。在某些地区，泥质软岩嵌岩灌注桩 $L/d>45$ 时，嵌岩段总阻力占总荷载比例小于 20%；$L/d>60$ 时，嵌岩段端阻力占总荷载比例小于 5%。究其原因：一方面，由于嵌岩桩桩身的弹性压缩，导致桩顶沉降，这个弹性压缩量引发了桩周土体的剪应力，也即是土对桩的摩阻力；另一方面，钻孔桩的孔底残留的沉渣，形成一个可压缩的软垫，致使桩底也会产生沉降，这一沉降和上述桩本身的压缩导致桩身与土体、嵌岩段桩身与岩体产生相对位移，从而产生侧阻力。而这种桩身弹性压缩和桩底沉降是随着长径比 L/d 的增大而增大的，因而导致摩擦力和侧阻力的增大。

（2）确定嵌岩深度及桩端持力层厚度。桥梁工程桩基设计中，经常会遇到两软弱岩层之间穿越强度很高的一定厚度的岩层（夹层），或者有些地区溶洞比较发育。如果这种夹层厚度不够承载厚度要求，钻孔桩就需要穿越夹层，以达到持力层，这对施工机械和施工进度都是极大的考验。

对桩底基岩厚度的确定，主要有三个条件：①不考虑桩身周围覆盖土层侧阻力，嵌岩灌注桩周边嵌入完整和较完整的未风化、微风化、中风化硬质岩体的最小深度，按构造要求0.5m；②要求桩底以下3倍桩径范围内无软弱夹层、断裂带、洞隙分布；③在桩端应力扩散范围内无岩体临空面。对于一般夹层，只要满足前两个条件即可作为持力层。对岩溶地区桩基，由于岩体形状奇特多变，岩溶洞隙的分布毫无规律，现有勘探手段难以事先查明它的准确位置及大小，导致工期延长、工程费用增加。基于计算所需的边界条件十分复杂，而岩溶地基比一般岩石地基影响因素更多，以前通常要求桩端下有4m、5m或5倍桩径持力层厚度，对于不同桩径、不同的单桩承载力，如果同样要求基桩端面以下有5m完整基岩，两者的可靠度是不尽相同的。为使桩基设计经济合理，应根据经验值和试算数值相结合的方法来确定嵌岩深度及桩端持力层厚度。

（3）桩基配筋。基桩各截面的配筋，理论上应根据桩基内力进行计算布置。桩基内力可采用"m"法或其他有可靠依据的方法计算。按"m"法计算桩基时，桩身弯矩有四个特点：①弯矩分布规律近于一条自顶向下衰减的波形曲线，且衰减很快；②桩身最大弯矩发生在第一个非完整波形内，一般在地面以下约3m位置；③桩身弯矩在第一个弯矩零点以下很小，可以忽略不计，其下桩身主要起传递竖向力作用；④第一个弯矩零点位置在桩入土深度 $h=4/\alpha h$ 处。

3.1 概述

桥梁终点桩号为K0+684.00，4号、5号、6号和7号墩采用群桩基础，墩身为薄壁空心墩结构，最大墩高172m。其他桥墩为双柱式排架墩结构型式，0号、9号桥台为重力式桥台扩大基础，其中库首跨库大桥桩基情况入岩情况见表3.1。

表 3.1　　　　　　　库首跨库大桥桩基情况入岩一览表

墩号	桩径/m	桩长/m	数量/根	入岩长度/m 弱风化变质砂岩	入岩长度/m 中风化基岩	备注
1号	1.7	20	2		3.4	
2号	1.7	20	2		3.4	
3号	2.2	30	2		4.4	
4号	2.2	50	4	6		交界墩
5号	3	50	8	9		主墩
6号	3	50	8	9		主墩
7号	2.2	50	4	6		交界墩
8号	2.2	30	2		4.4	

1. 现场准备

(1) 平整场地，清除坡面危石、浮土，铲除松软的土层并夯实。

(2) 施工用电采用大电，拌和站备用一台 250kW 发电机以满足施工需要。

2. 技术准备

(1) 因处于高山峡谷地带，且桩位处均无施工场地，需要开山防护创造施工场地，不利于机械挖孔因此选用人工挖孔灌注桩施工工艺[40-43]。

(2) 组建以项目经理、项目技术负责人为核心的技术管理体系，下设施工技术、质量、材料、资料和计划等分支部门。

(3) 审查施工图纸，提出合理化建议，取得建设单位和设计单位同意，以达到节约投资、加快进度、保证质量和施工简便的目的，并提出合理性的审图意见。

(4) 做好桩基分部施工方案，做好分项工程技术交底。

(5) 建立完善的信息、资料档案制度。

(6) 编制钢筋、水泥、木材等材料计划，相应编制材料试验计划，指导材料订货、供应和技术把关。

(7) 按资源计划安排机械设备，周转工具进场，并完备相应手续。

(8) 建立完善的质量保证体系。

(9) 会同规划、勘察设计、建设单位、监理单位和质监单位等部门复核定点坐标、建筑物标高及验基。

(10) 做好对班组人员的技术，安全交底工作。开工前，必须强调劳动纪律，向工人班组进行技术交底，学习图纸及有关施工规范，掌握施工顺序，保证工作质量和安全生产的技术措施落实到人。

3. 施工机械和劳动力计划

施工机械计划见表3.2；劳动力计划见表3.3。

表3.2　　　　　　　　施 工 机 械 计 划

序号	机械名称	型号	数量	功率	备注
1	吊车/台	QY25B	1	25t	徐工
2	混凝土搅拌机/台	HZS60	2	750kW	泰安机械
3	混凝土灌车/台		6		
4	电焊机/台	BX1-500	2	500W	上海申工
5	潜水泵/台		10	1.5kW	
6	卷扬机/台		20		
7	插入式振动棒/台	ZX50	10		50棒
8	钢筋切断机/台	GQ50	2	4kW	
9	钢筋弯曲机/台	GW50BH	2	3kW	
10	钢筋调直机/台	WSL650	1	18kW	

表3.3　劳动力计划

序号	施工项目	人数/人
1	钢筋笼制作、安装	25
2	混凝土浇筑	15

4. 施工安排

跨库大桥其他桥墩桩基对工期不控制，为不影响主墩的施工，不再安排专门的时间进行，浇筑穿插于2016年主墩桥墩施工间隙进行。

施工方案：由于受地形限制大型机械（吊车）不能进到工作面，加之钢筋笼自重较大达到每个钢筋笼33t。综合考虑安全、进度等因素确定采用钢筋笼孔内绑扎成型。桩孔成孔后各孔即可同时进行桩基钢筋笼绑扎成型。

混凝土浇筑采用水下混凝土浇筑工艺，桩基混凝土采用集中拌和，混凝土搅拌罐车运输，用卷扬机提升导管。

混凝土拌和站设于跨库大桥下游400m雅砻江左岸，配备2台90SL自动计量拌和楼，每小时供混凝土能力为80m³，储料场2000m²，可储备砂石料1500m³。水泥、粉煤灰等胶材储存能力800t。拌和站配6台混凝土运输搅拌车1km运距，混凝土运输能力为48m³。

混凝土由拌和站搅拌、混凝土搅拌运输车运送至相应位置，采用输送泵泵送入仓（溜槽备用），不同桥墩混凝土运输及入仓采用不同的方式进行。

桩混凝土浇筑每天完成1根桩，需要350m³混凝土，计划每天浇筑时间控制在白天温度较高的时间段，根据拌和站现有供混凝土能力及运距测算，正常情况下每小时浇筑混凝土约 30m³，现场配备 8m³ 混凝土罐车 6 辆（其中 2 台备用），约 12h 能完成主墩桩基混凝土浇筑。

拌和站拌和能力能够满足桩基灌注需要。

3.2 桩基混凝土浇灌施工

3.2.1 终孔检查

挖孔到达设计深度后，清除孔壁及孔底浮渣、松散层；孔底必须平整，符合设计尺寸，保证桩身混凝土与孔壁及孔底密贴，受力均匀。并请设计及监理单位对桩底岩层确认后，即可进入下道工序[44]。

终孔后钎探查明孔底以下是否有不良地质情况（如溶洞、薄层泥岩和淤泥夹层等）。

3.2.2 桩基钢筋

3.2.2.1 钢筋笼制作

（1）原材料检验。钢筋加工前对原材料钢筋、套筒、声测管进行抽样试验，不合格的材料不准运进场。

（2）桩基主筋、定位筋、支撑筋和箍筋在钢筋制作场统一进行制作，按孔径制作一个钢筋定位的圆形工作平台，用以卷制箍筋[45]。主筋接头采用机械接头，主筋单根分节长度为 9m，在制作场两头车好丝头。桩基其他钢筋可采取单、双面焊，焊接须满足相应规范要求，接头长度单面焊不少于 10d，双面焊接头长度不少于 5d。下料加工时要考虑同一截面接头数量不得超过 50%。

（3）加工成型的半成品经监理工程师验收合格后，同时依据设计图纸制作成型后的半成品运往现场进行拼装。

3.2.2.2 钢筋笼安装

钢筋加工在钢筋加工场地钢筋棚内进行，包括下料、弯制，丝扣加工等。

装载机或运输车将钢筋运至桥墩基坑附近或溜索下方（5 号墩），由人工或小型机具下放到桩孔内。

钢筋笼在孔内人工绑扎。

通风机＋通风带送风至孔内，排烟和送新鲜空气，防水灯照明。

主筋连接采用直螺纹套筒连接，螺旋筋采用人工绑扎接头。内箍筋与主筋采用点焊固定。

孔内人员操作平台采用搭设简易钢管脚手架，上铺木板。

预埋桩基检测钢管按设计要求定位于钢筋笼上并焊牢，其接头使用接长管旋接并做防渗处理，每下完一节把检测管内注满清水，全部下完后用木楔或焊钢板堵上。钢筋笼安装，如图3.1所示。

3.2.3 浇灌桩基混凝土

（1）混凝土浇筑前对原材料碎石、机制砂进行抽样试验，不合格的材料不准运进场；选择好的外加剂，做好混凝土的试配工作；混凝土浇筑时，由试验工程师把关好后台，严格计量，调好水灰比及混凝土的和易性，确保桩基混凝土强度不低于设计强度[46-47]。坍落度控制在18～22cm范围内，无离析泌水现象，初凝时间达9h（冬季），确保混凝土连续浇筑的完整性。

（2）做好相关准备工作，导管、储料斗、拌和站和车辆等检查没问题。

（3）不同桩基混凝土入仓方式：

1）6号墩桩基封底混凝土浇筑入仓方案。由搅拌运输车通过便道运送混凝土至6号墩基坑边，由输送泵送混凝土至孔口料斗，经导管至孔中，封底完毕人工捣固密实混凝土。

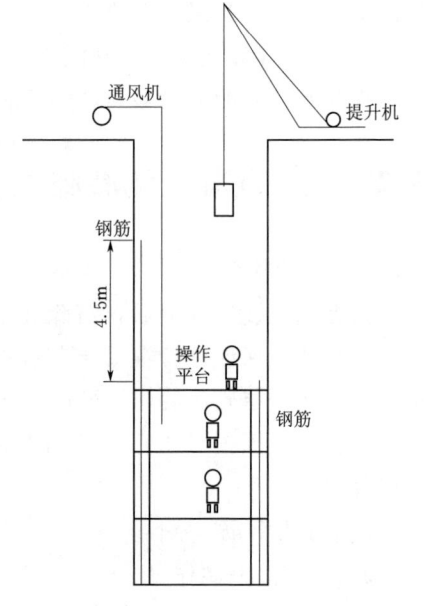

图3.1 钢筋笼安装

2）6号墩桩基一般混凝土浇筑入仓方案。由搅拌运输车通过便道运送混凝土至6号墩基坑边，通过输送泵送混凝土至孔口料斗，经导管送至孔中。

3）5号墩桩基浇筑入仓方案。由搅拌运输车通过便道运送混凝土至雅砻江左岸跨江索道桥桥头。混凝土由混凝土输送泵送过江并至5号墩各桩基孔口料斗，经导管送至孔中。

4）4号、7号墩桩基浇筑入仓方案。由搅拌运输车通过便道运送混凝土至4号或7号墩基坑边，输送泵送混凝土至各孔口料斗，经导管送至孔中。

5）1号、2号、3号、8号墩桩基浇筑入仓方案。混凝土由搅拌运输车通过便道运送至4号或7号墩位置，通过输送泵送混凝土至各桥墩桩基孔口料斗，经导管送至孔中。

（4）各桩基底部80cm（一车）混凝土及桩顶部8m内的混凝土，孔内人工捣固密实。确保桩底、桩顶质量。

（5）保温覆盖，采用孔口混凝土表面覆盖塑料薄膜，加盖保温棉被及电热毯的方法防冻保温。

（6）混凝土原材料质量及配合比符合规范要求。

（7）搅拌站、搅拌罐车、电力设施调试正常，且有备用，劳动力分工明确，保证混凝土浇筑的连续。

(8) 浇筑前检查孔底沉渣,符合规范及设计要求后方可浇筑混凝土。

(9) 安装导管顶口料斗和球阀,首批混凝土数量必须且能满足导管首次埋深（≥1.2m）和填充导管底部的需要,（由于主墩桩基直径大3.0m,可采取大料斗＋混凝土罐车法,即料斗装满混凝土后放开球阀的同时迅速将混凝土运输车出料开关开到最大出料速度,以保持料斗内始终保有混凝土）。混凝土利用搅拌运输罐车运输至基坑边,泵送混凝土进料斗进行灌注[48]。首批混凝土下落后,将连续浇筑。浇筑过程中以测绳勤测孔内混凝土面位置,及时调整导管埋深（图3.2）。

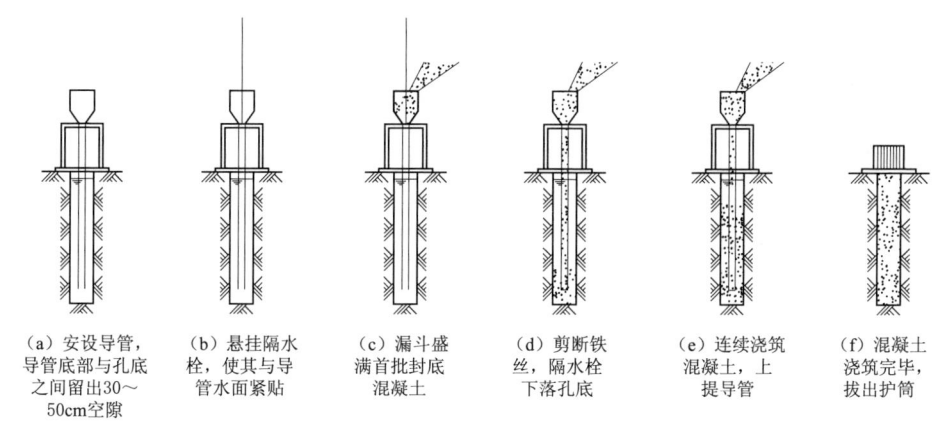

(a) 安设导管,导管底部与孔底之间留出30～50cm空隙
(b) 悬挂隔水栓,使其与导管水面紧贴
(c) 漏斗盛满首批封底混凝土
(d) 剪断铁丝,隔水栓下落孔底
(e) 连续浇筑混凝土,上提导管
(f) 混凝土浇筑完毕,拔出护筒

图3.2 浇筑灌桩基混凝土施工工序

(10) 为防止钢筋笼上浮,当浇筑的混凝土顶面距钢筋笼底1.0m左右时,降低浇筑速度,当混凝土升至钢筋笼底口4.0m以上时,提升导管,使导管底口高于钢筋笼底口2.0m以上,方可恢复正常浇筑速度,安排专人负责经常检查埋管深度,埋管始终保持1～2m。

(11) 混凝土采用水下浇筑工艺,下部靠混凝土自重冲击密实,无需振捣;距离孔口8m左右,考虑重力冲击不够,采取人工振捣密实[49]。

(12) 声测检查。在浇筑桩混凝土时,每根基桩均在其钢筋内侧设置声测管（4根）（与制作钢筋笼一起安装）,成桩后须对桩基进行声测检查。声测检测工作,由具有资质的专门检测机构进行（业主认可）。

1) 桩基检测预埋管直通桩底。

2) 预埋管采用钢管,钢管采用螺纹双通连接或焊接,管的下端应封闭,上端应加盖。检测管可焊接或绑扎在钢筋笼内侧,检测管之间应相互平行。在检测前先清洗检测管,并注入清水。

3) 检测管不能漏水更不许在连接处有空洞;若焊接,检测管的切口必须垂直切齐,谨防焊渣内流,影响声测探头的下放与提升。

4）检测管间必须相互平行；检测管埋设应高出桩顶 30～50cm。

3.2.4 施工注意事项

(1) 钢筋笼下孔必须对中桩位，并固定牢。钢筋笼的钢筋焊接必须符合图纸规范，要求双面焊长度不小于 $5d$，单面焊长度不小于 $10d$，且焊缝饱满，无气眼等[50]。

(2) 严格注意声测管的垂直度，不得弯折。

(3) 在钢筋笼顶面应采取有效方法进行固定，防止混凝土灌注过程中钢筋骨架上升[51]。

(4) 混凝土导管不允许用法兰盘接头，为保证顺利灌注，必须采用带丝口的导管。

(5) 经常量测孔内混凝土面层的高程，及时调整导管出料口与混凝土表面的相应位置。泵管应在桩内混凝土升高时，慢慢提起。

(6) 浇筑的混凝土的原材料、坍落度等指标必须符合设计与规范要求[52-53]。

3.3 质量、安全、文明施工

3.3.1 质量保证措施

(1) 施工前做好施工技术交底，现场施工负责人要熟悉设计图纸、施工工艺及质量要求，施工工人要熟悉施工工艺。

(2) 放样准确，护桩要稳固。

(3) 施工现场要挂施工牌，标明现场施工负责人、技术负责人和混凝土施工配合比。

(4) 钢筋电焊工、机械工必须要有上岗证。

(5) 整个施工过程要严格按照监理程序施工。

(6) 挖孔过程中应经常检孔，如有偏差应及时纠正。

(7) 桩底要支撑在设计要求的持力层上，并清除底部沉渣，要每桩进行隐蔽检查[54]。

(8) 挖孔过程中注意土层、岩层的变化情况，发现异常情况应立即通知技术管理人员、监理工程师、业主、地质和设计部门。

3.3.2 工程质量控制指标、检验频率及检验办法

挖孔桩施工质量应达到以下施工标准：

(1) 桩身混凝土所用的水泥、砂、石、水、外掺剂及混合材料的质量和规格必须符合要求，按规定的配合比施工[55]。

(2) 挖孔达到设计深度后，应及时进行孔底处理，必须做到无松渣、淤泥等扰动软土层，使孔底情况满足设计要求。

(3) 嵌入承台的锚固钢筋长度不得小于设计规范规定的最小锚固长度要求。

混凝土强度、桩位、孔径、孔深、孔的倾斜度的质量要求、检查方法及检查频率按表 3.4 执行。

表 3.4　　　　　　　　　检　查　要　求

项次	检 查 项 目		规定值或允许偏差	检查方法和频率
1	混凝土强度		在合格标准内	按《公路工程质量检验评定标准》（JTJ 071—98）[56]检查
2	桩位	群桩	100mm	全站仪或经纬仪：每桩检查
		排架桩 允许	50mm	
		排架桩 极值	100mm	
3	孔深		不小于设计	测绳量：每桩测量
4	孔径		不小于设计	探孔器：每桩测量
5	挖孔倾斜度		0.5%桩长，且不大于 200mm	垂线法：每桩检查
6	钢筋骨架底面高程		±50mm	水准仪测骨架顶面高程后反算：每桩检查

3.3.3 分项工程报验程序

每道工序完工后，按照总监办下发的工序检验程序进行自检，自检合格后填写"检验申请表"和各工序相应的"现场质量检验报告单"并报专业监理工程师进行检查认可。

分项工程完工后，再进行一次系统的自检，检查合格后，汇总各工序的检查记录和测量及抽样试验结果，填写该分项工程的"分项工程质量评定表"及"中间交工证书"，申报监理工程师审核签认。

对已签发的"中间交工证书"的工程进行计量，填写"中间计量表"交总监办签发。

3.3.4 材料质量保证措施

（1）原材料进场，如水泥、钢筋、外加剂，必须附带有厂家的产品质量证明书或产品合格证，砂石进场要严格控制其表观质量，材料进场后要按规范要求在监理见证下取样做试验，试验合格后方可使用。混凝土拌和楼在使用前必须经过相关部门标定，拌和用原材料要严格按照施工配合比进行计量[57]。

（2）材料进场后保存措施：

1）包装水泥按品种、等级强度、出厂编号、到货先后顺序堆放，堆放场地应干燥，堆放时应在距地面不低于 30cm 垫板上堆放，堆垛高度超过 10 袋，各堆垛之间留一不小于 70cm 宽的通道。堆垛水泥用防水篷布覆盖严实，防止雨露入侵导致水泥变质。散装水泥要用专门的水泥罐保存。水泥保存时间不应超过 3

个月，如存放期超过 3 个月必须重新取样抽检。对于重新抽检不合格的水泥不予使用[58]。

2) 钢筋进场后分型号、种类保存。钢筋堆放场地须硬化，钢筋底下垫枕木以确保钢筋不受地面积水侵蚀，雨天要用防雨篷布覆盖以避免钢筋生锈。对于轻微起锈的螺纹钢可用钢丝刷清除，线材可直接用钢筋调直机清除。

3) 砂石进场后按要求分类存放，存放场地须硬化，中间设围挡隔开。

4) 外加剂进场后需存放在干燥的房间内，每次使用按需领取，对包装打开后未使用完的外加剂须重新包装密实后再入库存放。

3.3.5 安全保证措施

1. 建立健全施工安全管理制度

建立健全施工安全管理制度包括：安全生产责任制度、安全生产教育制度、施工安全措施计划、安全生产检查制度和相应的奖罚条例和因工伤亡事故的调查和处理制度等。

2. 施工安全技术管理

加强施工安全技术管理，合理安排工序进度的作业循环，组织均衡生产，统一指挥，及时解决生产进度与施工安全的矛盾，避免抢进度而忽视安全造成事故的发生。

3. 加强安全教育，制定相应安全措施

经常进行安全教育，制定相应安全措施，做好桩基施工安全技术交底，对各种安全人员和新工人进行安全生产基本知识教育，对容易发生事故的工序施工，进行安全操作训练，考核确认掌握安全操作技术要领后方能作业。

安全技术要求及施工安全措施：

(1) 施工人员必须戴安全帽，穿绝缘胶鞋，孔内有人时，孔上必须有人监督防护；井孔周边作业人、监护人员，必须戴安全帽，严禁穿拖鞋、赤脚、酒后上岗作业。

(2) 施工现场电源线路，必须按"三相五线"制，TV-S 系统要求布置，并按"三级配电""二级漏电分级"分段保护。

(3) 孔上电线、电缆必须架空。

(4) 电箱一律采用铁质电箱，电箱应有严密的防雨措施，安装位置合适，安装牢固，进出线整齐，拉线牢固，熔丝不得用金属代替，箱内不得放其他物品。

(5) 现场电源线路及电气设备，由持证电工负责安装维护，经验收合格后，方准投入使用。

(6) 施工现场所有设备和机具必须做好保护接零。

(7) 所有机械设备的传动部位，必须装设防护罩[59]。

3.3 质量、安全、文明施工

4. 机械设备的安全措施

机械设备装设安全防护装置，操作者要严格遵守安全操作规程，操作前要对设备进行全面的安全检查，设备严禁带故障运行。装载机、卷扬机、吊车作业时设专人指挥，以防砸伤人员等，对施工机械和电力设备进行定期检验及保养、试验、日常检查，凡不合要求者严禁使用。

5. 防触电及电器设备安全措施

进行安全用电知识教育，定期检修电器设备。对电器外壳进行防护性接地、保护性接零或绝缘，电闸开关必须装盒。

6. 施工现场设立安全标志

桥梁施工现场设置防护设施和安全提醒标志、便道方向标志等，变压器设置安全栅栏，并设置提醒标志。

7. 严防火灾

消除一切可能造成火灾的事故根源，控制火源，易燃物质和助燃物，装设灭火器材，一旦发生火情，要及时转移器材，疏散人员，及时组织有效的灭火工作，当火势超过消防能力时，及时报警，以防造成更加严重的损失。

8. 特种作业人员持证上岗

对于电工作业、起重机械作业、机械车辆驾驶、焊接（气割）作业等特种技术工人，必须经专业培训，考试合格后持证上岗，并进行安全技术交底。严禁非驾驶人员操作机械，以防事故的发生。

9. 实行交接班制度

施工各班组内实行交接班制度，交班负责人将班组工作情况及有关安全问题向接班负责人详细交代，做好交接班记录。

10. 坚持安全施工的指导思想

坚持"安全施工"的指导思想，实行"第一管理者亲自抓安全"，全体参战员工共同保安全，落实各项安全技术措施，对施工出现的各类事故，均按照"三不放过"的原则处理，即事故原因调查不清楚不放过、事故责任者和施工人员未受到应有的教育不放过、没有制定出今后的防范措施不放过。同时按照规定发生安全事故应及时上报。

3.3.6 环境保护及文明施工措施

以"预防为主、防治结合、综合防治"的原则，采取有效措施预防因施工造成的环境污染。开工前进行环保意识教育和环保技术交底，设一名环保专职员。防止施工中的燃料、油、化学物质、污水、废料和垃圾等有害物质的污染[60]。文明施工，采取以下措施：

（1）施工时排放的废水、生活污水不得直接排入冲沟或低洼地，先排入污水处理池，沉淀净化后方可排放。

（2）切实做好文明施工，在深夜尽可能避免和减少影响附近居民的工作、生活和休息，施工场地要保持整洁，创造文明的工作环境，以提高工作效率。

（3）做好文明施工的宣传教育，使职工按安全操作规程上岗，不违章作业，做遵章守法的文明施工的员工。

（4）发现不安全的因素，要及时采取措施，消除隐患。确保安全生产的同时做好文明管理。

（5）对施工现场的周围，要做好环境保护，对周围的一草一木要爱护，保证绿色环境不被污染，同时要确保工地环境干净。现场材料堆放要整齐。

（6）施工现场要设文明施工口号横幅，张贴标语，挂施工牌、岗位职责。

（7）现场焊接或超光发射作业，要采取挡板隔离、避免影响居民生活。

3.4 雨季及特殊情况应急措施

3.4.1 雨季施工技术措施

3.4.1.1 雨季施工部署

针对雨季施工的实际情况，应做好场地排水方案、防雨措施，现场施工安全用电，高空作业防雨、防滑、防雷措施等方面的安排和准备，提前做好安全交底和安全防护工作，并做好经常性的巡视检查。

3.4.1.2 雨季施工技术措施

1. 钢筋工程

钢筋原材料、已成型的钢筋笼底部垫枕木离地面30cm以上，表面用防水篷布覆盖，防止钢筋受雨水侵蚀生锈。

各种机械、电气设备雨季施工前必须搭好防雨操作棚，施工现场所有动力及供电线路要普查检修，现场所有机械、电气设备和临时设施必须进行"三防"（防漏雨、防漏电、防倒塌）检查。

2. 混凝土工程

存放的水泥要做好防水、防潮措施，对存放超过3个月的水泥要重新抽样检验。浇筑混凝土前要检测砂、石含水率，及时调整施工配合比。

混凝土浇筑过程中输送泵存储料仓、井口搭设防雨操作棚，防止浇筑过程中雨水稀释混凝土，影响混凝土强度[61]。

3. 其他措施

（1）运输道路以及施工场地要碾压坚实，作好排水系统[62]。

（2）及时收听天气预报。

（3）遇雨时应停止施工和焊接等电气操作，施工时应掌握近期天气预报。

（4）认真组织学习公司以及业主下发的雨季施工规范、规定、技术措施和技术要点，做好对班组的交底。

3.4.1.3　雨季施工作业安全用电防护措施

（1）做好临时用电施工组织，做好施工用电线路的架设，用电设备的安装，导线敷设严格采用三相五线制，严格区分工作接零和保护接零，不同零线应分色[63]。

（2）施工用电严格执行"一机一闸一漏一保护"制度，投入使用前必须做好保护电流的测试，严格控制在允许范围内。

（3）加强用电安全巡视，检查每台机器的接地接零是否正常，检查线路是否完好，若不符合要求，及时整改。

（4）施工现场的移动配电箱及施工机具全部使用绝缘防水线。

（5）做好各种机具的安装验收，认真做好接地电阻测试，施工现场的低压配电室应将进出线绝缘子铁脚与配电室的接地装置相连接，作防雷接地，以防雷电波侵入[64]。

（6）雨天作业，机械操作人员应戴绝缘手套、穿雨靴操作。

3.4.2　特殊情况的应急措施

（1）拌和机故障、断电。维修人员加紧维修同时启动备用2号拌和机组。浇筑前由机械管理人员与电力部门沟通保证灌注期间无停电计划。如遇紧急停电立即启用发电机，拌和站和现场各一台。

（2）长距离泵送堵管。过江索道桥上安装两根泵送管，互为备用。当一根管路发生堵管，立即启用备用管路。同时调动其他队伍的人员到场清除堵塞的管路。

（3）停灌接茬。遇特殊情况灌注途中发生无法继续灌注的，立即将已浇筑混凝土进行整平捣实，清除浇筑面以上的钢筋上的混凝土及水泥浆。待强度达到5MPa以上时，进行凿毛处理，为混凝土接茬作准备。

第4章 主桥承台施工

桥梁的承台指的是为承受、分布由墩身传递的荷载，在基桩顶部设置的联结各桩顶的钢筋混凝土平台[65]。承台分为高桩承台和低桩承台：低桩承台一般埋在土中或部分埋进土中，高桩承台一般露出地面或水面。高桩承台由于具有一段自由长度，其周围无支撑体共同承受水平外力，基桩的受力情况极为不利，桩身内力和位移都比同样水平外力作用下低桩承台要大，其稳定性因而比低桩承台差。

4.1 概述

跨库大桥设计为13m×3+40m+120m+220m+120m+40m×2连续刚构桥，起点桩号为K0+056.00，终点桩号为K0+684.00，长为628m。跨库大桥承台共有4个，5号、6号墩承台厚度为7.5m，平面尺寸为20.0m×17.0m，承台采用C40混凝土。4号、7号墩承台厚度为3.6m，平面尺寸为10.0m×9.1m，承台采用C30混凝土。

承台主要工程量见表4.1和表4.2。

表4.1　　　　　5号、6号墩承台主要工程数量

序号	名　　称	数量	备　注
1	C40混凝土/m³	2550	单个承台工程量
2	钢筋/t	197.6	
3	角钢/t	35.9	
4	冷却管/t	5.5	

表4.2　　　　　4号、7号墩承台主要工程数量

序号	名　　称	数量	备　注
1	C40混凝土/m³	327.6	单个承台工程量
2	钢筋/t	42.9	
3	角钢/t	1.1	
4	冷却管/t	0.5	

4.2 施工组织和进度计划

4.2.1 准备工作

（1）承台混凝土施工前进行图纸会审，提出施工阶段的综合抗裂措施，制订关键部位的施工作业指导书。

（2）承台混凝土施工在混凝土的模板和支架、钢筋工程、预埋管件等工作完成并验收合格的基础上进行。

（3）施工现场的供水、供电满足混凝土连续施工的需要，当有断电可能时启动自备电源。

（4）承台混凝土的供应能力应满足混凝土连续施工的需要，不宜低于单位时间所需量的1.2倍。

（5）用于承台混凝土施工的设备，在浇筑混凝土前进行全面的检修和试运转，其性能和数量满足承台混凝土连续浇筑的需要。

（6）混凝土的测温监控设备按《大体积混凝土施工规范》（GB 50496—2009）[66]中的有关规定配置和布设，标定调试应正常，保温用材料应齐备，并派专人负责测温作业管理。

（7）承台混凝土施工前，对工人进行专业培训，并逐级进行技术交底，同时建立严格的岗位责任制和交接班制度。

（8）建立各级碰头会制度，加强协作队伍之间协作，及时解决和协调好现场出现的各种矛盾问题。

（9）为确保大体积混凝土施工，施工采用两班制，每班12h，为此必须配备足够的劳动力和施工管理人员，做到连续施工。

（10）加强计划的平衡安排，排出计划，特别是用料（包括设备、周转材料）计划，力求详尽、准确，杜绝因待料而影响施工。

（11）承台混凝土施工，用料集中，用量大，机械的顺利运行对混凝土的连续施工起着极其重要的作用。为此，施工前，司机、操作手要对各自的设备进行检修，以保证施工时机械设备连续运转。

（12）保温材料要有一定的储备，以便应对特殊情况的发生。

（13）做好混凝土试块的制作、坍落度和扩展度等检查工作。

4.2.2 设备配置

按照"同行先进、满足需求、性能良好、互相配套"的原则进行施工机械设备的配置，机械设备配置见表4.3。

第4章 主桥承台施工

表4.3 机械设备配置

序号	名　称	数量	性能	备　注
1	HLS-90拌和机	2台	良好	拌和楼
2	混凝土运输车	8台	良好	含2台备用
3	输送泵（90m³/h）	2台	良好	带配套泵管
4	6018塔吊	1台	良好	6号墩配合使用
5	装载机	1台	良好	拌和站
6	钢筋加工机具	1套	良好	钢筋棚
7	木工机具	1套	良好	承台模板
8	发电机500kW	2台	良好	现场拌和站备用
9	混凝土施工机具	若干	良好	50振捣棒10台

4.2.3 材料

基础承台全部采用自供混凝土。

(1) 水泥"兆山"牌 P·O42.5R 普通硅酸盐水泥（低碱）。

(2) 砂。水电七局砂石料厂产机制砂。

(3) 碎石。水电七局砂石料厂产碎石，级配为5～10mm，10～20mm。

(4) 混凝土外掺料。聚羧酸盐高性能减水剂 HZ-缓凝型。

(5) 粉煤灰。四川省雅安市天全县建材厂产一级粉煤灰。

4.2.4 工程进度保证措施

(1) 科学配置资源，开展专业化施工[67]。为了确保工期，在队伍组织上，将抽调善打硬战的专业化大体积混凝土施工队伍；在设备配置上，配备先进水平、高效的混凝土搅拌站、混凝土输送泵、混凝土运输车等施工机械设备。

(2) 加强网络计划控制，实行目标管理，实现工期目标。应用网络技术和先进的项目管理软件系统，对工程的重点、难点和控制工期的工序，认真分析研究，抓住关键线路。对施工重点优先安排，加大设备、人力、物力和财力的投入，确保各关键工序按期完成。使施工计划做到日保旬、旬保月、月保年地高效完成。同时，在保证安全和质量的前提下，尽可能开展多工序同步施工，控制作业循环时间，合理安排作业层次，利用有利时机加快施工进度。

目标管理是工期管理的重要手段，根据项目特点，抓住关键线路，分阶段制定工期目标。把工期目标进行分解后，抓具体的各分项目标的实现。针对分阶段工期目标，在施工工期管理上，将有针对性的对各阶段目标管理实现责任制，分工负责，逐个目标抓落实，从每时每日抓起，分目标保总目标，防止目标落空。

(3) 科学组织安排，加强协作沟通，全力保障施工生产。随着施工情况的不断变化，及时分析控制工期的关键线路，合理调剂人力、物力、财力和机械配置，使施工进度紧跟计划。加强调度统计工作，提高办公自动化水平，建立电脑调度中心，加强信息收集、反馈工作，减少各道工序间的衔接时间，充分利用有利空间，避免出现窝工现象。协调好各施工队、各业务部门的工作，加强协作配合，为施工提供有力的经济技术保障。理顺上下关系，对施工现场的需求和需解决的问题及时反映、及时解决，避免影响施工进度。

（4）加强人员配置，发挥人才优势。人员配置上将抽调具有丰富的大体积混凝土施工经验的技术和管理人员，从施工管理到施工过程都按照最高水平配置，构成技术密集型施工队伍。

（5）加强设备管理，保持最高工效。对上场的所有机械设备都建立健全档案，做好机械设备的统计工作，定期和不定期的对机械设备进行检查、维修和保养，使机械设备始终处于良好的状态，保证工程的正常使用。

（6）对施工进度进行科学监控：

1）进度监控的原则。在确保安全、质量的前提下，确保目标工期。对施工全过程进行进度监控管理，监控的原则为目标明确、事先预控、动态管理、措施有效和履行合同。

2）进度监控的方法。施工进度采用如下监控方法：投资指标监控法、形象进度监控法、单项进度指标监控法和关键线路网络监控法。根据施工组织设计或建设单位、监理工程师及其他有关的工期要求，适时根据工程进展，调整资源配置，实现工期目标。对关键工序、关键项目强化跟踪指导，跟踪监测[68]。

4.3 承台施工方案

4.3.1 承台施工工艺

承台施工工艺流程如图4.1所示。

4.3.2 基底封底层及桩头凿毛

承台基坑底按图纸设计要求浇筑50cm厚的封底混凝土，浇筑前应凿除基底表面浮渣，清除杂物。桩头凿毛时必须凿除桩基所有不密实，松散的混凝土，并核实凿除后桩顶实际高程是否满足设计高程[71-72]。各墩桩基标高见表4.4。

表4.4　　　　　　　　　　各墩桩基标高

施工部位及项目	4号	5号	6号	7号
基底开挖标高/m	2811.89	2689.16	2691.36	2812.49
封底层浇筑方量/m³	45.50	170.00	170.00	45.50
桩头标高/m	2812.64	2689.76	2691.96	2813.24

第4章 主桥承台施工

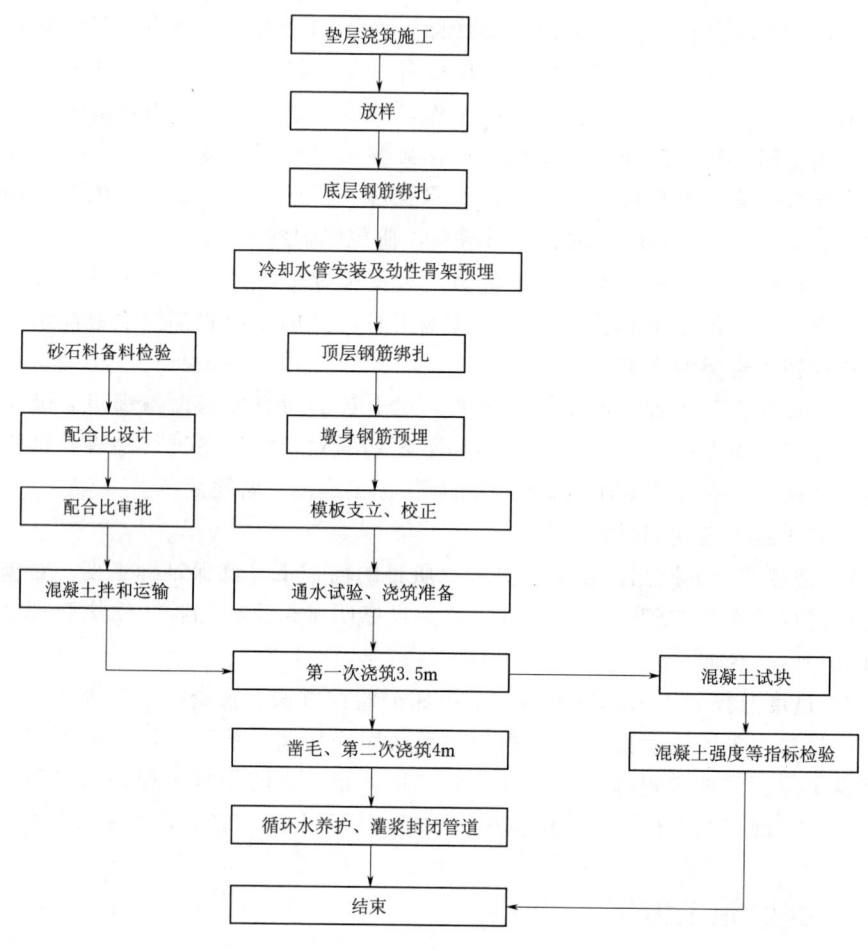

图 4.1 承台施工工艺流程[69-70]

跨库大桥6号墩桩基6-6及5号墩桩基5-3、5-8均为悬空桩,要保证承台施工,需先解决5号、6号承台悬空部分,根据现场实际地形,拟订方案如下:

(1) 5号墩。由于该处悬空部分距离较长(约13m),悬空宽度较窄(约2m),山体坡度较陡,采取型钢托架法施工困难较大,决定采取在岩面上植筋,竹胶板支挡,后背钢管固定的方式对该处悬空部分进行混凝土满灌,混凝土方量约50m³。

(2) 6号墩。因该处山体坡度较缓,方便采取型钢托架法施工,采用支立Ⅰ20a型钢托架方法解决承台底部50cm封底混凝土的浇筑问题。具体施工方法如下:6号墩6-1和6-6之间悬空部分长10m,宽2m,按1.6m,间距布置6根Ⅰ20a工字钢托架,上方按照中心15cm,间距布置12根10cm×10cm方木作为分配梁,后满铺1.2cm厚竹胶板形成木模系统。

托架主要材料见表 4.5。

表 4.5　　　　　　　　托架主要材料

序号	材料类型	规　格	数量	使用部位
1	工字钢	Ⅰ20a	21m	承重梁
2	方木	10cm×10cm	120m	分配梁
3	角钢	80cm×6cm	12m	斜撑
4	竹胶板	1.2m×2.4m	20m²	面板

布置方式如图 4.2 所示。

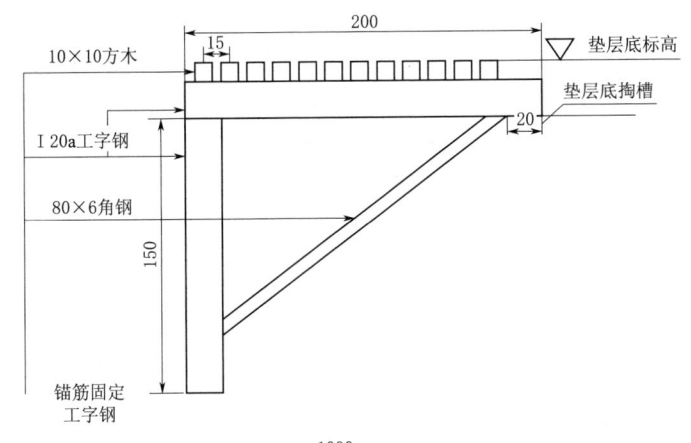

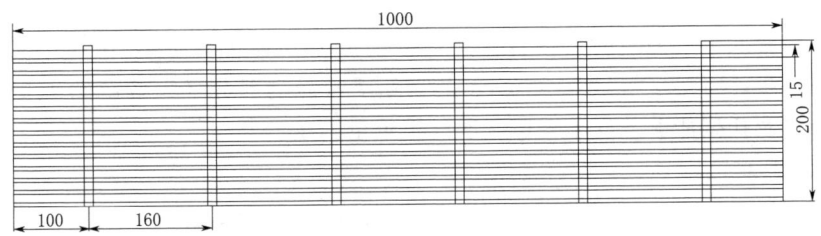

图 4.2　托架布置方式[73-74]（单位：cm）

支架验算：施工荷载见表 4.6。

表 4.6　　　　　　　　施　工　荷　载

序号	荷　载　类　别	荷载大小/kN	备　注
1	模板及支架自重	7	按实际重量计算
2	新浇钢筋混凝土重量	260	26kN/m³
3	施工人员、施工料具运输、堆放荷载	50	2.5kN/m²
4	倾倒及振捣混凝土产生的冲击荷载	80	4kN/m²
	合　　计	397	

按 1.2 倍的安全系数考虑，则计算时考虑的各种荷载为 $F=476.4\mathrm{kN}$。

施工时考虑采用 I 20a 工字钢作为主承重梁，共分布 6 根 2m 长的钢梁，则每根承重梁承重为 $F_1=F/6=79.4\mathrm{kN}$。

主梁应力验算：每根主梁上部按分布荷载考虑，则主梁最大弯矩在梁的跨中位置，按公式 $M_{max}=ql^2/8$ 计算跨中弯矩，其中，$q=79.4/2=39.7\mathrm{kN/m}$，$l=2\mathrm{m}$，则 $M_{max}=19.85\mathrm{kN\cdot m}$。按公式 $\sigma=M_{max}/W_x$ 计算抗弯应力，I 20a 工字钢 $W_x=237\mathrm{cm}^3=2.37\times10^{-4}\mathrm{m}^3$，则抗弯应力 $\sigma=M_{max}/W_x=83.76\mathrm{MPa}<[\sigma_w=140\mathrm{MPa}]$，抗弯应力满足要求。

主梁变形验算：主梁跨中最大变形公式按 $f_{max}=5ql^4/384EI$ 计算，其中，$E=200\times10^3\mathrm{MPa}$，$I=2.37\times10^{-5}\mathrm{m}^4$，$q=39.7\mathrm{kN/m}$，$l=2.0\mathrm{m}$，则分配梁跨中变形 $f_{max}=0.00174\mathrm{m}<[f=L/400=0.005\mathrm{m}]$，主梁的变形满足要求。

方木应力验算：方木按照中心间距 15cm，每根长 10m，共布置 12 根，每根方木承受的荷载 $F_2=F/12=39.7\mathrm{kN}$。方木均布荷载 $q=39.7/10=3.97\mathrm{kN/m}$，方木按主梁排列的最大间距 1.6m 考虑，则计算长度 $l=1.6\mathrm{m}$，跨中弯矩 $M_{max}=ql^2/8=1.27\mathrm{kN/m}$，10cm×10cm 方木 $W_木=bh^2/6=167\mathrm{cm}^3=1.67\times10^{-4}\mathrm{m}^3$，则抗弯应力 $\sigma=M_{max}/W_木=7.6\mathrm{MPa}<[\sigma_木=12\mathrm{MPa}]$，抗弯应力满足要求。

方木变形验算：分配梁跨中最大变形按公式 $f_{max}=5ql^4/384EI$ 计算，其中，$E_木=10\times10^3\mathrm{MPa}$，$I=bh^3/12=8.33\times10^{-6}\mathrm{m}^4$，$q=3.97\mathrm{kN/m}$，$l=1.6\mathrm{m}$，则方木跨中变形 $f_{max}=0.0035\mathrm{m}<[f=L/400=0.004\mathrm{m}]$，方木的变形满足要求。

进行封底垫层浇筑时，承台悬空部分增设上下 2 层钢筋网，因考虑便于支立承台模板，将垫层尺寸加大 50cm，实际承台悬空部分最大宽度约 1.2m，经验算垫层及托架能够承受承台第一次浇筑重量。

4.3.3 钢筋工程

（1）按设计调整桩头钢筋成喇叭形式，并绑扎螺旋箍筋[75]。

（2）为保证钢筋安装顺直规范，钢筋安装时要挂线，首先确定最外侧、中心线处钢筋位置，三点成一线，确保钢筋顺直，在钢筋上用化石笔按设计间距标出钢筋位置，挂线进行钢筋绑扎。竖向钢筋安装时先将外侧的吊垂球安装固定，然后上下各挂一道线进行安装。在承台四周侧面设置防裂钢筋网，钢筋网取用规范《钢筋混凝土用钢 第 3 部分：钢筋焊接网》(GB/T 1499.3—2010)[76]规定的 D6.5 焊接钢筋网，净保护层厚度为 3cm。

（3）底层钢筋及顶层钢筋安装时要进行高程测量，以便承台侧面立筋与顶、底层钢筋焊接时搭接平顺。

（4）因顶层钢筋及墩柱预埋钢筋自重较大，架力角钢一定按要求施工，防止顶层钢筋下沉。

4.3 承台施工方案

(5) 墩身预埋钢筋要与顶层钢筋焊接固定,调整顶层钢筋位置。

(6) 顶层钢筋可在四周预留几根不绑扎焊接,以便混凝土施工时进入承台里面。

(7) 钢筋检查。检查钢筋根数、规格、长度是否符合设计要求;检查钢筋是否顺直;检查钢筋是否锈蚀、是否有其他杂质;检查钢筋的机械连接质量;检查钢筋的焊缝长度及质量;检查钢筋的绑扎情况;检查钢筋间距是否均匀,可用5m卷尺进行检查,看2m范围内钢筋根数及间距,防止出现采用负误差减少钢筋根数。

(8) 承台主筋接长采用直螺纹连接,其余钢筋接长均采用双面搭接焊连接,严格控制焊接质量并注意错开接头位置;N5与N6通过双面焊连接形成闭合箍;N7与N1、N2、N1a、N2a双面焊接成闭合箍,双面焊长度不小于$5d$,搭接部位的两个预弯头必须紧紧靠在一起不能扭曲,上下钢筋必须同轴。搭接焊缝必须饱满,焊缝宽度不小于$0.8d$和高度不小于$0.3d$,引弧、收弧一定到位,不能留空隙。

(9) 桥墩预埋钢筋为保证预埋位置准确,其位置和根数与墩身钢筋布置保持一致,先校准桥墩钢筋位置,点焊固定在承台钢筋上,然后再绑扎。当墩柱钢筋与承台钢筋位置冲突时,可适量调整承台钢筋,但必须保证桥墩钢筋顺直。

(10) 安装承台钢筋时,须将冷却水管一同安装,冷却管采用具有一定强度的外径为48mm,厚为3.5mm的钢管,两端攻丝,采用水管弯头连接,且要包裹几层生胶带以确保其密封性良好。要求位置准确,安放稳固,接头连接牢靠。每层冷却管进出水口均需引至承台顶以上50cm,当冷却管与钢筋相碰时,冷却管可适当调整位置,承台冷却管布置如图4.3和图4.4所示。注意每层与钢筋或架立角钢牢固绑扎,管道通畅,丝口接头牢靠,并通过密水试验,防止在浇筑混凝土过程中出现冷却管漏水或串浆堵塞现象。

(11) 直螺纹钢筋加工:

1) 机床操作人员必须熟悉机械性能和结构,经专业培训合格后才能上岗操作。

2) 操作人员必须严格执行操作规程及安全守则,禁止超负荷作业。

3) 抽查钢筋端面平整度,是否有弯曲。

4) 抽查凹凸模的配合间隙应为0.4~0.8。

5) 脱模后的钢筋端面尺寸达到规定要求:端头与钢筋同心度应为0.3~1.0mm,端头缺圆的圆周小于1/3,缺角小于3×1.5°,端头缺损(中部、根部)圆周小于1/3,缺口小于5×1°。

6) 停车前模具应处于开户状态,停车程序应先卸掉工作的压力,再停控制

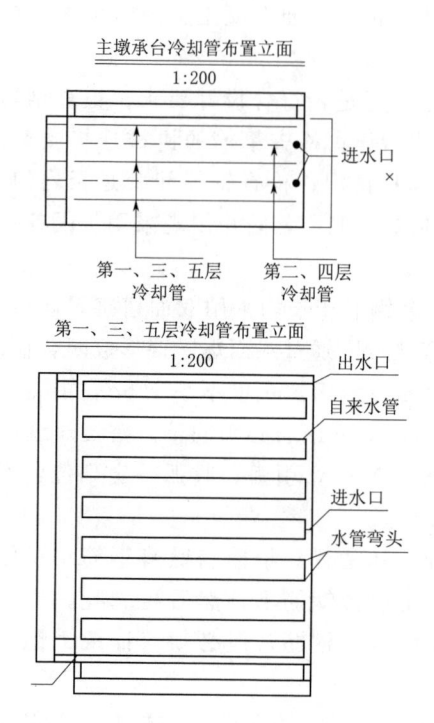

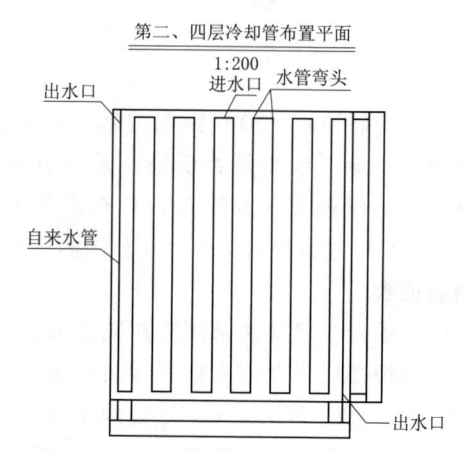

第4章 主桥承台施工

主墩承台冷却管布置立面 1:200

第一、三、五层冷却管布置立面 1:200

第二、四层冷却管布置平面 1:200

5号、6号墩承台冷却管材料数量表

规格	长度	重量/kg
$\phi 48\times 3.5m$自来水管	2616m	10045.8
$\phi 48\times 3.5m$自来水管弯头	264个	818.4
$\angle 75\times 6m$架立角钢	4080.0m	28192.9

注：
1. 本图尺寸均以cm为单位。
2. 为保证承台混凝土质量，降低大体积混凝土水化热，承台内除设置冷却管外，尚应在浇筑混凝土时添加适当的防裂剂，以确保混凝土不开裂。
3. 冷却水通水时间自浇筑混凝土起不少于7d，并在混凝土强度达到100%设计强度后，用于硬性水泥浆压浆封闭。
4. 冷却管如与墩身预埋筋相碰时可适当移动其位置，但间隔距离不得大于2m。
5. 架立角钢的纵横间距为1m，每根长6m。
6. 承包人应根据混凝土水化热和施工条件，确定冷却管构造和布置，并经监理工程师批准后实施。

图4.3 5号、6号主墩冷却管

电源，最后切断总电源。

（12）钢筋端头套丝加工：

1）套丝专业人员必须进行专业培训，合格的才能上岗操作。

2）根据钢筋需要螺纹规格的大小，旋刀调试一定要做3步调试，先大后小，适中调试确定无误后，紧固微调定位螺钉，防止松动，同时合刀定位装置一定要到位。

3）当再一次套丝完毕，需回倒车时，首先要开启刀壳，使刀具张开，然后才能倒退反转，回退结束后，再闭合刀具。

4）按照钢筋直径大小选择走刀次数，12～32mm一次走刀，32mm以上二次走刀。

5）松开轧头取出钢筋，每个钢筋端头直螺纹应用环规检查，并用护套

一个承台冷却管数量表

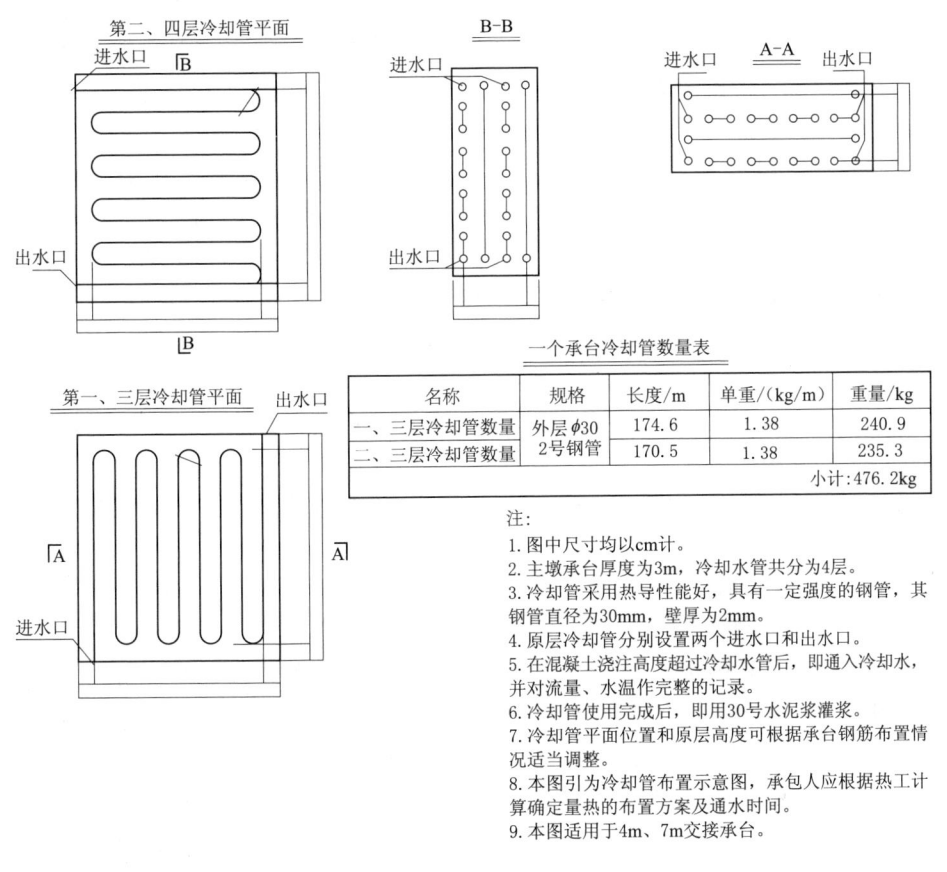

名称	规格	长度/m	单重/(kg/m)	重量/kg
一、三层冷却管数量	外层φ30	174.6	1.38	240.9
二、三层冷却管数量	2号钢管	170.5	1.38	235.3
			小计	476.2kg

注：
1. 图中尺寸均以cm计。
2. 主墩承台厚度为3m，冷却水管共分为4层。
3. 冷却管采用热导性能好，具有一定强度的钢管，其钢管直径为30mm，壁厚为2mm。
4. 原层冷却管分别设置两个进水口和出水口。
5. 在混凝土浇注高度超过冷却水管后，即通入冷却水，并对流量、水温作完整的记录。
6. 冷却管使用完成后，即用30号水泥浆灌浆。
7. 冷却管平面位置和原层高度可根据承台钢筋布置情况适当调整。
8. 本图引为冷却管布置示意图，承包人应根据热工计算确定量热的布置方案及通水时间。
9. 本图适用于4m、7m交接承台。

图4.4 4号、7号交界墩冷却管

保护。

6) 旋切刀具一副为4片，按顺序1、2、3、4排列，装刀时不能装反与混乱。

7) 用扳手将已车好螺纹的钢筋旋转进入连接套筒，或直接旋转连接套筒，达到规定的牙数，并使两个端头于套筒中央位置顶紧。

4.3.4 模板工程

承台模板采用1.2m×2.4m模板。

（1）模板采用木质胶合板和借用墩身爬模用的工字木梁、型钢横梁制作，按设计要求准确就位，且不宜与脚手架连接[77]。

（2）安装侧模板时，支撑牢固，应防止模板在浇筑混凝土时产生移位。

（3）模板安装完成后，其尺寸、平面位置和顶部高程等应符合设计要求且连接应牢固。

(4) 侧模板应在混凝土抗压强度达到 2.5MPa，且能保证其表面及棱角不致因拆模而受损坏时方可拆除。操作时应遵循后支先拆、先支后拆的原则顺序进行，严禁猛撬、硬砸或大面积撬落和拉倒。完工后拆下的模板应及时运送到指定地点集中堆放。

(5) 首先用混凝土垫层的预埋螺栓拉住模板底口水平钢背楞（间距为1.2m），模板采用外撑内拉的形式进行固定，拉杆间距为 1.2m，拉杆螺丝头焊接在水平钢筋上，靠近模板处，将长度为 30cm 的 A20mmPVC 管套在拉杆外面，方便拆模后拉杆处理，模板外侧采用钢管或方木进行支撑[78]（借用承台水平筋两头外接螺杆接头组成拉杆，模板外用直径 12mm 钢筋将拉杆与山体上的锚杆拉结）。

(6) 模板缝隙间采用贴双面胶防止漏浆，要求模板接缝严密，特别是承台四角处。

(7) 6 号墩模板采用塔吊配合安装，5 号墩及其他交界墩模板采用溜索和缆索吊进行安装。

4.3.5 混凝土浇筑

4.3.5.1 材料控制与储备

(1) 水泥。水泥进场时，应附生产厂的品质试验检验报告等合格证明，并应按批次对水泥进行强度、细度、安定性和凝结时间等性能的检验。水泥的检验试验方法应符合现行行业标准《公路工程水泥及水泥混凝土试验规程》（JTG E30—2005)[79]的规定。

(2) 细骨料。根据现场时间情况，细骨料选用机制砂，在进场时需进行检验机制砂的外观、筛分、细度模数、含泥量和石粉含量等。检验试验方法应符合现行行业标准《公路工程集料试验规程》（JTG E42—2005)[80]的规定。

(3) 粗骨料。粗骨料采用质地坚硬、洁净、级配合理、粒形良好和吸水率小的碎石。碎石的最大粒径不得超过结构最小边尺寸的 1/4 和钢筋最小净距的3/4；泵送混凝土时的碎石最大粒径不宜超过输送管径的 1/3。进场的碎石需进行检验外观、颗粒级配、针片状颗粒含量、含泥量、泥块含量、压碎值指标等。检验试验方法应符合现行行业标准《公路工程集料试验规程》（JTG E42—2005)[80]的规定。

(4) 外加剂。外加剂应与水泥、掺合料之间具有良好的相容性；所采用的外加剂，应具有检验合格证明。

(5) 掺合料。掺合料应具有检验合格证；在运输及储存时，应有明显标识，严禁与水泥等粉状材料混淆。

(6) 材料储备。施工现场砂石料仓共 6 个，2 个为细骨料仓，储存量为600m³；2 个为小石料仓，储存量为 600m³；2 个为中石料仓，储存量为 600m³；

水泥罐 6 个，储存量为 600t；粉煤灰罐 2 个，储存量为 160t；拌和站附近蓄水池容积为 70m³，拌和前将蓄水池储满水，拌和过程中采用水泵在雅砻江里抽取。现场储备的材料完全能满足承台混凝土浇筑。

4.3.5.2 混凝土拌制

（1）混凝土拌和采用强制式搅拌机，拌和时间要大于 90s，拌和要均匀，颜色一致，且不得有离析和泌水现象。

（2）拌和后需检测混凝土坍落度（180～200mm），并观察混凝土拌和物黏聚性和保水性。

4.3.5.3 混凝土的运输

（1）采用 8m³ 混凝土运输车（有搅拌设施）进行运输，通过对该地区的气候了解，3 月、4 月平均气温在 12℃ 左右，运输时间约 30min。

（2）当混凝土运至浇筑现场后发生离析、严重泌水或坍落度不符合要求时，应进行第二次搅拌。二次搅拌时不得任意加水，确有必要时，必须保持其原水灰比不变，如加减水剂或同时按比例加水和水泥或其他胶凝材料。如二次搅拌仍不符合要求，则不得使用。

4.3.5.4 混凝土浇筑方法

（1）混凝土拌和物进场后应及时进行拌和物基本特性的验收，如混凝土配合比、坍落度与和易性等，当特性不符合要求时不得进行浇筑，并由搅拌站负责处置。

（2）现场应指定专人对混凝土的出站时间、入场时间、开始浇筑及持续时间等各时间段进行记录。

（3）混凝土浇筑时，采用拖式混凝土输送泵（功率为 90m³/h）进行浇筑。承台混凝土采取分两次浇筑，3.5m 高一次，4.0m 高一次，浇筑时采用分层的方式进行浇筑，每层厚度为 30cm。自浇筑混凝土时冷却水管即通入冷水。针对承台混凝土浇筑，每层混凝土共 102m³（按最大浇筑方量考虑），2 台 HLS90 型拌和机（两台最大生产能力 60m³/h）、7 台混凝土运输车完全满足混凝土供应；根据试验数据得知，混凝土初凝时间大于 6h，所以混凝土初凝时间满足混凝土浇筑要求。

（4）混凝土浇筑时自由下落高度不超过 2m，当超过 2m 时，应采取加串筒的方法；采用自制的刨锄，将混凝土摊铺平，然后进行振捣工作。承台顶面布置 3 排共 15 个卸料口，卸料口处顶层钢筋移动到一边，混凝土浇筑快到高度时移回绑扎。防止顶层钢筋起筛分作用使混凝土离析。

（5）混凝土振捣应由专职操作工进行，操作工应经过培训。振捣时宜采用 50 型振捣棒，振捣应达到密实、均匀并排除气体。一般采用快插慢拔，应插入下层混凝土中 50～100mm，插点振捣时间宜为 20～30s，当混凝土表面呈水平，

第4章 主桥承台施工

混凝土拌和物不再显著下沉、不再出现气泡、表面泛浆时为最佳。振捣棒插点要均匀排列,移动间距不大于振捣棒作用半径的1.5倍(一般为400~500mm)。振捣棒与模板的距离不应大于其作用半径的0.5倍,且应避免碰撞钢筋、模板、预埋管件。

(6)进行二次振捣。二次振捣以消除混凝土表面裂缝为目的。二次振捣应在混凝土初凝前进行,振捣的深度不宜大于200mm。二次振捣不得破坏混凝土内部结构和影响混凝土强度。

(7)主墩承台浇筑方式采用两台地泵同时浇筑,其中一台负责一侧(直线)5个布料仓口,另外一台接双层弯管进行旋转浇筑负责其余10个布料仓口;交界墩承台浇筑方式采用地泵一次性浇筑完成。

(8)混凝土浇筑应避开雨天施工,若突遇降雨应采用塑料薄膜及时进行覆盖保护。

4.3.5.5 混凝土表面及施工缝的处理

(1)混凝土浇筑时应及时排除泌水,泌水排除可采取引流法。引流法是在浇筑过程中将混凝土泌水适当集中,采用排水工具人工排除泌水[81-82]。

(2)混凝土浇筑后,表面可采用刮杠刮平,木抹子搓平,将其表面抹成双向排水坡。考虑尽量消除混凝土收缩裂缝,混凝土顶面20cm应二次强力振捣(第一次振捣过后30min),表面在终凝前应经过多次抹光,及时恢复收缩裂缝,避免产生永久裂缝,注意宜晚不宜早。

(3)当混凝土表面浮浆较厚时,应采取措施消除浮浆或在混凝土初凝前加石子浆,使混凝土较为均匀。石子浆应振捣密实,并进行表面处理。

(4)当第一次混凝土浇筑初凝后,采用高压冲毛枪冲毛,将混凝土表面浮浆、不密实、松散的部分去除。针对混凝土施工缝,经冲毛处理后,在模板上掏槽,将杂物用水排出,在浇筑次层混凝土前,对水平缝铺一层厚为10~20mm的1:2的水泥砂浆[83]。

4.3.5.6 混凝土养护

(1)混凝土养护在混凝土表面压实后进行。承台混凝土养护方法以保温和保湿为主,待混凝土终凝后立即在承台表面作蓄水养护,蓄水深度为15~30cm(在安装模板时,使模板顶面高出混凝土顶面设计高程15~30cm),蓄水时采用冷却管出水口排出的热水,养护水温度与混凝土表面温度的差值不大于15℃[84]。

(2)承台混凝土养护时间应不得少于14d。

(3)用水泵抽水,保证冷却管进水口有足够的压力,进出水管的水温相差不大于10℃,承台从浇筑起到浇筑完混凝土后,半月内不间断注水。所用水不宜立即循环使用,以控制水温。

（4）承台混凝土的测温：大体积混凝土浇筑后应及时进行测温，测温可采用温度计测温。

（5）承台混凝土在养护期应加强测温，安排专人分白班夜班两班进行测温及养护，以确保混凝土内外温差不超过规范的规定。大气温度、环境温度每天测四次，混凝土入模温度每台班不少于两次。养护期对混凝土的测温，前3d每2h测一次，4～7d每4h测一次，后一周每6h测一次，每次测温均应做好记录。测温指标包括：大气温度、混凝土表面温度、混凝土内部温度等。混凝土降温速度根据工程情况控制在2℃/d以内[85]。

（6）测温过程中发现混凝土内外温差超过20℃，应及时采取相应措施，如：加强保温等，及时调整混凝土内外温差。

（7）撤除保温层时混凝土表面与大气温差不应大于25℃。

（8）混凝土养生完成后，冷却管内压入同承台同标号的水泥净浆，出浆管压力为0.6～0.8MPa。

4.4 混凝土温度裂缝分析及控制措施

4.4.1 温度裂缝理论分析

4.4.1.1 水泥水化热产生大体积混凝土的内外温差

由于水泥的水化热作用，混凝土浇筑后要经历升温期、降温期和温度稳定期3个阶段。在升温阶段，混凝土的导热能力很差，热量均聚集在结构内部不易散发，加上原材料自身吸收大气中的外界温度，形成较高的温度场，与外界环境温度形成较高的温度差，内外温差使混凝土内部产生压应力，外部产生拉应力，若该拉应力大于同期混凝土的容许拉应力则会出现温度裂缝。故控制新浇混凝土的内外温差是保证混凝土不产生裂缝的根本原因[86-87]。

4.4.1.2 外界环境温度的影响

混凝土在施工期间外界环境气温对混凝土的内部温度有着重要的影响。外界温度越高，混凝土原材温度就高，入模混凝土的温度就越高。当外界气温下降时，浇筑后混凝土的表面气温急剧下降，但其内部温度无法散热，造成混凝土表面温度和内部温度的温度梯度线增大，从而产生温度应力造成混凝土表面的开裂[88]。

4.4.1.3 内部约束条件的影响

在新浇混凝土的降温阶段，新浇混凝土受内部钢筋、封底混凝土及桩基钢筋的约束而不能自由收缩，阻碍着混凝土的变形并产生约束，而此时新浇混凝土的弹性模量相对较低，若降温梯度过大就会产生较大的温度拉应力，当该拉应力大于相应龄期的混凝土容许拉应力时就会出现裂缝。

4.4.1.4 混凝土的收缩、徐变

混凝土在空气中结硬时体积减小的现象称为收缩。在荷载的长期作用下，混凝土的变形将随时间而增加，亦即在应力不变的情况下，混凝土的应变随时间继续增长，这种现象被称为混凝土的徐变。众所周知，影响混凝土收缩徐变的因素很多，但主要有以下三点[89]：

(1) 混凝土中80%的游离水分要蒸发，形成混凝土的毛细空隙，体积发生变形。

(2) 热膨胀的混凝土冷却后要收缩。

(3) 混凝土的组成成分和配合比、施工工艺等。

综上所述，造成混凝土开裂的主要原因是混凝土内部温度与外部环境温度引起的，只要能将降低内外温差这个问题就能从根本上控制混凝土的宏观裂缝。

4.4.2 混凝土温度控制措施

通过对混凝土产生裂缝的机理分析，集合几个工程实践，着重从降低水泥水化热、降低混凝土的入模温度、改进混凝土的浇筑工艺、通水散热、混凝土的养护、减少约束、严格控制拆模时间等方面做好混凝土的温度控制工作。确保内外温差控制在25℃以内，尽量降低混凝土内部温度的升降速率[90-91]。

4.4.2.1 混凝土配合比的设计

尽可能使用水化热较低的水泥，在混凝土中水泥是热源，把热源控制好才能降低水化热，尽量采用低热量水泥；为了满足混凝土的泵送性能的设计要求，适当掺加粉煤灰代换水泥用量（粉煤灰用量占胶凝材料25%）；掺入一定量的高效减水剂，起到缓凝、增加和易性、减少水泥用量、减少拌和用水，降低水灰比。

粗骨料选用连续级配碎石，针片状少，规格级配好，符合筛分曲线，这样才能减少空隙率，减少水泥用量提高混凝土的密实性和强度；细骨料采用机制砂，石粉含量不大于7%，减少混凝土的干缩，增强混凝土的收缩/徐变的能力。

4.4.2.2 降低混凝土的入模温度

(1) 在浇筑混凝土前对砂石料遮阳覆盖以免阳光暴晒使其温度增加，在浇筑混凝土前2~3h开始用河里的水对砂石进行降温。

(2) 缩短混凝土运输距离，减少混凝土入模前混凝土的吸热量。

4.4.2.3 降低混凝土内部温度

为最大限度降低混凝土内部因水化热产生温度过高的问题，采取分两次浇筑承台混凝土，并从开始浇筑混凝土时即开始通入冷却水降温，由于第一次浇筑3.5m高，根据承台冷却水管设计，只需进行2层冷却管通水降温工作，并根据实际测温结果，做好记录，根据进出口水温适当调整进水速率，使之能满足

规范要求。第一次混凝土浇筑完成依然采取"内排外保"的方式控制混凝土内外温差不大于25℃。

4.5 承台混凝土的测温

混凝土测温的目的主要是掌握混凝土的中心温度与表面温度的温差[92]，从而为混凝土的养护采取措施提供依据，确保承台混凝土不产生裂缝。

4.5.1 测温方法

采用预埋薄壁钢管法测温，测温仪器选用温度计，将温度计用线绳系牢沿薄壁钢管慢慢送到底部，即可读出所需温度值[93]。

4.5.2 测温点的布置

（1）温度监测点的布置范围以承台平面图对角线为测温区，在测温区内温度测点呈平面布置。

（2）在承台平面对角线上设5处温度监测点。

（3）沿承台对角线方向，每一温度监测点位的测点数量为3个，沿浇筑结构的高度分别布置在底部、中部及表面[94]。

（4）承台的外表温度，应以承台混凝土外表面以内50mm处的温度为准。

（5）承台底表面的温度，应以承台底表面以上50mm处的温度为准。

4.5.3 测温钢管的预埋

在每个测温点沿竖向预埋三根薄壁钢管（3根间距15cm），分别用来测承台的底部温度、中心温度及表面温度。薄壁钢管应呈稍倾斜状埋置，便于温度计放置，并注意将钢管下部封闭严密，上口用牛皮纸或软木塞塞实，防止混凝土浆灌入，测温钢管预埋时一定要与钢筋固定牢固，防止振捣混凝土时移位，每个测温孔预埋好以后均应按布置图的编号悬挂相应编号表示，测温管预埋布置，如图4.5所示。

4.5.4 测温制度

测温前应对操作人员进行专门的交底和培训，提高操作人员的技术水平和质量意识，并配备专用表格，便于记录和管理，混凝土终凝后开始测温，3d以内每2h测温一次，4～7d

图4.5 测温管预埋布置（单位：m）

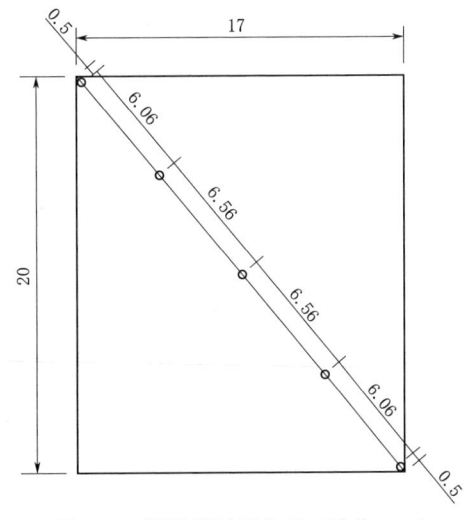

每 4h 测温一次，后一周每 6h 测温一次，同时应测坑内大气温度，随时记录，并及时地将测温结果报告当日当班管理人员阅览，在测温过程中，发现混凝土内外温差接近 25℃ 或与大气温度接近 25℃，或混凝土温度下降太快（接近 2.0℃/d），应及时采用保温措施，控制混凝土的降温速率，并做好记录，当混凝土中心温度、表面温度与大气温度差在 20℃ 以内时，方可拆除保温材料及设施。

4.5.5 水池布设

每个承台附近布设 1 个 7m³ 的水池（尺寸为 2.5m×2.0m×1.5m）作为承台混凝土降温、养护用，施工用水采用水泵抽送。

4.6 大体积混凝土热工计算

4.6.1 大体积混凝土的温控计算

4.6.1.1 相关资料

（1）配合比及材料：

水泥：砂：碎石：粉煤灰：外加剂：水＝1：2.61：3.32：0.25：0.01：0.53。

材料：每立方混凝土含 P.O42.5 水泥 314kg、水电七局砂石厂产机制砂 819kg、水电七局砂石厂 4.75～10.00mm 连续级配碎石 417kg、水电七局砂石厂 10～20mm 连续级配碎石 626kg、粉煤灰 79kg、减水剂 3.9kg、拌和水 165kg。

（2）气象资料。年平均气温为 7.1℃，极端最高气温为 35.9℃，极端最低气温为 −15.9℃。

（3）混凝土拌和方式。采用自动配料机送料，拌和站集中拌和，混凝土泵输送混凝土至模内。

4.6.1.2 承台混凝土的温控计算

（1）混凝土最高水化热温度及 3d、7d 的水化热绝热温度[95]可根据下列参数求得。每立方米混凝土的胶凝材料用量 $W=314\text{kg/m}^3$；水化热 $Q=377\text{J/kg}$，混凝土比热 $C_{混凝土}=0.97\text{kJ/(kg·K)}$，混凝土密度 $\rho=2450\text{kg/m}^3$。

承台混凝土最高水化热绝热升温为

$$T_{(t)}=\frac{WQ}{C_{混凝土}\rho}(1-e^{-mt})$$

式中 $T(t)$——混凝土龄期为 t 时的绝热温升，℃；

W——每立方米混凝土的胶凝材料用量，kg/m^3；

Q——胶凝材料水化热总量，取 377J/kg；

$C_{混凝土}$——混凝土比热，取 0.97kJ/(kg·K)；

ρ——混凝土密度，取 2450kg/m³；

e——常数，取 2.718；

m——与水泥品种、浇筑温度等有关的系数，0.3~0.5；

t——混凝土龄期，d。

$$\Delta T(t) = T(t_2) - T(t_1)$$

$$T_{max} = WQ/C_{混凝土}\rho = (314 \times 377)/(0.97 \times 2450) = 49.81℃$$

式中 $\Delta T(t)$——混凝土浇筑体的里表温差，℃。

（2）3d 的绝热温升：

$$T(3) = 49.81(1 - e^{-0.3 \times 3}) = 29.56℃$$

$$\Delta T(3) = 29.56 - 0 = 29.56℃$$

（3）7d 的绝热温升：

$$T(7) = 49.81(1 - e^{-0.3 \times 7}) = 43.71℃$$

$$\Delta T(7) = 43.71 - 29.56 = 14.15℃$$

（4）承台混凝土各龄期收缩变形值计算为

$$\varepsilon_{y(t)} = \varepsilon_y^0 (1 - e^{-0.01t}) M_1 M_2 \cdots M_{11}$$

式中 ε_y^0——标准状态下的最终收缩变形值（无量纲）；

M_1——水泥品种修正系数；

M_2——水泥细度修正系数；

M_3——水胶比修正系数；

M_4——胶浆量修正系数；

M_5——养护时间修正系数；

M_6——环境相对湿度修正系数；

M_7——水力半径的倒数（cm^{-1}）为构件截面周长 L 与截面面积 A 之比；

M_8——配筋率 Ea、Aa、Eb、Ab 有关修正系数，其中 Ea、Eb 为钢筋和混凝土的弹性模量，Aa、Ab 为钢筋和混凝土的截面面积；

M_9——减水剂修正系数；

M_{10}——混凝土掺量修正系数；

M_{11}——矿粉掺量修正系数。

由工程经验可知：$M_1 = 1.0$，$M_2 = 1.0$，$M_3 = 1.21$，$M_4 = 1.2$，$M_5 = 1.09(3d)$，$M_6 = 1.1$，$M_7 = 1.0$，$M_8 = 0.68$，$M_9 = 1.3$，$M_{10} = 0.89$，$M_{11} = 1.0$。

则有：

$M_1 M_2 M_3 M_4 M_5 M_6 M_7 M_8 M_9 M_{10} M_{11} = 1.0 \times 1.0 \times 1.21 \times 1.2 \times 1.09(1.0) \times 1.1 \times 1.0 \times 0.68 \times 1.3 \times 0.89 \times 1.0 = 1.37(1.26)$

1）3d 的收缩变形值为

$$\varepsilon_{y(3)} = \varepsilon_y^0 (1 - e^{-0.03}) \times 1.37 = 3.24 \times 10^{-4} \times (1 - e^{-0.03}) \times 1.37 = 0.131 \times 10^{-4}$$

2）7d 的收缩变形值为

$$\varepsilon_{y(7)} = \varepsilon_y^0 (1 - e^{-0.07}) \times 1.37 = 3.24 \times 10^{-4} \times (1 - e^{-0.07}) \times 1.37 = 0.276 \times 10^{-4}$$

4.6.1.3　承台混凝土各龄期收缩变形换算成当量温差

（1）3d 龄期为
$$T_y(3)=\varepsilon_{y(3)}/a=(0.131\times10^{-4})/1.0\times10^{-5}=1.31℃$$

（2）7d 龄期为
$$T_y(7)=\varepsilon_{y(7)}/a=(0.276\times10^{-4})/1.0\times10^{-5}=2.76℃$$

承台混凝土各龄期内外温差计算，假设入模温度 $T_0=20℃$，施工时环境温度 $T_h=15℃$。

（3）3d 龄期为
$$\Delta T=T_0+2/3T(3)+T_y(3)-T_h=20+2/3\times29.56+1.31-15=26.02℃$$

（4）7d 龄期为
$$\Delta T=T_0+2/3T(7)+T_y(7)-T_h=20+2/3\times43.71+2.76-15=36.9℃$$

由以上计算可知，承台混凝土内外温差最大为 36.9℃，大于我国《公路桥涵施工技术规范》（JTG/T F50—2011）中关于大体积混凝土温度内表温差不大于 25℃ 的规定。若需降低混凝土的内外温差，在混凝土中埋设冷却管是一种行之有效的方法。

4.6.2　承台混凝土的温控计算

（1）水的特性参数。

水的比热：$C_水=4.2\times10^3 kJ/(kg·K)$；水的密度 $\rho_水=1.0\times10^3 kg/m^3$；冷却管的外径 $D=48mm$。

（2）承台混凝土冷却管的布置形式。主墩承台混凝土埋设冷却管，上下冷却管相邻间距为 1.3m，左右冷却管相邻间距为 1.4m；共计 5 层。共设置 5 个进水口、10 个出水口。

（3）主墩承台混凝土体积（除去冷却管后）。主墩承台混凝土：
$$V=17\times20\times7.5-3.14\times(0.048/2)2\times1300=2547.6m^3$$

（4）主墩承台混凝土由于冷却管作用的降温计算：
$$T=\frac{Q_水 t\rho_水 \Delta T_水 C_水}{V_{混凝土}\rho_{混凝土}C_{混凝土}}$$

式中　$Q_水$——冷却管中水的流量，m^3/d；

　　　$\rho_水$——水的密度，kg/m^3；

　　　$\Delta T_水$——进出水口处的温差，℃；

　　　$C_水$——水的比热，$kJ/(kg·K)$；

　　　$V_{混凝土}$——混凝土体积，cm^3；

　　　$\rho_{混凝土}$——混凝土密度，kg/m^3；

　　　$C_{混凝土}$——混凝土比热，$kJ/(kg·K)$。

1）3d 龄期：

冷却管通水时间：持续通水（按 $t=2d$ 计算），出水管和进水管温差 $\Delta T=10℃$。
主墩承台混凝土：

$$T=\frac{Q_水 t\rho_水 \Delta T_水 C_水}{V_{混凝土}\rho_{混凝土}C_{混凝土}}=\frac{0.02\times24\times2\times1.0\times10^3\times10\times4.2\times10^3}{2547.6\times2450\times0.97}=6.7℃$$

2) 7d 龄期：

$$T=\frac{Q_水 t\rho_水 \Delta T_水 C_水}{V_{混凝土}\rho_{混凝土}C_{混凝土}}=\frac{0.02\times24\times4\times1.0\times10^3\times10\times4.2\times10^3}{2547.6\times2450\times0.97}=13.4℃$$

冷却管通水时间：持续通水（按 $t=4d$ 计算），出水管和进水管温差 $\Delta T=10℃$。
（5）预埋冷却管后各龄期承台混凝土内外温差值。
主墩承台混凝土：
1) 3d 龄期：
$$\Delta T=26.02-6.7=19.32℃（安全系数1.0）$$
2) 7d 龄期：
$$\Delta T=36.9-13.4=23.5℃（安全系数1.0）$$

4.6.3 建议

（1）如果要确保承台混凝土内外温差值小于 25℃，承台采取分两次浇筑方式，安全系数可提高至 2.0[96]。

（2）浇筑混凝土避免阳光直晒，一般选择在傍晚开始直至第 2 天 10：00 以前。对粗骨料进行喷水和护盖，施工现场设置遮阳设施，搭设彩条棚布。

（3）承台混凝土冷却管间隔按图纸设计埋设，上下冷却管相邻间距严格控制在 1.3m 以内，左右冷却管间距控制在 1.4m 以内，严格观察入水口和出水口的水温差，根据水温差，及时调整泵水速度。水温差大时，提高水速；水温差小时，降低水速。通过冷却排水，带走混凝土体内的热量[97]。

（4）浇筑混凝土时，采用分层浇筑，控制混凝土在浇筑过程中均匀上升，避免混凝土拌和物局部堆积过大，混凝土的分层厚度控制在 30cm。

（5）浇筑混凝土后，搭设遮阳布棚，避免阳光暴晒混凝土表面。混凝土表面用土工布覆盖保湿保温，要十分注意洒水养生，使混凝土缓慢降温，缓慢干燥，减少混凝土内外温差。

（6）浇筑混凝土后，每 2h 测量混凝土表面的温度和冷却管的出水温度，及时调整养护措施[98]。

4.7 混凝土泵输出量和所需搅拌运输车数量计算

4.7.1 仓面设计

混凝土采用分层浇筑，每层 30cm，在 2h 内浇筑完成[99]。

第4章 主桥承台施工

4.7.2 确定混凝土泵送数量

主墩承台每层混凝土量（按最大考虑）：$17 \times 20 \times 0.3 = 102 \text{m}^3$。

每小时混凝土输出量：$Q = 102/2 = 51 \text{m}^3/\text{h}$。

混凝土泵的实际平均输出量

$$Q_1 = Q_{\max} a \eta$$

式中 Q_1——每台混凝土泵的实际平均输出量，m^3/h；

$Q_{\max}$——每台混凝土泵的最大输出量，m^3/h；

a——配管条件系数，可取 0.8～0.9；

η——作业效率，可取 0.5～0.7。

$$Q_1 = 90 \times 0.85 \times 0.6 = 45.9 \text{m}^3/\text{h}$$

配置 2 台混凝土输送泵，实际平均输出量 $Q_2 = 45.9 \times 2 = 91.8 \text{m}^3/\text{h}$ 大于 Q（$Q = 51 \text{m}^3/\text{h}$）。满足施工要求。

4.7.3 确定混凝土运输车台数

混凝土运输车容量为 10m^3，每次运输量按 8m^3 计算，每小时混凝土输出量 $Q = 51 \text{m}^3$，每小时需混凝土车运送次数：$N = 51/8 \approx 7$ 次。混凝土运距最大为 1km，平均时速 15km/h。混凝土运输车往返一次所需运输时间约为 15min（考虑倒车等情况），搅拌机出料 8m^3 混凝土需 16min，1 台混凝土输送泵输出量为 $45.9 \text{m}^3/\text{h}$，输送 8m^3 混凝土需要 11min，即每台混凝土运输车往返一次（自搅拌机出料至运输车返回拌和站）共需要 42min，每台混凝土运输车每小时运送车次约为 1.42 次。

通过计算，现场配备 6 台混凝土运输车满足承台混凝土浇筑要求，为保证混凝土浇筑的连续性及预防施工过程中车辆出现意外情况，拌和站备用 2 台混凝土运输车，现场共计配备 8 台混凝土运输车。

4.8 雨季施工措施

(1) 建设完备的排水系统，保证雨季施工时及时将场地内积水排出施工场地。

(2) 在骨料的存放区、钢筋加工制作存放区及混凝土搅拌站料斗上安装遮雨棚，保证材料的质量[100]。

(3) 在混凝土的浇筑过程中，如遇大雨，则用棚布将结构物盖住，确保混凝土质量。

(4) 与当地气象部门保持联系，做好近期天气预报接收工作，提前做好防雨准备，并根据气候变化短期调整施工计划，以适应施工需要。

(5) 对物资材料和设备库房、电工房、配电箱柜等进行防雨设施检查，对破损、缺失的及时进行修建和补充。

4.9 主要保证措施

4.9.1 质量保证措施

（1）承台混凝土施工前对施工人员进行一次专门的技术交底，增强操作人员的责任心，提高操作人员的质量意识。

（2）施工人员及管理人员均实行"两班制"作业，每班都要有领导值班。

（3）为防止施工期间停水，可在混凝土浇筑前，必须预备蓄水池（箱）。使用备用水时，应加冰块对水进行降温处理。

（4）施工前应与供电部门联系。为防止施工期间突然停电，在现场备用一台柴油发电机，为振动棒及照明供电。

（5）为防止施工期间下雨，开盘前材料部门备雨披、雨鞋、彩条布，保证下雨时仍能正常工作。

（6）控制混凝土的浇筑温度不超过28℃，在混凝土泵管的出口处，实测混凝土的入模温度，如入模温度大于28℃时应及时采取对拌和水加冰降温的措施。

（7）承台浇筑前，由项目部现场技术员对承台预埋管件进行专门检查，要求位置准确，焊接牢固，对容易产生偏移或变形的预埋件采取加筋板固定，确保在承台混凝土的浇筑过程中，各种预埋管件不产生偏移变形[101]。

4.9.2 安全生产保证措施

（1）承台混凝土施工前，对施工人员进行一次专门的安全交底，提高操作人员的安全意识。

（2）施工期间如遇大风，大雨天气应及时对坑壁进行检查，确保施工安全。

（3）开盘前对施工用电做一次仔细的检查，重点检查接头线的防水，电机防水，配电箱的防雨措施是否可靠。并要求严格检查"一机一箱一漏电保护"的执行情况[102]。

（4）施工现场的特殊工种必须持证上岗。如电工、焊工、起重工等。

（5）施工期间，各工种每班均安排一名班组安全员，加强班组内施工安全管理，发现问题应及时与现场安全员联系[103]。

4.9.3 环境保护措施

4.9.3.1 施工现场环保措施

（1）施工垃圾随时清运，严禁随意凌空抛撒垃圾，并每天洒水降尘。

（2）水泥、粉煤灰及其他易飞扬细颗粒散体材料，要库内存放或有覆盖物封闭，运输要防止遗撒、飞扬，卸运应有降尘措施。

（3）各种运输车辆的尾气排放需达到国家有关标准，超标车禁止上路行驶[104]。

4.9.3.2 结构施工时的环保措施

(1) 架子搭设。人工传递架子管时要轻拿轻放,禁止向地下抛架子管和扣件。搭设时禁止用力敲击架子管。架子管涂刷防锈漆时,在其下垫塑料布,以免滴下的油漆渗入地下。在工作面上刷防锈漆时,保证油漆不形成流坠现象。架子管除锈统一处理,将除下来的铁锈粉末集中处理[105]。

(2) 钢筋工程。钢筋进场时的装卸必须用吊车上、下装卸,轻拿轻放,避免产生噪声。对锈蚀过重的钢筋除锈,将除下来的铁锈集中清扫统一处理。钢筋进场切割时,切下来的铁锈不可与其他垃圾混放;钢筋加工机械(切割机、卷扬机、弯曲机等)的维修、擦拭的棉纱统一处理。机械经常进行维修,对有漏油现象的机械必须停止使用,进行维修,防止漏油过多而污染土地。钢筋绑扎时,一次绑扎成型到位,避免修整,现场的废弃钢筋头、废弃绑丝、废弃垫块都统一回收处理。在使用电焊机时,注意焊条的节约。焊条头要统一回收处理[106]。

(3) 模板工程。在制作和设计模板时,尽量节约材料。对在加工或使用后的残余材料集中处理,对废木屑应集中处理。锯末集中收集,加以二次利用(用于养护或其他)。二次利用完毕后集中处理。使用电锯时,遵守作息时间,保证在正常的施工时间内使用。其他如电刨的使用亦应如此。

模板运输时轻拿轻放。模板调整时,不要过度敲击,避免损坏模板及其附件和造成大的噪声。模板拆除时,必须尽量保存模板的完整性,减少模板的报废率。废旧模板用的穿墙螺栓等要收集处理。模板进行清理时,不要破坏模板和其配件;涂刷脱模剂时,防止泄漏,以免污染土壤,禁止用废旧的机油代替脱模剂。

(4) 混凝土工程。混凝土的运输过程中,运输车会发出很大的噪声,排放尾气等。这要求运送车辆在车况良好的情况下使用。车辆必须保修得当,在车辆上料过程中,洒在车身上的各种骨料必须清理干净,以免撒在运输道路上。运输车应集中冲洗,且用水适当,不得随意清洗排放,浪费水资源。

1) 混凝土施工。确保混凝土泵送设备的良好工作状态。泵送时间停顿过长,易造成泵管堵塞,从而造成冲洗泵管和敲打泵管,造成浪费水资源和产生噪声。振捣时采用无声振捣棒,尽量避免振击模板,以减少噪声。泵送设备要经常维修,避免漏油及排放废气过多而污染土地及大气。

2) 混凝土养护。对混凝土进行养护时,必须集中使用。保证水的充分利用,对苫布和塑料薄膜要保护好,以备回收利用。草帘和其他东西经多次利用后统一收集废弃。冬季施工时不能用明火养护,蒸汽养护时要封闭,避免热能散失。

第5章 主桥墩身施工

墩身是多跨桥的中间支承结构的主体,主要材料为木料、石料、混凝土、钢筋混凝土和钢材[107]。国内外桥梁施工,现浇墩柱大部分采取搭设脚手架或模板自带拆卸式支架、现场绑扎钢筋的常规施工工艺,少数地区陆域高架桥墩柱施工中,应用过墩身钢筋笼整体制作和安装施工工艺,其墩柱截面尺寸较小,钢筋笼质量轻,施工环境较好。国内已经建成或正在建设的大桥工程,特别是施工环境较为恶劣的大桥,大截面墩身钢筋笼整体制作、运输和安装尚属首次。大桥工期紧,墩身常规施工工艺需投入大量钢管、扣件、人员及设备等,极大地增加了项目成本且无法满足工期的需要。特别是跨海大桥,在恶劣海洋环境中,大批量的脚手架周转带来较多的安全风险,特别是在受台风、季风、较低温度影响的海洋环境下,工人作业环境差,野外有效作业时间有限,工效大大降低,安全风险成倍增加,施工质量不易控制。

5.1 概述

跨库大桥设计为13m×3+40m+120m+220m+120m+40m×2连续刚构桥,起点桩号为K0+056.00,终点桩号为K0+684.00,长为628m。全桥设计有桥台2个,主墩2个,交界墩2个,引桥墩柱4个。其中5号、6号墩高为172m,4号墩高为58m,7号墩高为62m,共计混凝土方量为14471m³,钢筋总量为3274t,型钢及钢板为229.4t,ϕ6.5钢筋网片为116.3t。1号墩柱高为6m,2号墩柱高为16m,3号墩柱高为26m,8号墩柱高为30m。共计混凝土方量为427.6m³,钢筋总量为47t。

4号~7号墩均为变截面薄壁空心墩[108],5号、6号主墩横桥向墩顶宽为7m,横向按60∶1的坡度变化至墩底12.734m,顺桥向墩顶长为11m,铅垂布置至第6段后顺向按100∶1的坡度变化至墩底13.04m,墩内竖向共设置13道0.5m厚的横隔板,间距分别为12m、14m、9m不等;4号交界墩横桥向墩顶宽为6.31m,横向按80∶1的坡度变化至墩底7.76m,顺桥向墩顶长为4m,顺向按80∶1的坡度变化至墩底5.45m;7号交界墩横桥向墩顶宽为6.31m,横

第5章 主桥墩身施工

向按80∶1的坡度变化至墩底7.86m,顺桥向墩顶长4m,顺向按80∶1的坡度变化至墩底5.55m,墩内竖向间隔14m和10m共设置4道0.5m厚的横隔板。主墩及交界墩工程数量,见表5.1;引桥墩桩、柱工程数量,见表5.2。

表5.1　　　　　　　　　主墩及交界墩工程数量

序号	材料名称及规格	单位	数量
1	钢筋 $\phi 32$	t	1807.2
2	钢筋 $\phi 25$	t	311.7
3	钢筋 $\phi 20$	t	351.2
4	钢筋 $\phi 16$	t	548.3
5	钢筋 $\phi 12$	t	256.2
6	$\phi 6.5$ 钢筋网片	t	116.3
7	∠75×75×7	t	90.4
8	∠80×80×8	t	80.6
9	∠63×63×5	t	40.6
10	8mm厚钢板	t	9.9
11	∠100×100×10	t	7.9
12	C50混凝土	m³	14471

表5.2　　　　　　　　　引桥墩桩、柱工程数量

序号	材料名称及规格	单位	数量
1	钢筋 $\phi 32$	t	66.8
2	钢筋 $\phi 28$	t	20.4
3	钢筋 $\phi 22$	t	5
4	钢筋 $\phi 20$	t	3.2
5	钢筋 $\phi 16$	t	0.4
6	钢筋 $\phi 12$	t	12.3
7	C30水下混凝土	m³	637.8
8	C30墩柱混凝土	m³	427.6
9	C30系梁混凝土	m³	131.7
10	检测管	kg	1409

注　表中所给数量包含桩基、桩系梁、柱系梁钢筋量。

5.2 施工组织设计

5.2.1 施工现场布置

为保证库首跨库大桥正常施工及材料垂直运输等情况，在6号墩便道进口处设置1台TC6018支腿固定附着式塔式起重机，安装高度200m，安装臂长为60m臂。5号墩材料垂直运输利用跨全桥缆索起重机进行调运，在6号墩身上游位置和5号墩身下游位置各设置施工升降机1部，升降机型号为SC200W型2t。

4号、7号交界墩借助5号、6号主墩爬模系统[109-110]，待主墩墩身施工完毕后，0号段施工准备期间进行交界墩的施工，材料的运输以0号段及悬臂施工为主，空余时间集中进行交界墩材料的吊运，主要吊运工具跨全桥缆索起重机。

1号、2号、3号、8号墩柱施工安排在2018年，交界墩施工完成后，利用缆索起重机空余时间进行引桥墩柱施工的材料吊运，期间仍以主墩悬臂施工为主。

跨库大桥为控制性工程，在6号Ⅲ标隧道出口外侧明线段处和拌和站下方原雅新县道附近分别设置一个钢筋加工厂，以满足桥梁施工要求。

5.2.2 进场主要机械设备及人员职责

5.2.2.1 墩身作业人员职责

墩身作业人员职责见表5.3。

表5.3　　　　墩身作业人员职责

类别	工作岗位	岗位人数	工作职责
操作工人	输送泵操作班	4	混凝土输送泵操作
	混凝土浇筑班	10	混凝土的布料、振捣工作，输送管的拆装等。划分工作职责和范围，并具体落实到人
	钢筋班	10	钢筋的加工、安装工作，确保钢筋及预埋管件的安装质量
	模板班	12	模板的整修、模板安装、拆卸等
	杂工班	6	模板检查、钢筋校正、清理及混凝土养生、凿毛等零散杂工，并根据工作量、工作内容具体分工，责任到人
	电工班	2	电力线路的布置、维护，配常用易损配件现场值班
	机修班	2	机械设备保养、维修，配常用易损配件现场值班

5.2.2.2 主要机械设备

墩身主要机械设备见表5.4。

表5.4　　　　　　　　　　墩身主要机械设备

序号	设备名称	规格型号	数量	序号	设备名称	规格型号	数量
1	混凝土拌和站	HLS90	2台	10	钢筋拖车		2台
2	发电机组	500kW	2台	11	空压机		4台
3	钢筋切割机	EQ40B	2台	12	混凝土罐车	8m³	8辆
4	钢筋调直机	G×6-12	2台	13	汽车吊	25t	1台
5	钢筋弯曲机	GW50	2台	14	振动棒	70	16根
6	电焊机	30kW	16台	15	电梯	SC200W	2台
7	混凝土输送泵		2台	16	塔吊	TC6018	1台
8	滚式车丝机		4台	17	装载机		2台
9	风镐		8台				

5.2.3 施工准备

1. 技术准备

组织现场施工人员熟悉图纸及施工方法,做好技术和安全交底,保证各工种人员能够做到协调施工[111]。

2. 试验准备

混凝土配合比设计经监理工程师验证;现场砂、石、水泥、水经试验监理工程师确认合格并测试料场砂石料含水量,换算施工配合比[112]。

3. 现场准备

在墩身附近分别布设1个5m³的水箱作为墩身混凝土施工、养护用,用水来源采用高压水泵从雅砻江抽送至水箱,在水箱内安置一个高扬程水泵,派专人进行抽水与送水以满足施工及养护要求。保证场地平整、水源配置合理等,做到现场井然有序,道路畅通。

4. 原材料准备

墩身混凝土采用C50的高强度混凝土,水泥、砂、碎石等原材料均为甲供材料,做到每月按施工进度情况上报材料使用计划。

5. 测量准备

利用监理工程师批准使用的导线点、水准点、用全站仪精确确定出桥墩的中心线位置。用三角网复测无误后,然后沿平行于桥位中心线的前后方向和横向两侧设置牢固的桥墩基础中线控制桩[113]。测设桥墩中心点,放墩身底部尺寸大样，按桥墩设计坡率与爬模节高计算收坡表，调整基顶标高。墩身在承台施工完成后，由测量班进行两次测量定位，再由现场技术人员配合测量人员进行再次复核，准确无误后进行墩身的钢筋、模板安装。

6．施工用电准备

跨库大桥 5 号施工现场配备了 1 台 500kVA 变压器，6 号墩施工现场配备了 1 台 1000kVA 变压器供应施工用电，现场及拌和站配备 500kW 的柴油发电机各 1 台。

7．设备准备

以墩身实体段最大混凝土方量为依据，进行混凝土浇筑施工设计。最大混凝土浇筑量约为 819m^3，考虑拌和站实际生产能力 60m^3/h。同时，拌和站位于 6 号墩下游侧，距离 6 号墩墩身距离约 1000m，距离 5 号墩下料位置较远约 3000m，混凝土运输车一次运输时间按 5 号墩考虑（拌料、运输、放料、返回）约 90min，缆索起重机双吊钩吊运混凝土入模每小时按 40m^3 考虑，共需配备 8m^3/h 罐车 8 辆，实际浇筑时间估算为 20.5h。施工现场按上表配备好各类机械设备，确保施工正常进行。

5.2.4 工期保证措施

5.2.4.1 保证工期方案

科学合理地安排施工工序和施工进度，并在实施过程中及时调整进度计划；加强组织管理及协调；保证技术、人、财、物、机供给；积极推广"四新"技术和建立竞争机制[114]。保证工期方案，如图 5.1 所示。

5.2.4.2 保证工期的组织措施

1．发挥优势，全力保障施工生产

发挥施工机械化程度高的优势，选配合理配套的施工机械，建立合理的机械保养、维修体系，保证施工机械的完好率；同时，建立强有力的后勤保障体系，保证各种物资、设备按时足额到位；搞好工作和生活环境建设，全方位保障施工生产。

2．加强网络计划管理

对工程的重点、难点和控制工期的工序，应用网络技术，认真研究，抓住关键线路。对施工重点优先安排，增加设备、人力、物力和财力的投入，确保分项分部工程按期完成。使施工计划做到日保旬，旬保月，月保年的高效完成。

3．科学组织，加强协作

随着施工情况的不断变化，及时分析控制工期的关键线路，合理调剂人力、物力、财力和机械配置，使施工进度紧跟计划。

第5章 主桥墩身施工

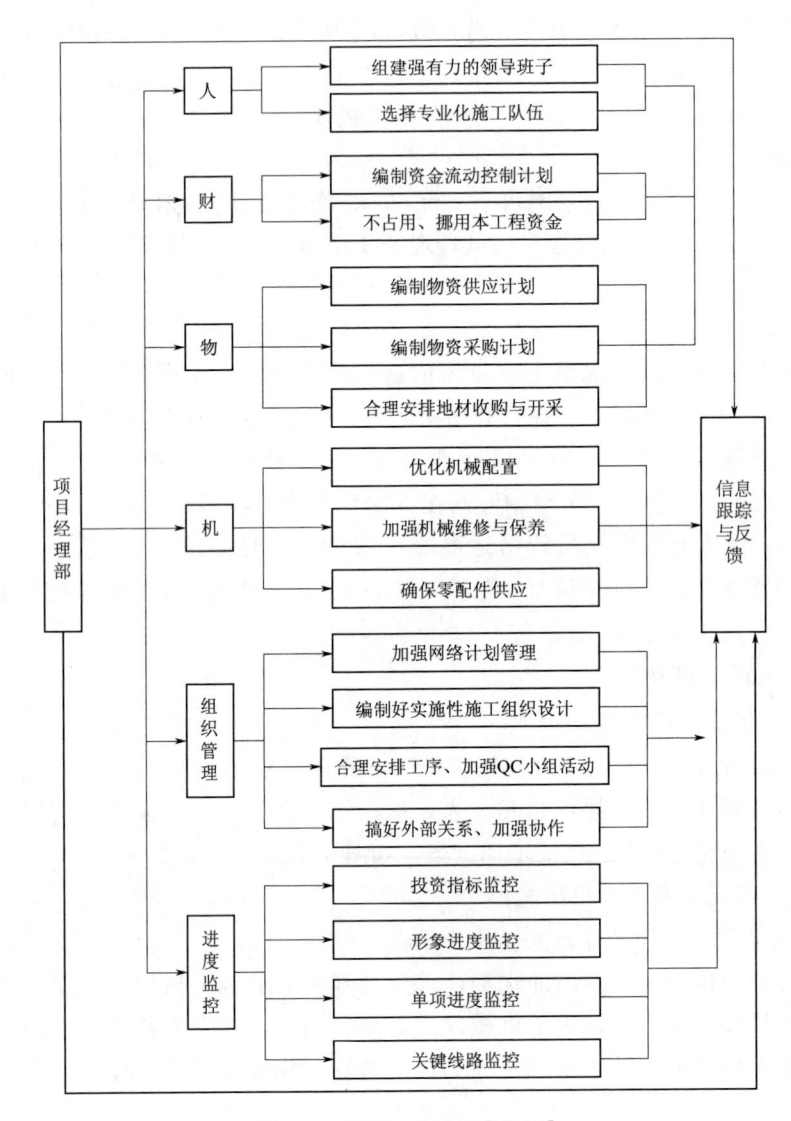

图 5.1 保证工期方案[115-116]

4. 抓好资金管理，确保资金投入

管理利用好工程资金，保证各项施工活动得以正常进行；确保资金投入，提供强有保障。

5. 优化施工组织设计，科学组织施工

施工中根据出现的问题不断优化施工组织方案和技术措施，严格按照施工程序组织施工。加强质量和安全监督，提高工程质量，做到不返工或减少返工和返修，以实现快速施工，缩短工期，确保工期。

6. 搞好对外关系，确保施工生产顺利进行

施工对外涉及面广，处理好方方面面的关系对工程建设的顺利进行至关重要。因此，在施工中切实理顺与甲方、监理、地方的工作关系，确保工期的实现。

5.2.4.3 保证工期的技术措施

1. 编制好实施性施工组织设计

加强施工计划的科学性，运用网络技术、系统工程等新技术原理，根据工程的技术特点、现场实际情况等编制详细的、切实可行的施工方案，选择最优施工方案，使工程施工做到点线明确、轻重分明、计划可靠、资源配置合理。

2. 组织措施

组织强有力的施工协作队伍，科学组织合理安排，超前考虑。进行任务动员和工期交底，调动全体职工的积极性。加强施工计划管理的科学性，本着突出重点，兼顾一般的原则，在实施过程中实行动态管理，针对实际不断充实调整，及时分析制约进度的因素不断优化施工方案。

3. 管理和设备保障措施

加强施工管理，向管理要工期，要效益。要强化施工调度，搞好施工协调，解决问题要快。维护施工方案的严肃性，确保按计划实施。

在人员上，要选派具有丰富施工经验的专业化施工队伍，在设备上要选用新型、施工能力强的机械投入施工。确保工程优质、快速地竣工。

4. 对施工进度进行监控

施工进度采用如下监控方法：投资指标监控法、形象进度监控法、单项进度指标监控法、关键线路网络监控法。根据施工组织设计或业主、监理及其他有关的工期要求，适时根据工程进展，调整资源配置，实现工期目标。对关键工序、关键项目强化跟踪指导，跟踪监测。

5.3 墩身施工方案

5.3.1 墩身施工工艺

墩身液压自爬模施工工艺框图，如图 5.2 所示。

5.3.2 模板设计及构造

库首跨库大桥共投入 2 套墩身模板，主墩和交界墩均采用液压自爬模法施工[119]。除 6 号主墩采用塔吊提升物料外，5 号墩及交界墩均采用缆索吊或溜索提升物料，采用工业电梯人员上下。

第5章 主桥墩身施工

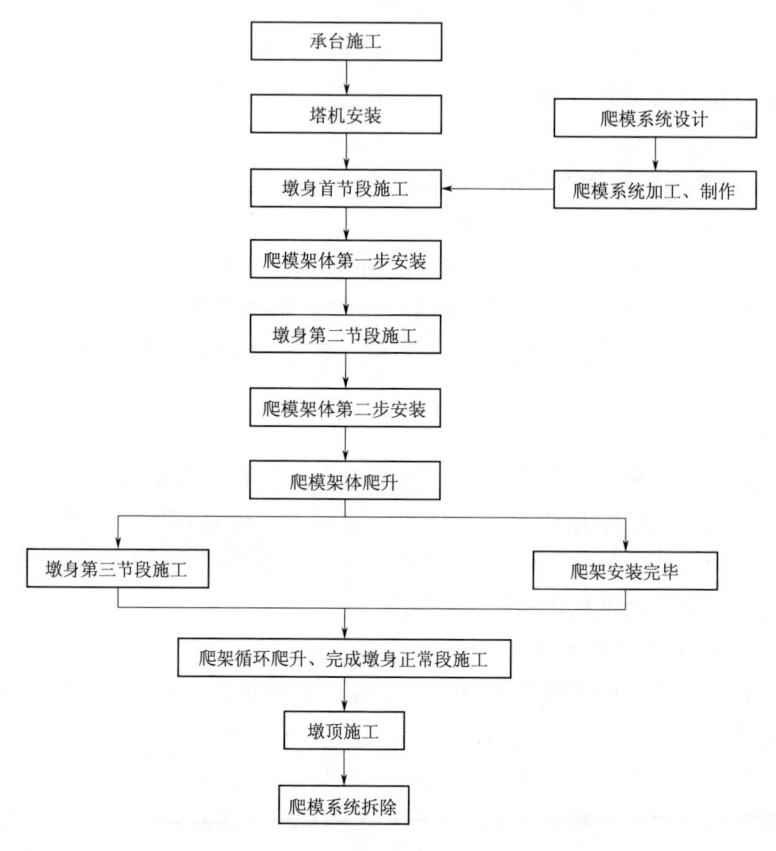

图 5.2 墩身液压自爬模施工工艺框图[117-118]

1. 设备选择

全桥配备爬模2套，首先用于5号、6号主墩墩身施工，主墩施工完毕后用于4号、7号墩墩身施工。模板形式采用内翻、外爬形式以适应空心墩横隔板施工需要。墩身模板采用卓良模板体系，钢木结合模板，架体采用液压自爬模架体。墩身第一次浇筑高度为8.25m，标准节浇筑高度为7m，混凝土集中拌和，罐车运输，6号墩采取泵送混凝土入模，5号墩及交界墩均采用缆索吊装入模，在混凝土浇筑时预埋锥形螺栓，固定模板桁架，模板由桁架固定调整，桁架上搭设作业平台满足施工需求。

2. 模板设计及加工

模板的设计应保证模板有足够的刚度。在设计计算时，考虑了泵送混凝土时，对模板的冲击力及振捣混凝土时产生的荷载及混凝土的侧压力，模板面板采用21mm厚的进口维萨板，设计模板允许最大侧压力为60kN/m²。每节模板均设置工作平台，工作平台上铺3mm厚钢板，外侧工作平台沿周边设立防护栏

5.3 墩身施工方案

杆并挂安全网，可供操作人员作业、行走，存放小型机具等。

5.3.3 施工工艺方法

1. 爬模结构设计

在各墩身正式施工前必须完成墩身爬模结构设计及加工制作。液压爬模系统的设计由专业设计院设计，加工和专业加工厂家进行加工。

爬模主要由液压爬升体系、模板体系和工作平台体系组成。该体系每节混凝土浇筑高度为7m。爬模总体构造，如图5.3所示。

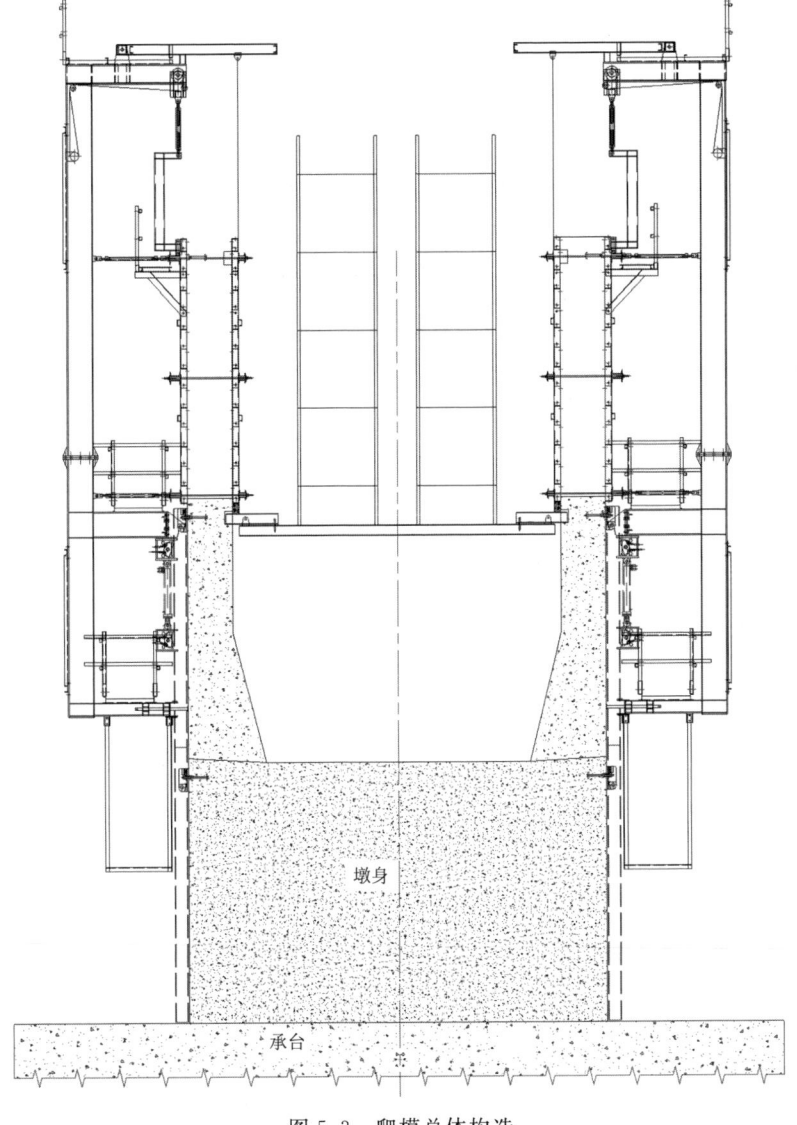

图 5.3 爬模总体构造

83

2. 液压爬升体系

液压爬升体系由预埋固定件、附墙悬挂件、爬升导轨、自锁提升件、液压缸和液压泵站组成。

3. 模板体系

外模板采用爬模形式，内模板采用翻模形式。模板由21mm厚的进口维萨板作为面板，18cm工字木梁、12cm的型钢背带及其锁定连接件、模板对拉螺杆组成。墩身模板平面示意图，如图5.4所示。

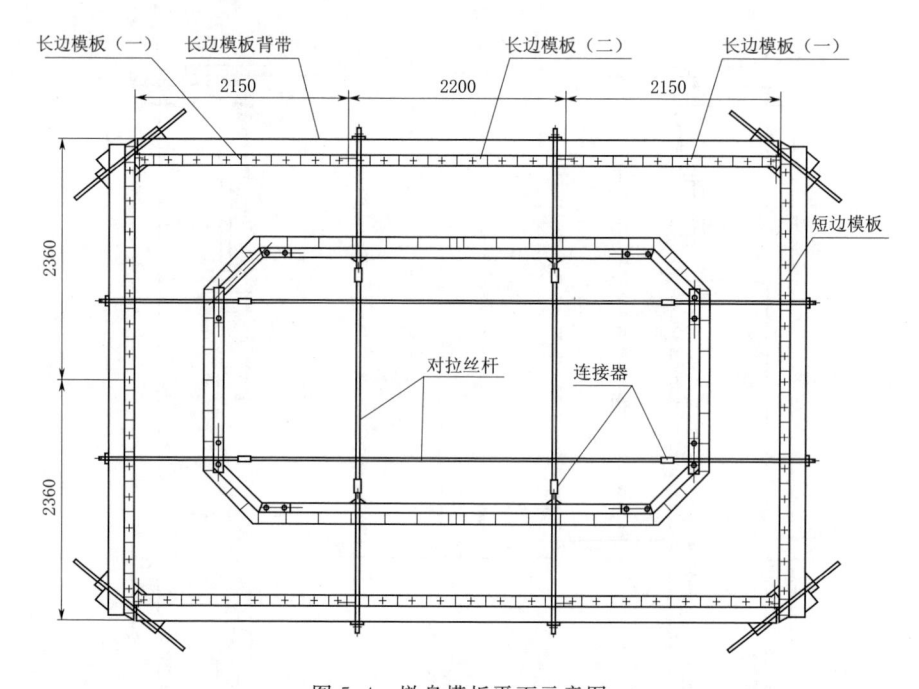

图5.4 墩身模板平面示意图

模板调节支架由H型钢、A36的螺旋杆和劲板加工而成，H型钢与爬升架焊接，螺旋杆通过小槽钢、丝杆套筒与H型钢连接，通过旋动螺杆对外侧模进行调节并固定外侧模。

模板调节支架在浇筑混凝土时安装和支撑模板，并承受部分混凝土侧压力。混凝土浇筑完毕后，拆模时旋松螺杆，通过手拉葫芦进行模板的脱模，再通过上部调节导链将模板后退，让出足够空间，进行模板维护工作。模板调节支架，如图5.5所示。

4. 工作平台体系

工作平台共分8层，两个上部工作平台（2号、1号）、一个主工作平台（0号）；两个下部工作平台（-1号、-2号）。主工作平台用于调节和支立外侧

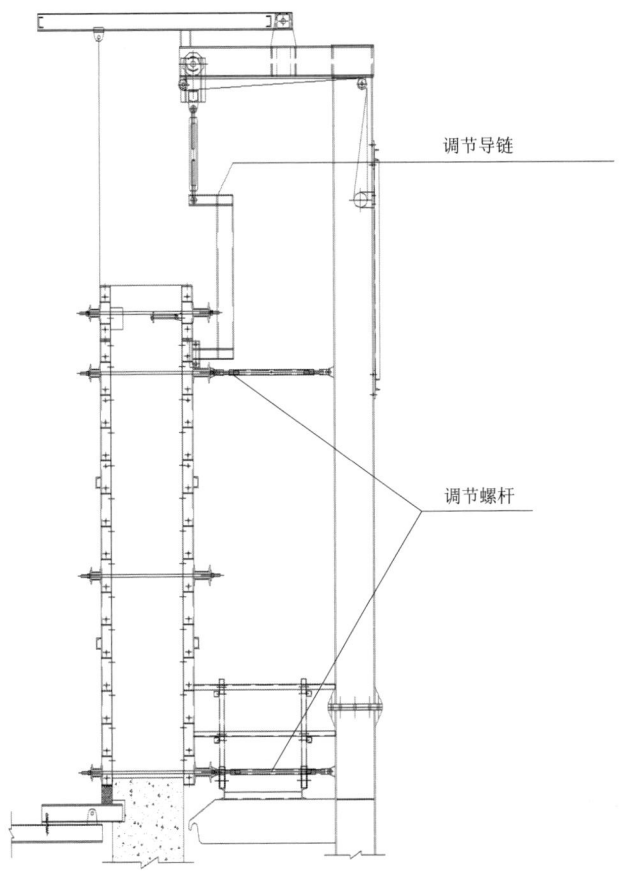

图 5.5 模板调节支架

模，2号、1号平台用于帮扎钢筋和浇筑混凝土，−1号平台主要用于爬升操作，−2号平台用于拆卸锚固件和混凝土修饰。

5. 下吊架

下吊架由吊杆、横梁及斜撑组成。所有部件均为拼装构件，采用螺栓和销轴连接。共三层，主要供爬升装置操作，锚锥的拆除，墩身混凝土表面修饰及设置电梯入口的工作平台支架。

6. 动力装置与管路系统

系统由液压动力站、快换管路、液压缸和电控及其操作系统等几个主要部分构成。

5.3.4 液压爬模工艺原理

爬模的爬升通过液压油缸对导轨和爬架交替顶升来实现。当爬模架处于工作状态时，导轨和爬模架都支撑安装在预埋锚锥的锚板上，两者之间无相对运动。退模后，在所浇段混凝土中预埋的锚锥上安装连接螺杆、锚板及锚靴，调整步进装置手柄方向来顶升导轨，爬架附墙不动，待导轨顶升到位并锁定在锚板及锚靴上后，操作人员转到下平台拆除导轨提升后露出的位于下平台处的锚板及锚靴等。解除爬模架上所有拉结，进入爬模架升降状态。调整步进装置手柄方向顶升爬模架，导轨保持不动，爬模架就相对于导轨向上运动。在液压千斤顶一个行程行走完毕后，通过步进装置，一个爬头锁定爬升对象，一个爬头回缩或回伸，进行下一行程爬升，直至完成爬升过程[120]。爬架爬升，如图5.6所示。

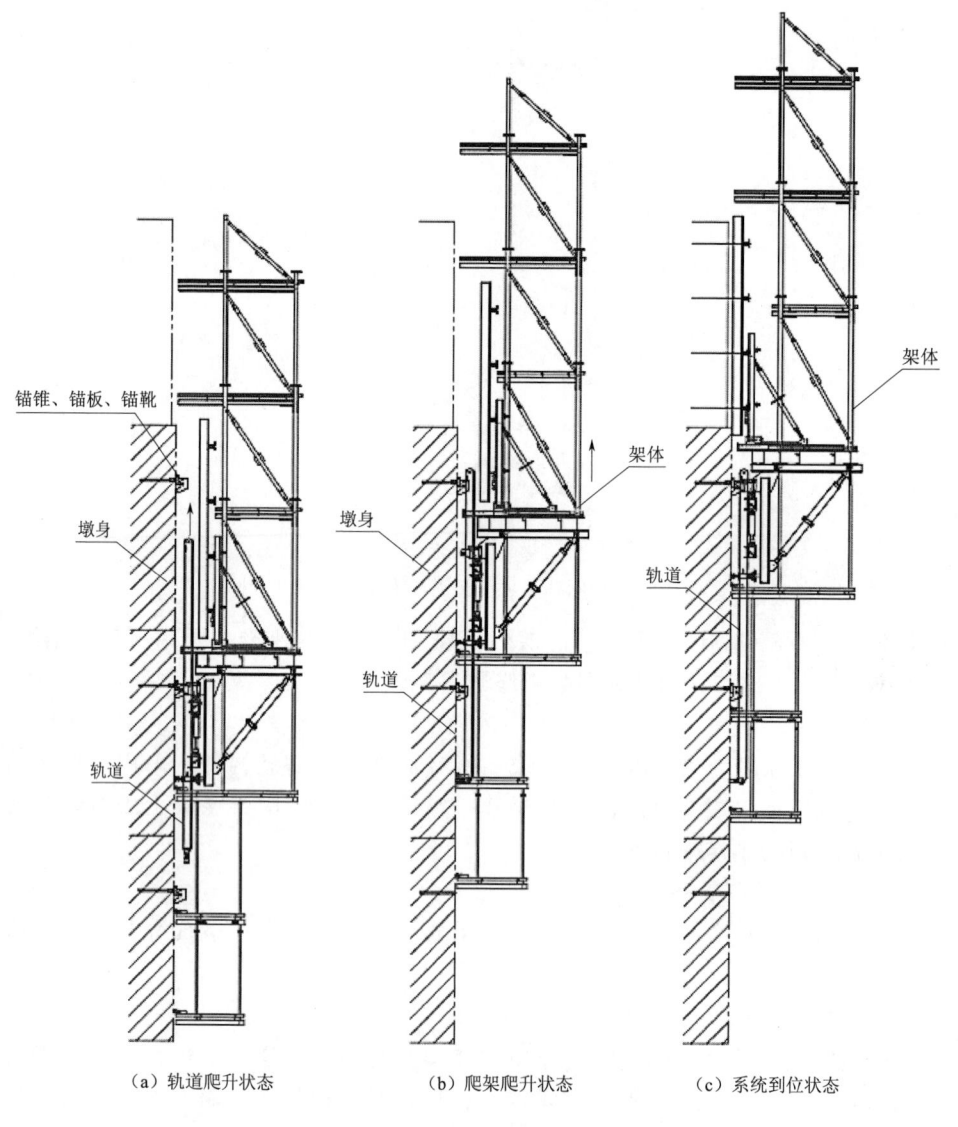

（a）轨道爬升状态　　（b）爬架爬升状态　　（c）系统到位状态

图5.6　爬模爬升

5.3.5 塔机及电梯安装

6号主墩墩身施工所用小型机具及钢筋等材料通过塔机进行垂直运输。5号主墩及4号、7号交界墩墩身施工所用小型机具及钢筋等材料通过双索WLQ200kN型无塔缆索起重机及溜索进行垂直运输。其中缆索起重机采取单跨双索，额定起重20t，总起重能力2×20t＝40t。

6号墩塔机安装于便道进口处，6号墩电梯安装于承台上游侧，5号墩电梯安装于承台下游侧。为保证塔吊的稳定性，当塔吊提升高度达30m时，将塔吊利用附件墙将塔吊固定在墩身上，附着间距为16m。墩身施工时，由于墩身高，为保证人员上下的安全采用工业电梯，电梯设置在桥梁的另一侧，为了保证电梯的稳定性，每12m高与墩身加固一次，通过墩身的预埋件把电梯固定在墩身上，以利于施工和检查人员上下行走、安全便捷。

随着墩身施工的升高，塔机中间每间隔16m用塔吊连接杆与墩身连接，确保塔机安全稳固。

6号塔吊在承台浇筑前完成安装，塔吊安装由具有专业资质的单位进行施工。

5.3.6 墩身首节施工

墩身首节施工最下面8.25m，包含变截面空心段部分。墩身首节的作用在于给爬模的安装创造有利条件。

1. 支架搭设

首节支架搭设采用$\phi 48 \times 3$mm脚手管，支架搭设间距为150cm×150cm×150cm，沿墩身外围四周搭设三排，主要用以临时固定接长钢筋及起始段模板，并为模板支、拆及安装爬模搭设简易操作平台之用[121]。

2. 墩身劲性骨架及钢筋安装

跨库大桥主墩及交界墩内均设劲性骨架，墩身劲性骨架立杆埋入承台4m。节点通过电焊连接，杆件与节点板的连接焊缝为三面焊，焊接必须严格按照有关焊接规范要求执行；劲性骨架竖向应采用等强度接长，各杆件之间交线处采用焊接，以加强连接刚度；施工时加设必要的缆风等设施保证劲性骨架的稳定。

墩身钢筋在钢筋加工场加工成型，运输现场进行安装。加工成型的钢筋用缆索吊机或塔吊吊放就位，主筋连接采用直螺纹套筒连接，接头数量为同一断面钢筋总数量的50%。上、下接头断面错开1.2m。水平环向钢筋采用单面搭接焊，搭接长度为$10d$。实心段$\phi 25$水平主筋采用直螺纹套筒连接。为了便于绑扎高处薄壁墩身的钢筋，用塔吊把钢筋放在墩身内部的模板提升平台上，作为存放钢筋的平台，钢筋在加工前，首先将钢筋表面油渍、漆皮、鳞锈等清除干净,对弯曲变形的钢筋进行调直。依据图纸设计进行下料,弯制加工,并按图纸钢筋编号对钢筋分类编号存放。在钢筋的绑扎中,钢筋的交叉点应用铁丝绑扎结实,必要时可用点焊焊牢。部分纵横水平钢筋可预放在绑扎位置,留出工人振捣混凝土的空间,边浇筑混凝土边定位绑扎。桥墩墩身外侧四周外表面从上至下均设置ϕ6.5带肋防裂钢筋网,钢筋网外净保护层厚度为2cm,为保证保护层厚度,在钢筋与模板间设置5cm混凝土垫块,每平方米不少于3个。

3. 模板安装

首节外模板采用自爬模外模板。在2.5m高以上的空心段部分,采用变截面特制模板。

空心段模板采用ϕ20对拉螺杆承受混凝土浇筑时的侧压力,实心段采用在承台表面预埋铁件,设置支撑进行加固。

模板安装之前应将旧混凝土顶面冲洗干净,旧混凝土与新混凝土接触面应做凿毛处理,清除表面水泥浆,露出新鲜的混凝土。用水洗刷时混凝土强度须达到0.5MPa,凿毛时混凝土强度须达到2.5MPa。在浇筑新混凝土前用水湿润旧混凝土面。

首节段模板安装前用水准仪和全站仪检查模板边线是否与墩身设计位置吻合并检查模板垂直度,用铝合金条作靠尺,在墩身轮廓线内设置水泥砂浆带,防止漏浆,模板下用木板调平[122]。模板外支撑通过在承台表面层埋设预埋件用型钢进行支撑。脱模剂选用精炼植物油。模板拼缝用双面胶填塞,不得有缺漏现象,模板之间连接可靠。模板安装时,严格控制板与板之间的错台不得大于1mm。超过1mm时,立即调节,如无法调节时请厂家专家来消除。模板安装完毕,混凝土灌注前,要对拉钢筋专人检查,记录。发现问题及时处理。针对技术交底,按照交底尺寸,在安装过程要随时检查、校正。对于模板上的预留孔尺寸要按照交底尺寸进行检查,发现问题要及时通知技术人员确认。模板安装好后,检查轴线、高程符合设计要求,检验模板垂直度是否符合要求,模板接缝是否平整紧密,保证模板在灌筑混凝土过程受力后不变形、不移位。模板内干净无杂物,拼合平整严密。

首节外模板支撑,如图5.7所示。

4. 埋件

在首节混凝土中埋设自爬模爬升装置中的锚锥及内模支撑锚锥。锚锥主要由伞形头、内连杆、锥形接头及高强螺栓等组成,是整个自爬模系统的最终承力结构。锚锥通过堵头螺栓固定在外组合模板上,在关模后浇筑混凝土时将其埋入混凝土中。脱模时拆下对拉螺杆及堵头螺栓,拉模板脱离混凝土面,

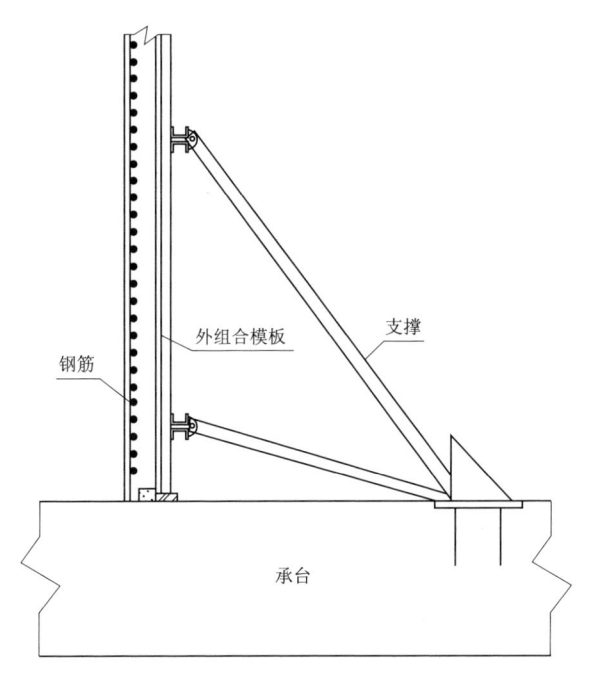

图 5.7 首节外模板支撑

安装连接螺栓。锚锥埋设,如图 5.8 所示。

首节外侧锚锥每两个一组,每节段长边平行埋设三组,短边平行埋设 2 组,共埋设 10 组。内模板支撑锚锥一个一组,短边二个,长边 3 个,主要为内模立模时提供支撑。

通气管采用 $\phi 10 cm$ PVC 管进行埋设并用钢筋固定。

5. 混凝土浇筑

除 6 号主墩墩身混凝土采用泵送外,5 号主墩及 4 号、7 号交界墩混凝土均采用缆索吊装入模。

混凝土浇筑时先浇筑实心段部分,在浇筑墩身时注意预埋各种预埋件。倾倒混凝土要求:自高处向模板内倾倒混凝土时,为防止混凝土离析,必须采用串筒,串筒底部离浇筑面高度不得大于 2m,以不出现混凝土离析为度;浇筑过程中针对墩身截面积大,混凝土坍落度大等的特点,为防止砂浆与骨料分离,浇筑混凝土时采用多点布料的办法,

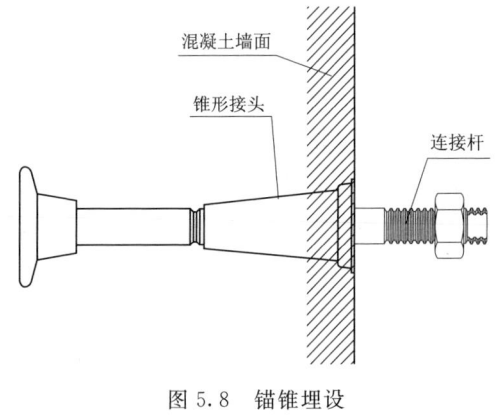

图 5.8 锚锥埋设

第5章 主桥墩身施工

空心墩横桥向每侧2点,顺桥向每侧设1点,共设6个布料点。在浇筑混凝土时,在串筒口下面,混凝土堆积高度不得超过1m。混凝土浇筑时应按照一定厚度、顺序和方向分层浇筑,分层厚度控制在30cm以内;施工过程中严格控制混凝土的坍落度,满足泵送要求的前提下,坍落度宜控制在规定的最小数值,确保在振捣过程中不出现泌水现象。在下层混凝土初凝或能重塑前浇筑完上层混凝土[123]。

混凝土振捣采用 ϕ50 型插入式振捣器进行振捣。振捣时严格按照混凝土操作规程进行操作。灌注过程要安排专人负责观察、记录模板的情况,随时检查对拉钢筋松紧程度,使对拉钢筋受力均匀。混凝土振捣过程尤为重要,大桥墩身混凝土浇筑配备数量足够的插入式振捣器,使其振动能力大于混凝土浇筑能力。混凝土浇筑时,由工班长统一指挥振动,配12名熟练振捣工。振捣作业中应注意的事项:混凝土浇筑时分层厚度不大于振动棒作用长度的1.25倍,振动器捣固混凝土的层厚,对于泵送混凝土采用30~40cm为宜;使用插入式振动棒振动时,水平移动间距不得超过振动棒作用半径的1.5倍,考虑到振动器的有效半径,其间距以不超过50cm为宜,与侧模保持50~100mm的距离;插入式振动棒的振动深度,一般不应超过振动棒长的2/3~3/4,分层浇筑时,应插入下层混凝土50~100mm,使上下层混凝土结合牢固。混凝土振捣时遵循快插慢拔的原则,以混凝土表面不再有沉落且无气泡上冒为准,严防出现蜂窝麻面现象。插入时宜稍快,提出时略慢并边提边振,以免在混凝土中留有空洞。混凝土振捣时采用平行式或梅花式,但是不得漏振、欠振、过振;混凝土浇筑后,应立即进行振捣,振捣时间要合适,一般可控制在25~40s为宜;注意在振捣时不能触碰到对拉钢筋、模板,以免使对拉钢筋震动,使螺帽松脱。空心段部分进行分层循环浇筑,分层厚度为30cm。

6. 混凝土拆模及养护

墩身混凝土在达到 2.5MPa 后可以进行脱模,保证其表面及棱角不致因拆模而损坏时方可拆除。内模板应在混凝土强度达到 15MPa、保证其表面不发生塌陷和裂缝现象时,方可拆除。拆除外模时,人工配合吊车分块吊起拆除,内模的拆除方法与外模相同。脱模后在混凝土表面喷洒养护剂及洒水进行养护,养护天数不少于 14d[124]。

5.3.7 爬架安装

爬架安装主要是分三部分进行:第一部分,在墩身首节混凝土浇筑后安装承重架及移动模板支架部分;第二部分,系在第二节段安装混凝土浇筑后轨道、步进装置、爬头、动力装置等部分;第三部分,安装爬架第一次爬升后外爬架。整个爬架的安装在塔机配合下完成。

爬模各散件在工厂制作完毕后,运抵施工现场进行预拼装。将各散件在拼装场地拼装成单元部件,并对各部件的功能进行检查和调试,发现问题及时与设计、制作方联系进行更正。

1. 首节混凝土浇筑后的安装

在首节混凝土浇筑后爬模安装的部件主要是保证第二节段混凝土浇筑所必需的部件,按照安装顺序次是锚板、锚靴、承重架、移动模板支架、上爬架、外模板和下支撑。

用塔吊作辅助机具,脱开首节混凝土内、外模板,并吊出。在混凝土脱模后强度达到 20MPa 后,通过连接螺栓将锚板安装在预埋的锚锥上,挂上锚靴,安装单片承重架,然后在承重架上安放主梁,进行移动模板支架及上爬架及分配梁的安装,并铺设木面板,形成平台。最后进行内、外模板的安装并调整到位,并在内外模板上安装下一节段预埋锚锥,浇筑第二节段混凝土。其中内模板支撑在预埋的内侧锚锥上。爬架第一步安装,如图 5.9 所示。

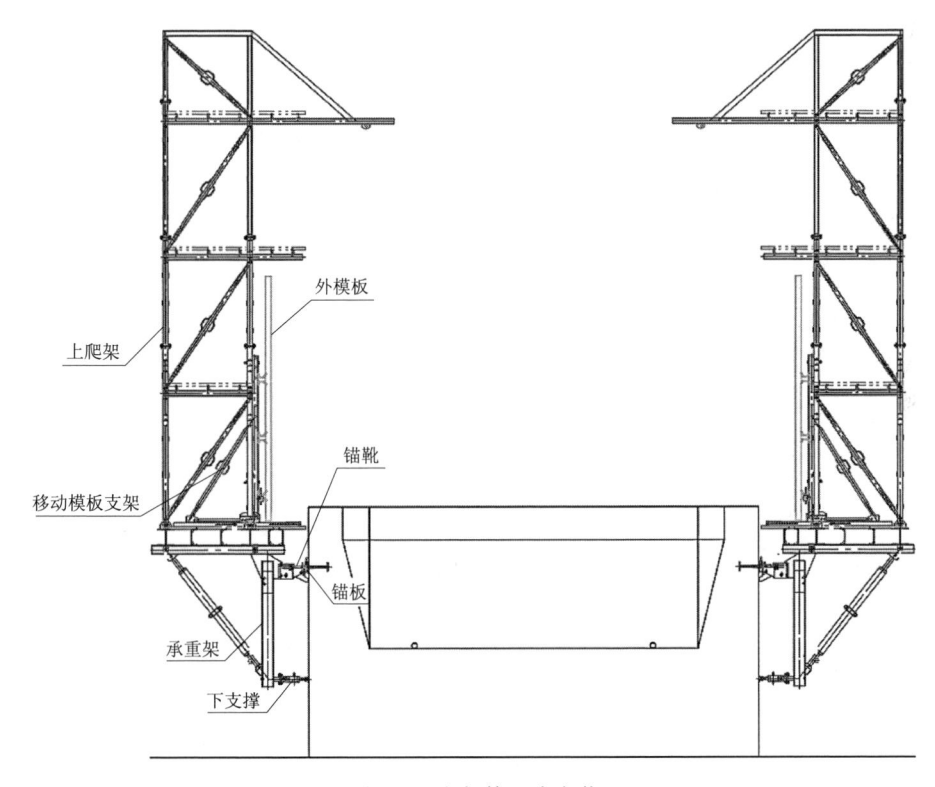

图 5.9 爬架第一步安装

2. 第二节段施工

在第二节段模板合龙之前,按钢筋混凝土规范对节段间施工接缝进行凿毛处理。

通过调整爬架上的移动板支架将模板调整到位后,合模前在模板底口采取

第5章 主桥墩身施工

封闭防止漏浆的措施,即在内外侧壁上贴憎水海绵条后再合模夹紧。其余按一般常规方法进行混凝土浇筑,浇筑方法与首节空心段浇筑相同。

3. 墩身第二节段混凝土浇筑后的安装

在第二节段混凝土达到脱模强度后,拆除对拉螺栓及锚锥堵头螺栓,通过移动模板支架上的齿轮及齿条脱开模板距混凝土表面一定空间距离。

在第二节段混凝土强度达到20MPa以上后,在其预埋锚锥上安装锚板及锚靴。然后依次安装爬升装置、轨道及下支撑并进行调整。最后进行液压控制系统的安装及调试。爬架第二步安装,如图5.10所示。

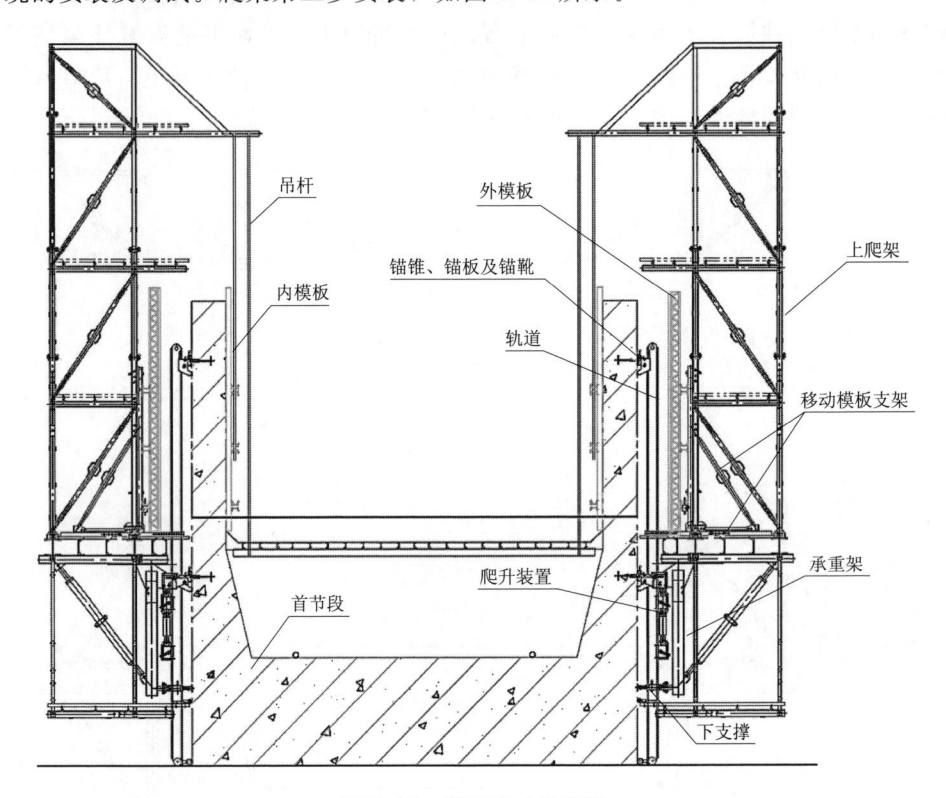

图5.10 爬架第二步安装

5.3.8 爬架爬升

1. 爬架爬升操作

爬架爬升按以下操作步骤进行:

调整步进装置手柄一致向下──→打开液压缸进油阀门──→启动液压控制柜──→拔去安全销──→爬升爬架──→拔去承重销──→爬升爬架──→插上承重销和安全销──→关闭液压缸进油阀门,关闭液压控制柜,切断电源──→安装下支撑。

爬架第一次爬升,如图5.11所示。

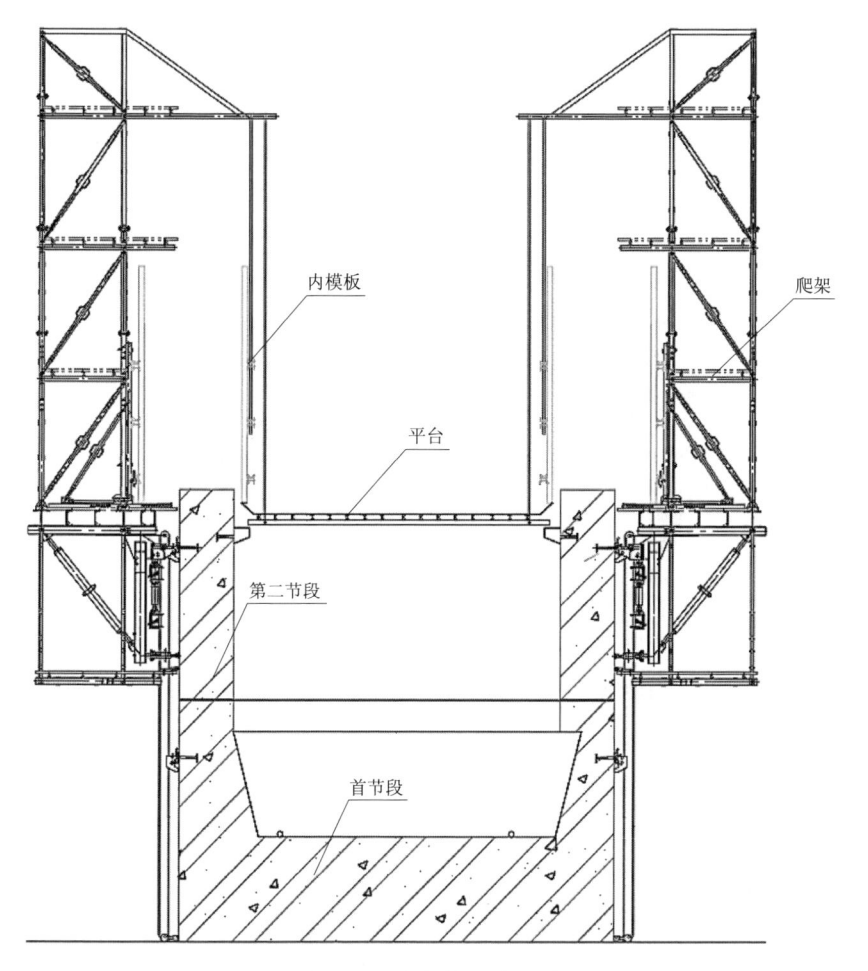

图 5.11 爬架第一次爬升

2. 爬架第一次爬升后的安装

该次安装主要是完善爬架的下吊架,该吊架的作用在于提供锚锥拆除,墩身混凝土表面修补及设置电梯入口的工作平台。整个下吊架均为拼装构件,采用螺栓和销轴连接。操作人员通过搭设的支架进行拼装。

至此,完成整个自爬架的安装,墩身施工进入正常的自爬模施工工序。爬架最后完善部分,如图 5.12 所示。

5.3.9 墩身正常节段施工

墩身在进入正常节段施工后,均为每 7m 一个节段进行重复循环作业,每个节段主要工序包括:爬架爬升──→接长墩身钢筋,并进行绑扎──→关模并校核──→浇筑混凝土──→混凝土脱模、养护。

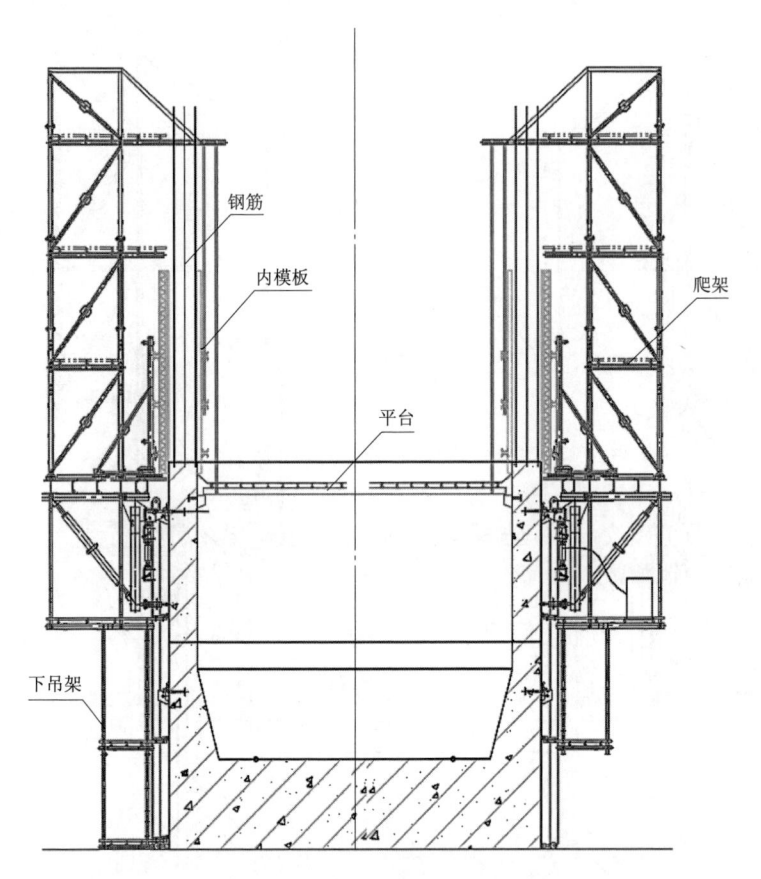

图 5.12　第四步：完善下爬架

爬架在自我爬升前，须先行进行轨道的爬升。轨道爬升流程包括：确定混凝土强度达到 20MPa→安装上部锚板及锚靴→调整步进装置，使其摆杆一致向上→打开液压缸进油阀门→启动液压控制柜→拆除顶部楔形块→爬升轨道→插入楔形块→关闭液压缸进油阀门，关闭液压控制柜，切断电源→安装下支撑。

在轨道爬升完成后，进行爬架爬升，爬架爬升按前述操作步骤进行操作。爬架爬升到位后钢筋安装、关模、混凝土浇筑、脱模、养护等工序施工方法及要求同首节施工相同。

5.3.10　墩身施工测量控制

由于墩身截面尺寸不断变化，施工过程中的测量控制工作尤为重要，具体方案如下所述。

1. 墩身测量放样的主要方法

墩身测量放样的主要方法是"全站仪三维坐标法"，即在墩位附近的控制点上架设仪器,直接测量墩身上测点的三维坐标 X、Y 和高程 H,更换控制点再次测量墩身上测点的三维坐标 X、Y 和高程 H,然后将两次测量平均值与对应点的设计值比较,计算出二者的差值再将点位移至设计位置[125]。

2. 钢筋放样

安装竖向主钢筋,采取定位"梳子板"来控制主筋间距,横向水平筋间距控制在竖向钢筋上用钢卷尺按照设计位置进行测量放样安装水平构造钢筋,待模板安装完成后,调整好钢筋保护层。

3. 墩身空间位置的控制及模板放样

墩身空间位置的控制主要是对影响混凝土成型的模板的空间位置控制,保证模板不侧移,不扭转。控制测量方法:在模板的顶面选取墩身的 4 个角点作为测量放样的定位点,用全站仪三维坐标法在预先设置的控制点上先测量各定位点坐标 X、Y 和高程 H,然后根据各点高程 H 计算各点设计坐标 X'、Y',则各点实测坐标 X、Y 与其设计坐标 X'、Y' 的差值即为模板的调整量,据此可以校正模板至设计位置,以保证墩身的正确空间位置[126]。模板安装允许偏差见表 5.5。

表 5.5 模板安装允许偏差

项　　目	允许偏差/mm	项　　目	允许偏差/mm
轴线偏位	10	相邻两板面高低差	2
表面平整度	5	模板顶面相对高度	±10
节段间错台	5	空心墩壁厚	±3

4. 墩身线形控制

针对跨库大桥逐节段、长期性施工特点,考虑到施工材料的力学参数及预应力损失等都会与设计有一定差异,节段立模、测量误差以及环境变化对结构变形的影响等因素在设计过程中是无法准确预料的。因此,为保证跨库大桥在成桥时的内力和线性状态可知,且符合设计要求,针对跨库大桥的特点和施工方案,通过现场实测、计算分析,使施工实际与设计的误差对结构影响达到最小,使结构的线形符合设计要求,内力状态处于最优,必须进行有效的施工监控。

5. 墩身施工测量的主要技术要求

(1) 墩身施工测量的控制基准点要经常复测,防止点位移动。

(2) 温度、日照和风力对墩身的变形影响较复杂,其对施工测量放样的影响值很难得知。所以对墩身各部位进行施工测量放样时,应尽量选择夜间温度较低、风力较小和外界环境相对稳定的时段进行。

(3) 由于墩身的不断增高和混凝土收缩、徐变、风荷载和温度等因素影响,墩身必然会有少量的变化，所以在对墩身各部位的相关位置和变化点进行测量放样时，应避免误差的累积，保证墩身各部尺寸达到设计要求。

5.3.11 墩身横隔板施工

在进行隔板施工上一个节段适当位置预埋 $\phi25$ 精轧螺纹钢，再将提前加工好的牛腿托架通过螺母固定在混凝土壁上，牛腿托架采用 2.5m 长的 I20a 工字钢加工而成（其中隔板宽度 2m），墩身内壁单侧最长边设置 5 根，短边设置 3 根，一圈共计 16 根，在牛腿上并排放置 2 根 I20a 工字钢作为承重梁，梁上按中心间距 30cm 布置 10cm×10cm 方木，满铺 1.5cm 厚的竹胶板形成木模系统。

5.4 引桥墩柱施工方案

5.4.1 墩柱施工工艺

墩柱施工工艺，如图 5.13 所示。

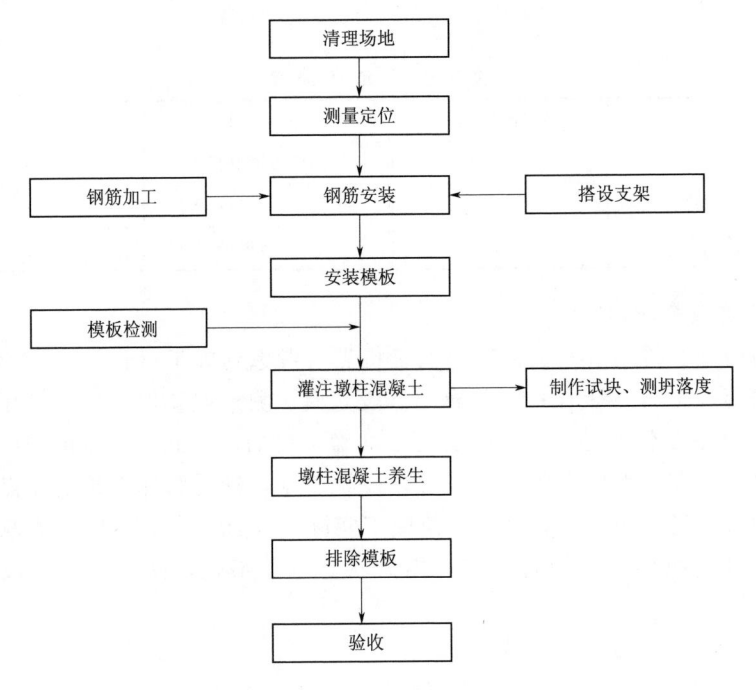

图 5.13 墩柱施工工艺[127-128]

5.4.2 引桥墩柱概况

1号墩身高 6m，为直径 1.5m 双柱圆墩，设系梁一道；2号墩身高 16m，为直径 1.5m 双柱圆墩，设系梁 2 道；3号墩身高 26m，为直径 2.0m 双柱圆墩，设系梁3道；8号墩身高30m，为直径2.0m双柱圆墩，设系梁4道。

墩身施工采用模板由专业工厂定制，每套圆柱墩模板由2块半圆钢模板拼装而成。面板钢板厚度6mm，筋带钢板厚度10mm，法兰钢板厚度12mm。

1号墩一次浇筑到顶；2号、3号、8号墩分次浇筑，墩柱间系梁与墩身同时浇筑。

5.4.3 墩柱施工方法[129-131]

1. 清基

墩柱施工前，凿除基础顶面浮浆、泥土并冲洗干净，整修连接钢筋。

2. 测量放线

先根据各墩的设计位置，用全站仪精确测定出其墩柱中心，然后在基础顶面放出墩（台）柱纵横中线（十字线）和模板外轮廓线的准确位置，并同时定出墩柱模板位置的控制点。施测时，还应注意校核，确保墩柱及跨距准确无误后，才能绑扎钢筋、立模。水准点联测按三等进行控制。施测时，控制水平测量视线长度，前视、后视的距离应大致相等，提高观测精度。确保支承垫石的高程误差不大于2mm。

3. 模板工程

模板质量是墩台身混凝土外观质量的决定因素。根据墩柱的结构型式，拟全部采用定型加工的钢模板。在制作模板时必须严格按设计和钢结构加工验收规范进行；要求具有足够的强度、刚度和组装精度；且拆装方便、接缝严密，确保不漏浆。

根据墩柱柱身的截面形式、类型及数量，从确保墩柱的外观质量与施工工期考虑，墩柱模板均采取定型设计、工厂加工。模板均采用板厚6mm的优质钢板，均以2m、4m作为标准节，以1.0m、0.5m为调整节，边肋板用63cm×6cm角钢，其加工精度按钢结构及钢模板加工及验收规范验收。在工厂精确加工，并经严格检验合格后才运抵现场使用。

在桩顶面放出墩柱中线及墩柱实样。模板安装好后对轴线、高程进行检查，符合规范和设计要求后进行加固，保证模板在灌注混凝土后，不变形、不移位；模内干净无杂物，直面平整，曲面圆顺，拼缝严密。模板内部涂刷脱模剂。墩身支架均采用搭设碗扣式钢管脚手架，模板和支架不发生联系。支架结构的立面、平面均安装牢固，并能抵挡偶然撞击振动；支架立柱在两个互相垂直的方向加以固定，支架支承部分必须安置在可靠的地基上。

模板内侧均匀地涂抹隔离剂，隔离剂采用优质机油、变压油或油质脱模剂等方法。

当混凝土的强度达到一定要求时，进行拆模，拆模板时不使用撬棍等工具，避免损坏混凝土的表面及棱角。

第5章 主桥墩身施工

4. 钢筋工程

在钢筋安装之前，首先进行施工脚手架及工作平台的搭设。支架立柱必须安装有足够承载力的地基上。墩柱模板支模及脚手架，如图5.14所示。

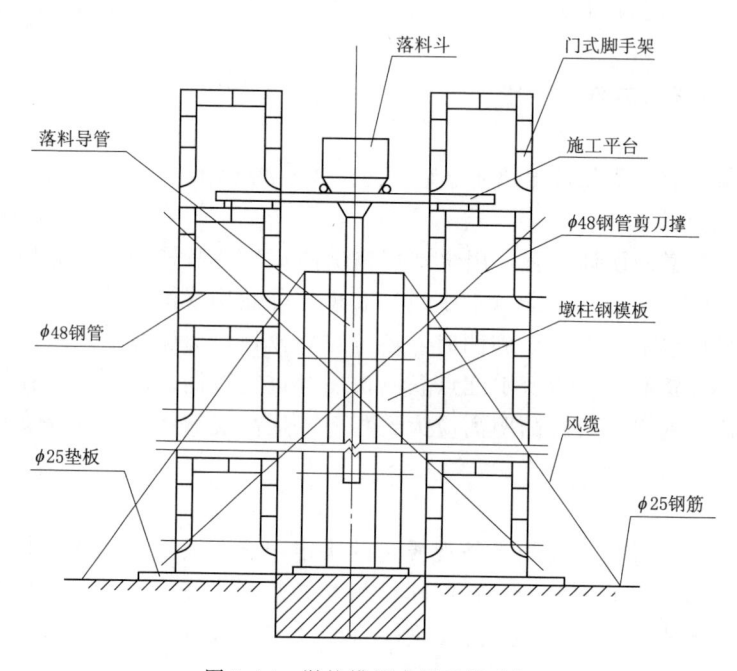

图5.14 墩柱模板支模及脚手架

墩柱施工采用脚手架来搭设，搭设高度应比设计墩高或高墩下段墩高高1～2m。在脚手架顶部搭设工作平台以便钢筋安装及浇筑混凝土，工作平台采用4条[12槽钢搭设在脚手架顶部并与脚手架固紧，槽钢面上铺设木方和木板，工作平台四周设置不少于1.5m高安全护栏，脚手架需加设足够的横向联系和斜撑，以确保脚手架和平台的稳定性；当墩柱高度$H>12m$时，脚手架须分两次搭设，第一次在桩系梁施工进行墩柱预埋钢筋安装时进行，为安全着想，须尽量控制安装第一节钢筋的脚手架平台的高度，第二次在系梁施工完毕，搭设高度应比设计墩高或高墩下段墩高高1～2m。

钢筋在进场前按规范要求进行抽检，杜绝不合格品进场。进场的钢筋全部堆放在钢筋棚内，在钢筋加工厂内加工。

钢筋在加工前先进行调直和清除污锈，然后按设计要求下料加工。钢筋的接头$\phi 22$以上采用锥螺纹套筒连接，钢筋直径$\phi 22$以下采用搭接双面焊，搭接长度不小于$5d$，同一截面上的钢筋接头不超过总根数的50%。

先搭设碗扣式钢管脚手架支架，立模前把墩身的钢筋一次绑好。

5. 混凝土工程

混凝土在拌和站拌和，运输采用搅拌输送车，缆索吊或塔吊入模。

浇筑前，先凿除施工接缝面上的水泥砂浆薄膜和表面上松动的石子或松弱混凝土层，并以压力水冲洗干净，使之充分湿润，不积水。对支架、模板、钢筋和预埋件进行检查，尺寸不符合规范要求的及时进行调整，确保尺寸准确。灌注时，先在基面上铺一层厚约15mm并与混凝土灰砂比相同而水灰比略小的水泥砂浆，或铺一层厚约200mm的细石混凝土（其配合比减少10％粗骨料）后，再灌注混凝土。墩柱混凝土入模采用泵车软管直接到灌注部位。混凝土采用分层浇筑，每层厚度不超过30cm，且在下层混凝土初凝前浇筑完上层混凝土。控制钢筋保护层的垫块，采用混凝土预制垫块，随浇筑混凝土随时拆除，避免墩台身混凝土表面出现垫块的痕迹，影响混凝土的外观质量。在施工中混凝土的生产、运输、浇筑速度相互匹配。

浇筑混凝土时，采用插入式振动器振捣密实。插入式振动器移动间距不超过振动器作用半径的1.5倍，与侧模保持5～10cm的距离，且插入下层混凝土5～10cm，每一处振动完毕后边振动边徐徐提出插入式振动器，避免插入式振动器碰撞模板、钢筋及其他预埋件。

振捣时观察到混凝土不再下沉、不再冒出气泡、表面泛浆，水平有光泽时即缓慢抽出振动器。

在混凝土浇筑完成后。利用接水管上墩方法养生，混凝土浇筑完2～3h后覆盖塑料薄膜浇水养护，对未拆模的和已拆模的均浇水养护，塑料薄膜内有大量的凝结水，且塑料薄膜覆盖严密，避免被风吹开，养护时间不少于14d。并派专人负责此项工作。

6. 系梁施工

墩系梁与同高程范围内的墩柱同步施工；桩系梁同与其等高的桩基同步现浇施工。

(1) 悬空系梁施工流程，如图5.15所示。

(2) 支架施工。首先应在系梁底面以下1.06m位置预埋A140mmPVC管预留圆孔，孔中插入ϕ100的钢棒，卸落钢楔设置于钢棒上，调节高度为10～20cm。钢楔顶面上架设I56a工字钢作为承重梁。在承重梁上按60cm水平间距摆放2条[12承重槽钢，承重槽钢底面标高由卸落设备调节，底模采用钢模拼装而成。在固定好的承重槽钢上准确放样系梁的纵横轴线，然后完善测量资料报监理工程师现场签证合格后进行下一道工序底模板安装。承重槽钢上铺组合钢模，组拼的底模边线与放样的边线对齐为准。同时在跨中设置相应的预拱度。悬空系梁支架，如图5.16所示。

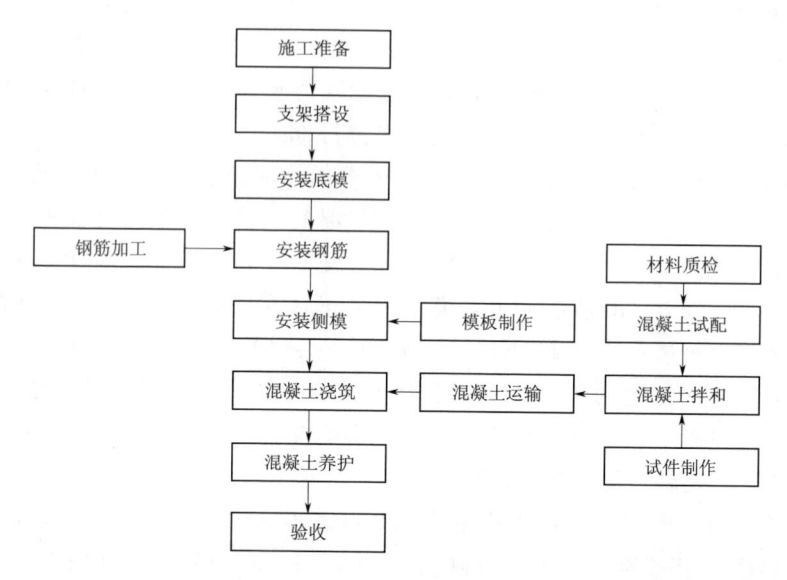

图 5.15 悬空系梁施工流程

图 5.16 悬空系梁支架

底模安装完成后，进行钢筋施工，钢筋加工由集中钢筋加工场加工为半成品，运输至现场由吊车起吊至安装位置绑扎钢筋。钢筋绑扎完成后，进行系梁侧模的安装。系梁侧模板采用定型钢模，两边侧模用对穿 A16 的拉杆，上下两层。横向间距为 60cm。

5.5 质量控制及保证体系

5.5.1 墩身施工质量控制要点[132-133]

因墩身较高，需要分节段施工。针对分节段浇筑混凝土应严格控制每节段混凝土的强度不低于 2.5MPa 及间隔时间不超过 15d。墩身施工质量标准见表 5.6。

表 5.6　　　　　　　　　墩身施工质量标准

项　目	规定值或允许偏差	项　目	规定值或允许偏差
混凝土强度/MPa	在合格标准内	断面尺寸/mm	±20
竖直度/mm	0.3‰墩高且不大于 20	顶面高程/mm	±10
节段间错台/mm	5	轴线偏位/mm	10
预埋件位置/mm	10	大面积平整度/mm	5

5.5.2　质量保证体系

建立健全工程质量保证体系，坚持"以质量求信誉，以质量求生存"的原则，严格按设计文件、技术要求、施工规范进行施工，树立"百年大计，质量第一"的思想。质量保证体系框架，如图 5.17 所示。

5.5.3　质量保证措施

施工操作者是工程质量的直接责任者，施工操作者是关键，是决定因素，因此做到：

（1）施工操作中，坚持自检、互检、交接检"三检"制度。

（2）明确质量责任制，各工序实行操作者挂牌制，促进操作者自我控制施工质量的意识。

（3）在整个施工操作过程中，要贯穿工前有交底、工中有检查、工后有验收的"一条龙"操作管理方法。做到施工操作程序化、标准化、规范化，确保工程质量。

（4）在工程管理中，"人、机、料、法、环"这五要素，人是决定因素。施工管理层的工程技术人员、专业管理人员、施工操作人员必须保持稳定，保证其工作的连续性及原有操作技能水平。

（5）进度和质量是对立的统一，没有质量就没有进度。在施工和管理过程中，必须处理好质与量的关系，生产指标（任务）、进度（任务）完成后，必须检验质量是否合格，坚持好中求快，好中求优。

（6）实行质量一票否决制，在项目经理和总工的领导下，由 4 名专职质检工程师组成质检组负责质量管理工作。并在施工队设 1 名质量检测员，对施工的工程进行质量检查、监督。保证各项工序在各级质量检查人员的严格控制下进行全面创优。

（7）跨库大桥位于高原地区，水位变幅区附近 2875~2750m 高程之间的桥墩墩身及承台混凝土表面涂刷水泥基渗透结晶型防水涂料（XYPEX 赛柏斯），图层厚度 1.2mm，阻挡水进入混凝土内部，解决冻融影响问题。

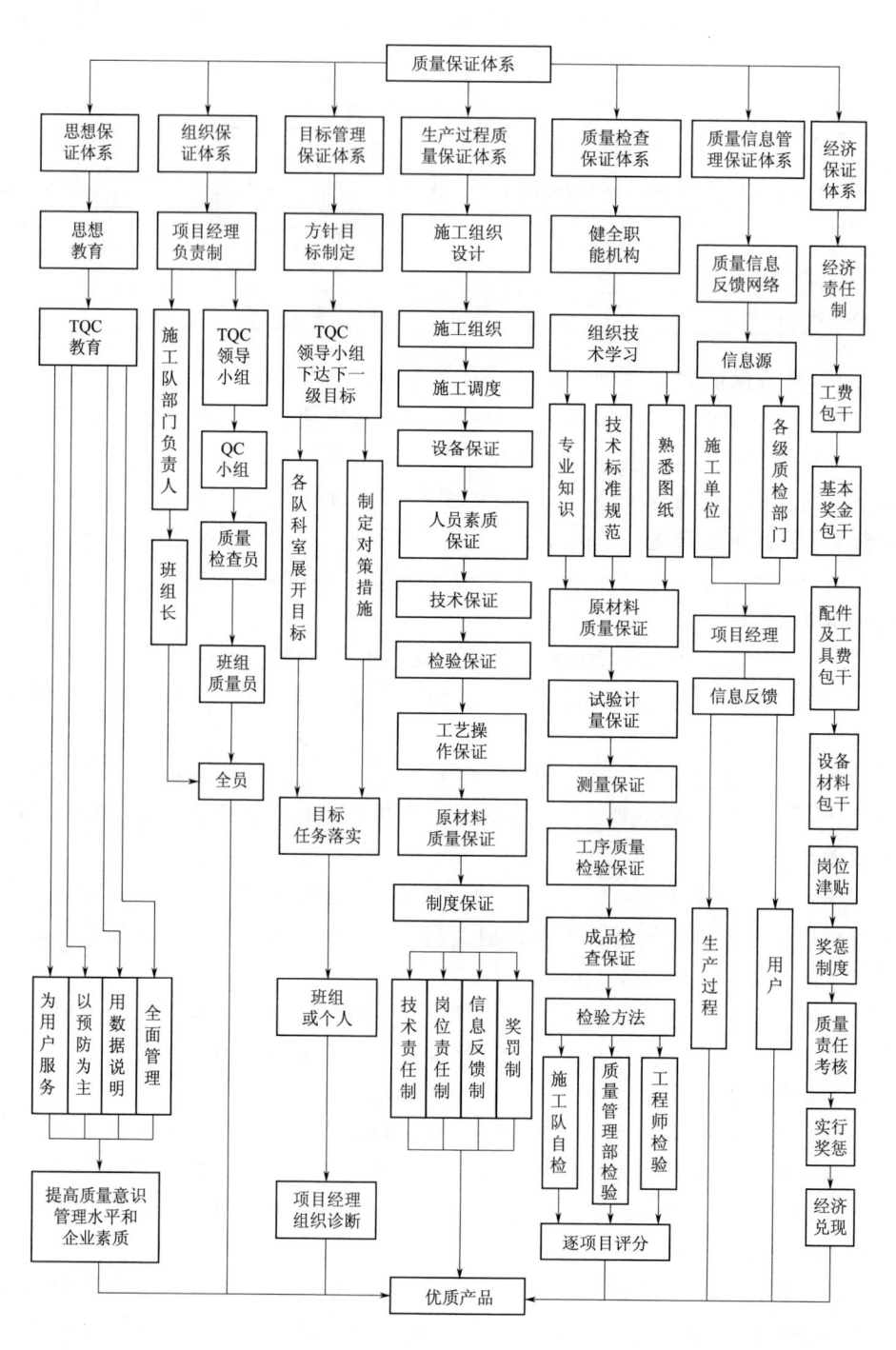

图 5.17 质量保证体系框架

5.6 雨季施工安排及措施

根据往年统计，平均年降水量为666.1mm，雨季主要集中在5—10月的6个月。为保障在雨季施工中的工程质量和施工安全，项目部成立了防汛、防洪领导小组，加强防范措施，配置防洪设施，建立防洪网络，积极与当地气象部门联系，做到早了解、早安排，有备无患。雨季期间执行24h值班制度，对施工场地、管线等进行监控，有异常情况及时报告并采取有效的保护措施。做好临时排水与设计排水系统相结合，保持现场排水设施的畅通，避免积水与冲刷边坡。现场应备足防雨器材，在暴雨来临前，砂、石料、临时存土均覆盖彩条布，防止风雨的侵袭。空心墩施工时做好墩内的排水。混凝土浇筑中突发阵雨时，立即遮盖备用篷布，保证结构混凝土不受雨淋。

5.6.1 安全保证体系

安全保证体系框架，如图5.18所示。

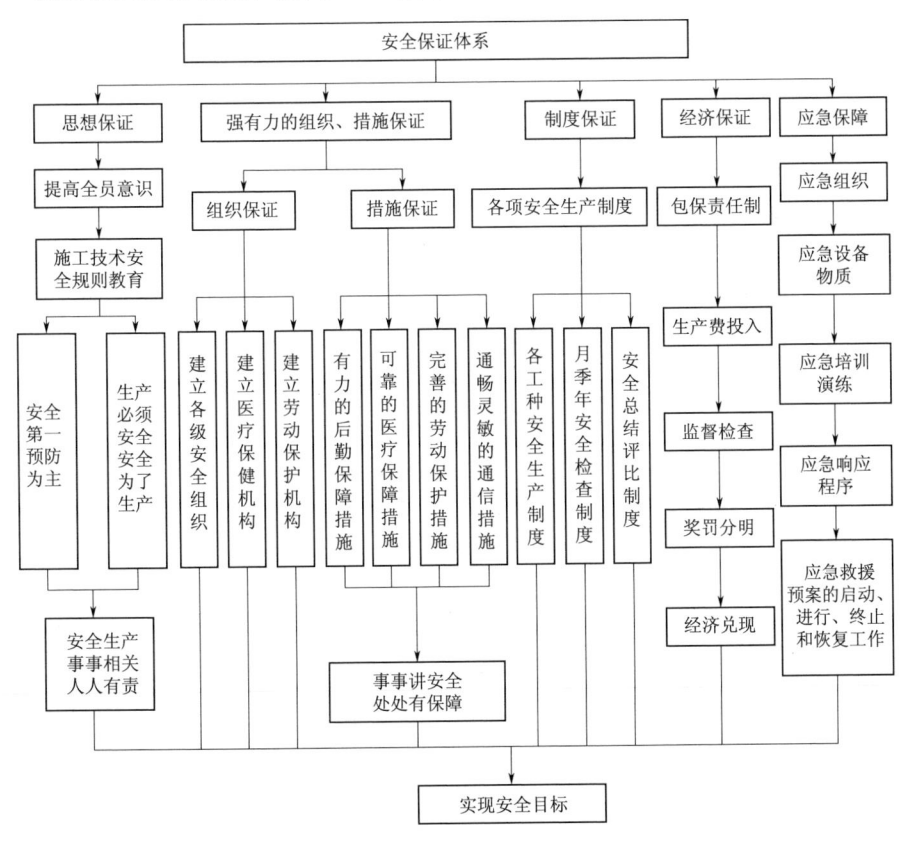

图 5.18 安全保证体系框架

5.6.2 保证安全的主要措施[134]

1. 基本要求

（1）认真贯彻执行国家有关安全生产的方针、政策，严格执行《公路工程施工安全技术规程》（JTJ 076—95）[135]的有关规定，制定和采取安全措施，切实做到施工安全。

（2）健全规章制度，加强领导管理，建立健全安全生产保障体系。项目部成立安全环保部，设安全总监一名，全面负责施工现场、生活区及交通运输的安全工作；队设专职安全员，负责施工安全检查、指导和监督。

（3）加强对职工安全生产教育和安全常识教育，组织所有参与施工人员进行安全作业学习，考核合格才能进入施工现场。做到人人明确施工中有关安全的各种规定、规范和岗位责任，以及遇到问题时的处理办法。

（4）牢固树立安全第一的思想，分工序定人定岗并建立各类人员岗位责任制，做到制度到人，责任明确。

（5）严格执行安全事故报告制度。重大安全事故必须在1h内上报监理工程师和业主，并在3d内提供书面报告，详述事故的发生、原因、造成的损失、补救措施等。

（6）经理部和施工队在编制施工计划方案时，要针对性地编制安全措施，并在开工前向有关人员进行交底。无安全措施和技术交底时，不得进行施工。

（7）做好安全防护，所有施工人员必须佩戴安全帽，按规定带好防护用品。

（8）加强消防教育和管理，在生活区设置避雷设施，并特别注意防火安全，配备足够数量的灭火器具、消防水管和消防栓等，以备急需。

（9）施工现场做好防排水系统，防止汛期发生洪灾。

2. 施工用电

施工现场所有动力用电必须经配电箱输出，严禁使用老化、破损和漏电的电线，施工时，应有电工开关电源，严禁施工作业人员擅自操作电源或改动电路。

3. 施工机械安全措施[136-140]

（1）项目资源保障部对工地所有机械统一定期进行安全检查，发现问题及时解决，消除不安全的因素。

（2）各种机械设备均要制定安全技术操作规程，并认真检查落实情况。

（3）机动车严禁无证驾驶。非机动机械需持操作证操作机械。

（4）定期检查机械设备的安全保护装置和安全指示装置，以确保以上两种装置的齐全、灵敏、可靠。

(5) 加强工程机械和车辆的检查维修，对驾驶人员进行安全教育，严禁违章开车，杜绝交通事故的发生。

4. 塔吊安装及拆除安全保证措施

(1) 塔吊的轨道基础或混凝土基础必须经过设计验算，验收合格后方可使用，基础周围应修筑边坡和排水设施，并与基坑保持一定安全距离。

(2) 塔吊基础土壤承载能力必须严格按原厂使用规定或符合：中型塔为 $8\sim12t/m^2$，重型塔为 $12\sim16t/m^2$。

(3) 塔吊的拆装必须由取得建设行政主管部门颁发的拆装资质证书的专业队进行，拆装时应有技术和安全人员在场监护。

(4) 拆装人员应穿戴安全保护用品，高处作业时应系好安全带，熟悉并认真执行拆装工艺和操作规程。

(5) 风力达到四级以上时不得进行顶升、安装、拆卸作业。顶升前必须检查液压顶升系统各部件连接情况。顶升时严禁回转臂杆和其他作业。

(6) 塔吊安装后，应进行整机技术检验和调整，经分阶段及整机检验合格后，方可交付使用。在无载荷情况下，塔身与地面的垂直度偏差不得超过 4/1000。塔吊的电动机和液压装置部分，应按关于电动机和液压装置的有关规定执行。

(7) 塔吊的金属结构、轨道及所有电气设备的金属外壳应有可靠的接地装置，接地电阻不应大于 4Ω，并应设立避雷装置。

(8) 每道附着装置的撑杆布置方式、相互间隔和附墙距离应按原厂规定，自制撑杆应有设计计算书。

(9) 塔吊作业时，应有足够的工作场地，塔吊起重臂杆起落及回转半径内无障碍物。

(10) 作业前，必须对工作现场周围环境、行驶道路，以及构件重量和分布等情况进行全面了解。

(11) 在进行塔吊回转、变幅、行走和吊钩升降等动作前，操作人员应鸣声示意。检查电源电压应达到 380V，其变动范围不得超过+20V、-10V，送电前启动控制开关应在零位，接通电源，检查金属结构部分无漏电方可上机。

(12) 塔吊的指挥人员必须持证上岗，作业时应与操作人员密切配合。操作人员也必须持证上岗，作业时应严格执行指挥人员的信号，如信号不清或错误时，操作人员应拒绝执行。如果由于指挥失误而造成事故，应由指挥人员负责。

(13) 操纵室远离地面的塔吊在正常指挥发生困难时，可设高空、地面两个指挥人员，或采用对讲机等有效联系办法进行指挥。

第5章 主桥墩身施工

（14）塔吊的小车变幅和动臂变幅限制器、行走限位器、力矩限制器、吊钩高度限制器以及各种行程限位开关等安全保护装置，必须齐全完整、灵敏可靠，不得随意调整和拆除。严禁用限位装置代替操纵机构。

（15）塔吊作业时，起重臂和重物下方严禁有人停留、工作或通过。重物吊运时，严禁从人上方通过。严禁用塔吊载运人员。

（16）塔吊机械必须按规定的塔吊起重性能作业，不得超载荷和起吊不明重量的物件。在特殊情况下需超载荷使用时，必须经过验算，有保证安全的技术措施，经企业技术负责人批准，有专人在现场监护，方可起吊，但不得超过限载的10%。

（17）严禁起吊重物长时间悬挂在空中，作业中遇突发故障，应采取措施将重物降落到安全地方，并关闭电机或切断电源后进行检修。在突然停电时，应立即把所有控制器拨到零位，断开电源总开关，并采取措施将重物安全降到地面。

（18）塔吊吊钩装置顶部至小车架下端最小距离：上回转式2倍率时为1000mm，4倍率时为700mm；下回转式2倍率时为800mm，4倍率时为400mm，此时应能立即停止起吊。

（19）严禁使用塔吊进行斜拉、斜吊和起吊地下埋设或凝结在地面上的重物。现场浇筑的混凝土构件或模板，必须全部松动后方可起吊。

（20）起吊重物时应绑扎平稳、牢固，不得在重物上堆放或悬挂零星物件。零星材料和物件必须用吊笼或钢丝绳绑扎牢固后，方可起吊。标有绑扎位置或记号的物件，应按标明位置绑扎。绑扎钢丝绳与物件的夹角不得小于300°。

（21）遇有6级以上大风或大雨、大雪、大雾等恶劣天气时，应停止塔吊露天作业。在雨雪过后或雨雪中作业时，应先经过试吊，确认制动器灵敏可靠后方可进行作业。

（22）在起吊载荷达到塔吊额定起重量的90%及以上时，应先将重物吊起离地面20~50cm停止提升进行下列检查：起重机的稳定性、制动器的可靠性、重物的平稳性、绑扎的牢固性。确认无误后方可继续起吊。对于有可能晃动的重物，必须拴拉绳。

（23）重物提升和降落速度要均匀，严禁忽快忽慢和突然制动。左右回转动作要平稳，当回转未停稳前不得作反向动作。非重力下降式塔吊，严禁带载自由下降。

（24）作业中，操作人员临时离开操制室时，必须切断电源，锁紧夹轨器。作业完毕后，塔吊应停放在轨道中间位置，起重臂应转到顺风方向，并松开回转制动器，小车及平衡重应置于非工作状态，吊钩宜升到离起重臂顶端2~3m处。

5. 高空作业安全保证措施[141-143]

（1）熟悉掌握工种专业技术及规程。

（2）年满 18 岁，经体格检查合格后方可从事高空作业。凡患有高血压、心脏病、癫痫病、精神病和其他不适于高空作业的人员，禁止登高作业。

（3）距地面 2m 以上，工作斜面坡度大于 45°，工作地面没有平稳的立脚地方或有震动的地方，应视为高空作业。

（4）防护用品要穿戴整齐，裤脚要扎住，戴好安全帽，严禁穿拖鞋，不准穿光滑的硬底鞋。要有足够强度的安全带，并应将绳子牢系在坚固的建筑结构件上或金属结构架上，不准系在活动物件上。

（5）登高前，施工负责人应对全体人员进行现场安全教育。

（6）检查所用的登高工具和安全用具（如安全帽、安全带、梯子、跳板、脚手架、防护板、安全网）必须安全可靠，严禁冒险作业。

（7）高空作业区地面要划出禁区，用彩钢瓦围起，并挂上"闲人免进""禁止通行"等警示牌。

（8）靠近电源（低压）线路作业前，应先联系停电。确认停电后方可进行工作，并应设置绝缘挡壁。作业者最少离开电线（低压）2m 以外。禁止在高压线下作业。

（9）高空作业所用的工具、零件、材料等必须装入工具袋。上下时手中不得拿物件；并必须从指定的路线上下，不得在高空投掷材料或工具等物；不得将易滚易滑的工具、材料堆放在脚手架上；不准打闹。工作完毕应及时将工具、零星材料、零部件等一切易坠落物件清理干净，以防落下伤人，上下大型零件时，应采用可靠的起吊机具。

（10）要处处注意危险标志和危险地方。夜间作业，必须设置足够的照明设施，否则禁止施工。

（11）严禁上下同时垂直作业。若特殊情况必须垂直作业，应经有关领导批准，并在上下两层间设备专用的防护棚或者其他隔离设施。

（12）严禁坐在高空无遮栏处休息，防止坠落。

（13）卷扬机等各种升降材料的设备严禁上下载人。

（14）脚手架的负荷量、每平方米不能超过 270kg，如负荷量必须加大，架子应适当加固。

（15）超过 3m 长的铺板不能同时站 2 人工作。

（16）进行高空焊接、氧割作业时，必须事先清除火星飞溅范围内的易燃易爆器。

（17）脚手板斜道板、跳板和交通运输道，应随时清扫。如有泥、水、冰、雪，要采取有效防滑措施，并经安全员检查同意后方可开工。当结冻积雪严重，无法清除时，停止高空作业。

（18）遇6级以上大风时，禁止露天进行高空作业。

5.7　5号、6号主墩-内部横隔板托架施工计算

5.7.1　工程概况

4～7号墩均为变截面薄壁空心墩，5号、6号主墩横桥向墩顶宽7m，横向按60∶1的坡度变化至墩底12.734m，顺桥向墩顶长11m，铅垂布置至第6段后顺向按100∶1的坡度变化至墩底13.04m，墩内竖向共设置13道0.5m厚的横隔板，间距分别为12m、14m、9m不等；4号交界墩横桥向墩顶宽6.31m，横向按80∶1的坡度变化至墩底7.76m，顺桥向墩顶长4m，顺向按80∶1的坡度变化至墩底5.45m；7号交界墩横桥向墩顶宽6.31m，横向按80∶1的坡度变化至墩底7.86m，顺桥向墩顶长4m，顺向按80∶1的坡度变化至墩底5.55m，墩内竖向间隔14m和10m共设置4道0.5m厚的横隔板。

5.7.2　施工方案

在进行隔板施工上一个节段适当位置预埋φ25精轧螺纹钢，再将提前加工好的牛腿托架通过螺母固定在混凝土壁上，牛腿托架采用2.5m长的I20a工字钢加工而成（其中隔板宽度2m），墩身内壁单侧最长边设置5根，短边设置3根，一圈共计16根，在牛腿上并排放置2根I20a工字钢作为承重梁，梁上按中心间距30cm布置10cm×10cm方木，满铺1.5cm厚的竹胶板形成木模系统。托架布置立面图、平面图如图5.19和图5.20所示。

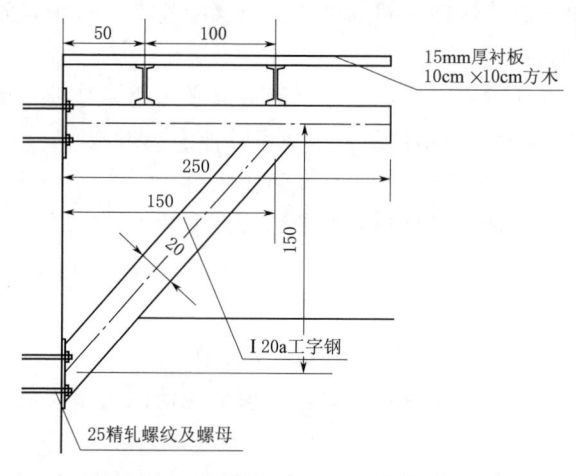

图5.19　托架布置立面图（单位：cm）

5.7　5号、6号主墩-内部横隔板托架施工计算

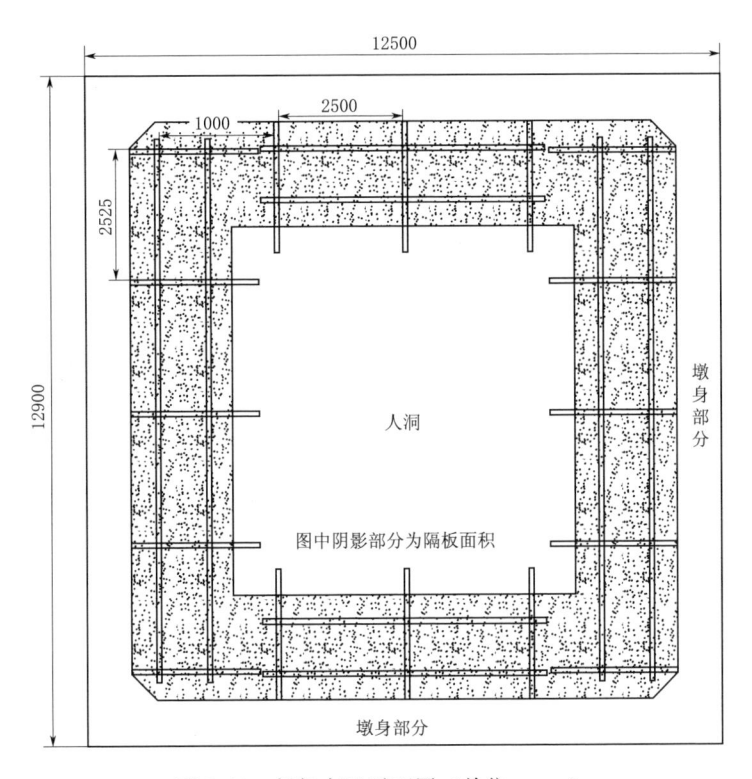

图 5.20　托架布置平面图（单位：mm）

5.7.3　每层隔板施工所需材料

见表 5.7。上述材料为理论计算，未考虑材料损耗。

表 5.7　每层隔板施工所需材料

序号	材料类型	规格	数量	使用部位
1	工字钢	I 20a	136.4m	承重梁及托架
2	钢板	20mm	3.84m²	牛腿焊接件
3	精轧螺纹钢筋	$\phi25$	64m	预埋件（配螺母）
4	方木	10cm×10cm	275m	模板
5	竹胶板	1.5cm	70.7m²	模板

5.7.4　牛腿托架的验算

1. 施工荷载

施工荷载，见表 5.8。

表 5.8　　　　　　　　施 工 荷 载

序号	荷 载 类 别	荷载大小/kN	备 注
1	模板及方木等自重	5	按实际重量计算
2	新浇钢筋混凝土重量	1261	按 26kN/m³ 计,计算结果为 1261kN
3	施工人员、施工料具运输、堆放荷载	144.3	按 2.5kN/m² 计,计算结果为 144.3kN
4	倾倒及振捣混凝土产生的冲击荷载	230.8	按 4.0kN/m² 计,计算结果为 230.8kN
	合　　计	1641	按 1.2 倍安全系数考虑 $F=1969.2$kN

2. 托架的应力及变形验算

施工时采用 16 个可拆卸牛腿托架作为支承,则每个托架承重 $F_1=F/16=123$kN。建立牛腿托架的三维有限元模型（按单侧最大边考虑）,$F_2=123\text{kN}\times5=615$kN。计算模型如图 5.21 所示。

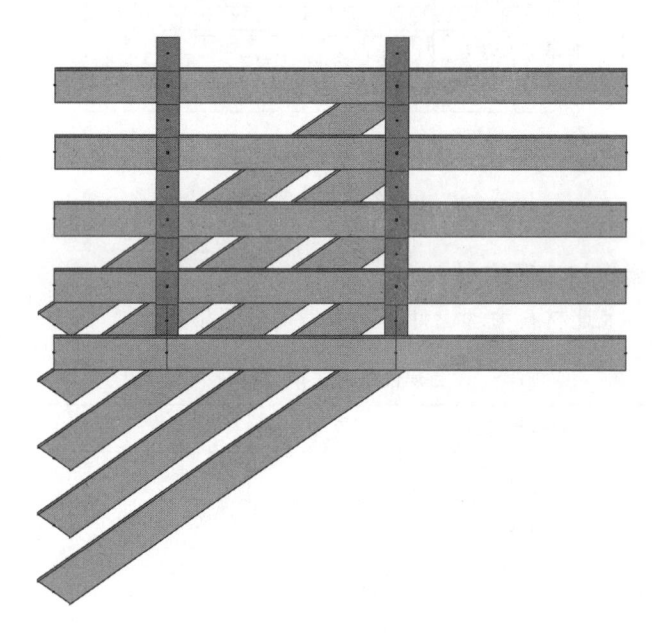

图 5.21　计算模型

(1) 托架应力验算[144]。由图 5.22 可知,最大应力为 126.6MPa$<[f]=$215MPa,满足要求。

(2) 托架变形验算。由图 5.23 可知,最大变形为 2mm$<L/400=6.25$mm,满足要求。

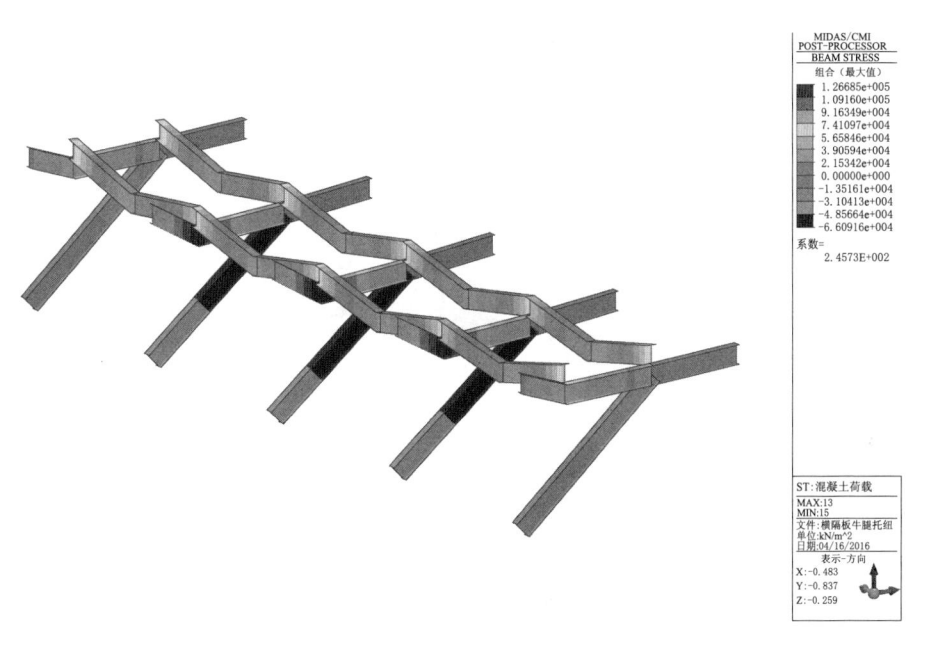

5.7 5号、6号主墩-内部横隔板托架施工计算

图 5.22 应力图

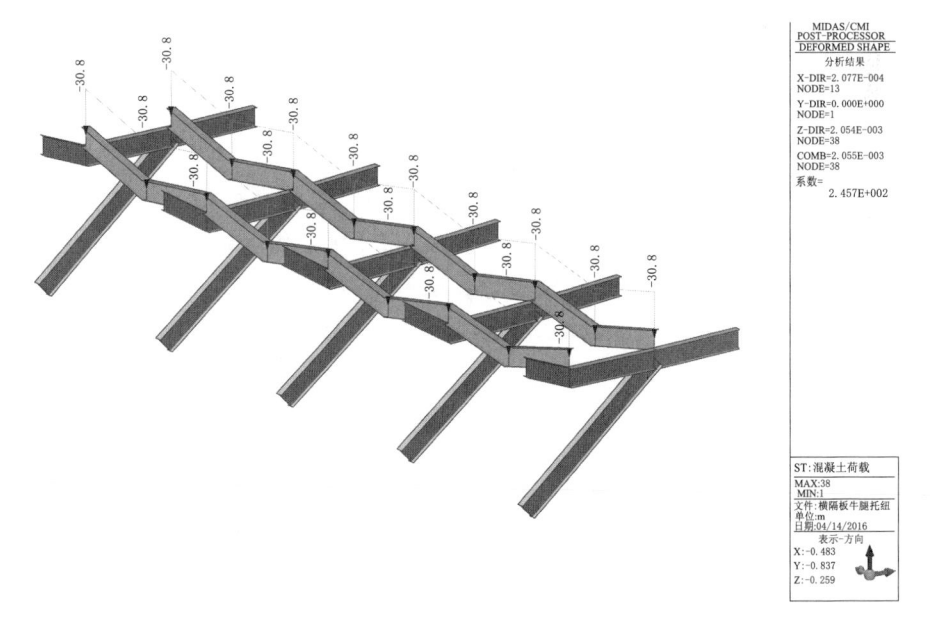

图 5.23 变形图

111

3. 预埋件验算

预埋件验算，反力图如图 5.24 所示。

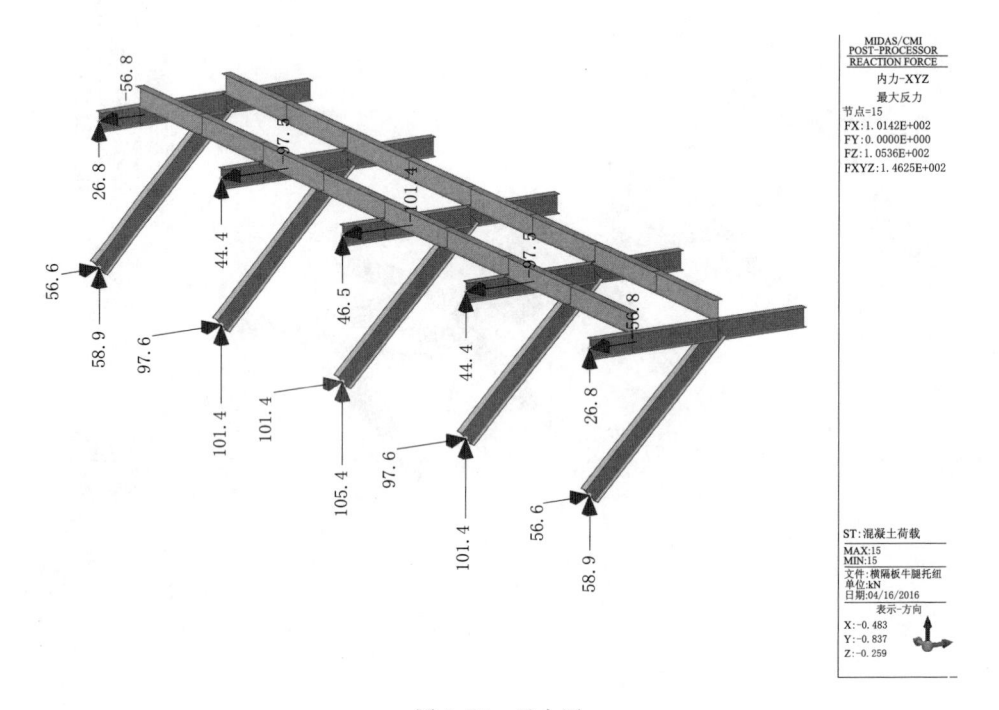

图 5.24　反力图

(1) 上支点锚固抗拉验算。每榀托架水平杆和斜撑杆各用 4 根 $\phi25$ 精轧螺纹钢筋对称锚固在墩身上，精轧螺纹钢采用 785 级，按两倍的安全系数控制拉应力不大于 390MPa，抗剪强度 $[f_v]=180$MPa。

其中上端最大反力为 $F=101.4$kN 拉力，由 4 根精轧螺纹钢承受。最大拉应力为 $101400/(4×490)=51.7$MPa$<[f]=390$MPa。满足规范要求。

(2) 下支点抗剪计算。下端精轧螺纹钢承受最大剪力 $F_v=105.4$kN，最大剪应力为 $105400/(4×490)=53.8$MPa$<[f_v]=180$MPa。满足规范要求。

第6章 T 梁 施 工

T梁指横截面形式为 T 梁。两侧挑出部分称为翼缘，其中间部分称为梁肋（或腹板）。由于其相当于是将矩形梁中对抗弯强度不起作用的受拉区混凝土挖去后形成的。与原有矩形抗弯强度完全相同外，却既可以节约混凝土，又减轻构件的自重，提高了跨越能力。目前，使用的 T 梁按设计跨径分有 20m、25m、30m、40m、50m（极少使用）；T 梁都是预应力钢筋混凝土结构；一般都是先在预制场预制，采用后张法张拉预应力，而后管道压浆，待强后就可以用运梁车运到桥梁现场，采用架桥机安装到桥梁上[145]。

T梁是桥梁的主要受力结构。当梁安装完毕后，由于每片 T 梁之间在翼板处还留有 20～40cm 空隙，这时，将翼板空隙用连接钢筋连接在一起，然后装模浇筑混凝土（这个称为现浇湿接缝）；还有，设计为了一跨 N 片 T 梁共同受力，在 T 梁的翼板底下每隔一段距离都有横隔板，将横隔板的钢筋焊接在一起，然后再浇筑混凝土，使整跨 T 梁都联系在一起，参与共同受力；当横向联系做完后，开始浇筑 T 梁每跨之间的端头混凝土；如果是结构连续，还要将两跨之间的 T 梁端头用预应力索连接在一起，张拉，使两跨之间的结构连续（当然这项工作是在端头混凝土浇筑完毕，强度达到 80% 以上之后进行的），如果设计是简支结构，就省了预应力这道工序，直接浇筑端头混凝土；由于 T 梁在预制、安装时会产生偏差，面板之间发生不平整的现象，所以还要在上面铺筑一层混凝土，这层混凝土的功能：第一是造平，第二是防水[146]。

6.1 概述

跨库大桥主要特点是"高墩大跨，山坡陡峻"。主跨 220m 横跨雅砻江，主墩 5 号、6 号墩高为 172m。桥位处山坡坡度为 45°左右。

大桥孔跨形式为 13m×3（连续板梁）+40m（简支梁）+120m+220m+120m（连续刚构）+40m×2（简支梁）。

共有 40m 预应力混凝土 T 梁 12 片。梁高为 2.5m，中梁宽为 1.7m，边梁宽为 2.05m，其中中梁 6 片，边梁 6 片。预制 T 梁结构，如图 6.1 所示。

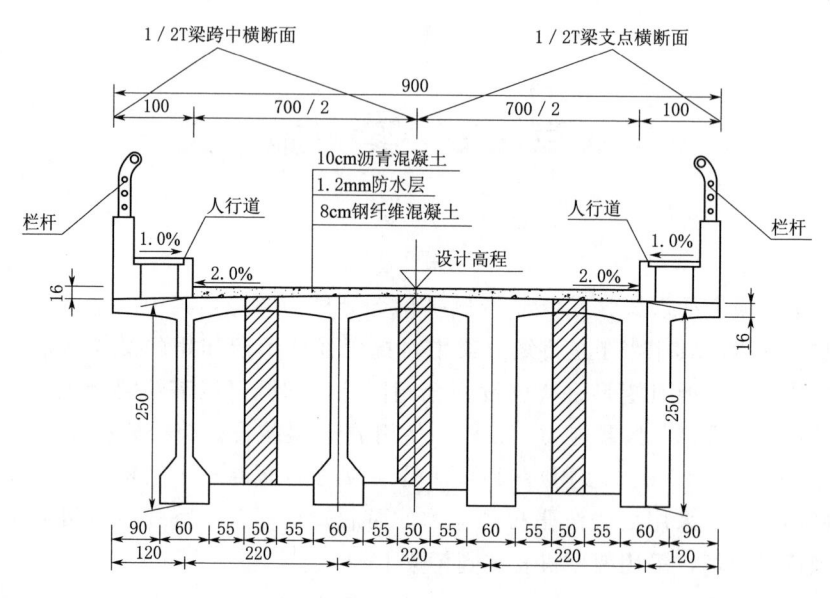

图 6.1 预制 T 梁结构（单位：cm）

6.2 施工计划

材料需求计划和设备需求计划见表 6.1 和表 6.2。

表 6.1　　　　　　　　　材　料　需　求　计　划

序号	物资名称	规　格	单位重量	数量	使用部位
1	HRB400 钢筋	$\phi 25$	3.85kg/m	11t	梁肋
2	HRB400 钢筋	$\phi 12$	0.888kg/m	67.1t	梁肋及翼板
3	HPB300 钢筋	$\phi 10$	0.617kg/m	16.3t	梁肋及翼板
4	锚具	YM15-8		144 套	
5	钢绞线			26t	
6	波纹管	$D=80$mm		2843m	

表 6.2　　　　　　　　　设　备　需　求　计　划

序号	设备名称	规　格	数量
1	架桥机	150 型	1 台
2	提梁机		2 台
3	拌和站	HZS90 型	2 个
4	运梁车		1 台

续表

序号	设备名称	规格	数量
5	吊车	25t	1台
6	等离子切割机		1台
7	电焊机		8台
8	钢筋弯曲机		1台
9	千斤顶及配套油泵	200t千斤顶和500型油泵	2台
10	混凝土罐车	10m³	4台
11	发电机	250kW	1台

6.3 T梁预制施工工艺及方法

6.3.1 工艺流程

预应力T梁施工工艺框图，如图6.2所示。

6.3.2 施工方法

T梁在日地隧道出口集中预制，采用3个混凝土台座，钢制底模。侧模采用定型大块钢模板，钢筋骨架在钢筋制作台座上制作，采用提梁机吊装，混凝土在拌和站集中拌和，运输车运输，提梁机入模，附着式振捣器振捣为主。混凝土强度达到设计要求后，进行预应力张拉，张拉采用两端张拉，张拉应力与伸长量双控[149]。

考虑到实际情况，既要方便梁体预制施工，又要保证道路通行，不影响主桥正常混凝土施工，经多方案对比，最终决定在日地隧道洞外进行T梁预制，通过轮胎式提梁机将预制好的T梁运至日地隧道出口处存梁。

6.3.3 预制场临设布置

预制场布置：如图6.3所示为跨库大桥预制T梁场地布置。

存梁区布置：在日地隧道出口处纵向一字排开，将T梁梁端放置于枕木之上。

由于该处为日地隧道原施工区，故施工用水、用电及场平道路等均满足施工要求。施工作业人员住宿区安排在原隧道作业队营地。

6.3.4 预制T梁模板加工安装

T梁模板采用专业厂家定做的大块钢模，T梁节间长度设计为标准节，各节模板之间用螺栓连接，面板采用6mm厚钢板，用[10槽钢作横背肋（间距20cm），[10槽钢加工成桁架式支撑架、12mm钢板作法兰盘、拉杆采用 ϕ20 圆

第6章 T梁施工

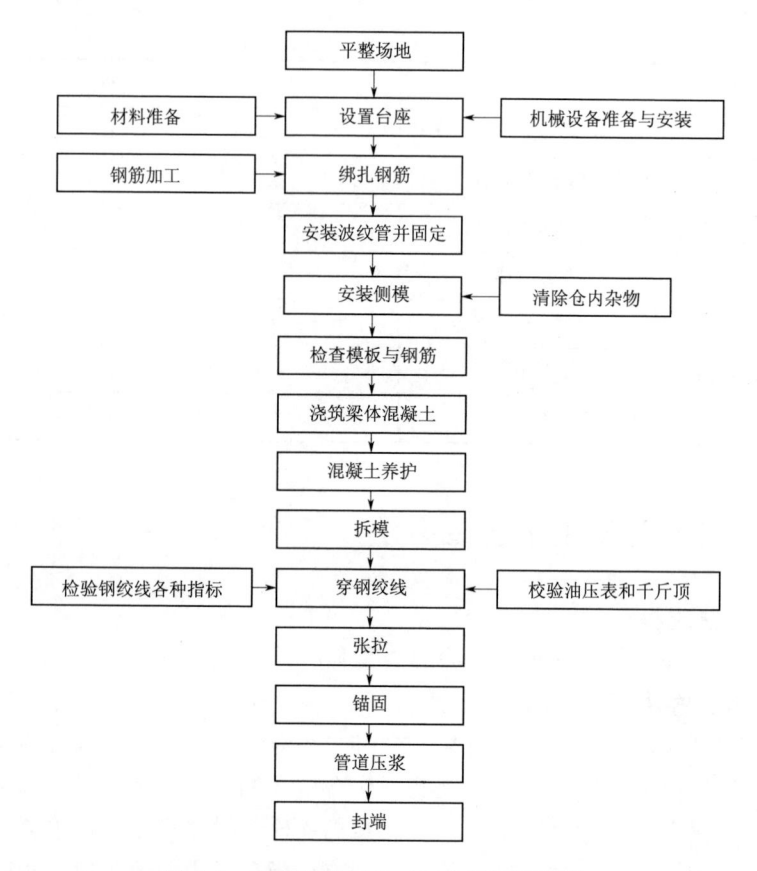

图6.2 预应力T梁施工工艺框图[147-148]

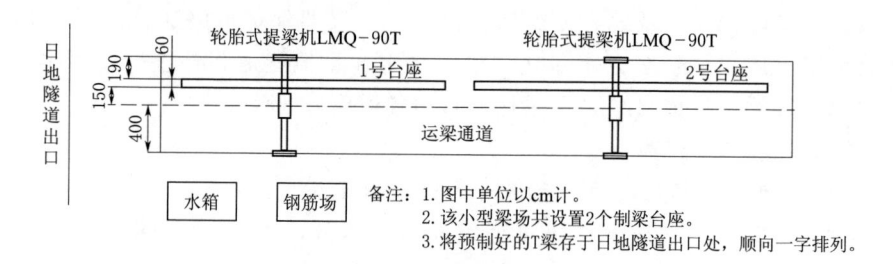

图6.3 跨库大桥预制T梁场地布置

钢。附着式振动器安装分上下2排呈梅花状布置，底排附着式振动器距台面60cm，上排附着式振动器距底排90cm，振动器横向间距按2.0m布置。模板不用时擦油保养，用时清除油渍和混凝土斑点，涂脱模剂，并经常检查校正[150]。

拼装模板时用提梁机把模板分块吊到所要制梁的制作台，按顺序排列不能颠倒。先拼侧模，然后拼端头部分。拼两边模时先用对拉螺杆将模板基本固定好，而后拼装端头模。拼完后对边模的水平、接缝以及横隔板模进一步调整，位置准确后固定对拉螺杆。拆外模时，首先松开对拉螺杆和两边支撑，拆除两边侧模，然后拆出端头模板及隔板堵头模，因为模板属大面、小厚度钢结构，侧向刚度不大，所以在拆除、起吊等作业时防止模板发生塑性变形。

端模采用10mm钢板加工制成。端模预留锚垫板孔（位置要保证准确无误），支立模板时，用螺栓将锚垫板固定在端模上。端模预留钢筋孔（直径扩大2~4mm）的位置要准确，安装后与定位板上对的预留钢筋孔要求均在一条中心线上。底板与侧板的接缝采用对接形式，用双面胶黏结于底模的侧面上。侧模、横隔板接缝用螺栓连接，中间夹止水胶垫或双面胶（5mm厚）。脱模剂采用机油，要涂刷均匀、薄层，避免采用黏滞性较强的油剂，以防污染混凝土表面，造成颜色欠缺[151]。

T梁新浇混凝土对模板侧面的最大侧压力计算及模板 $\phi20$ 对拉螺杆强度验算：

混凝土的重力密度：$r_e=25\text{kN/m}^3$。

混凝土的温度：$T=10℃$。

混凝土的初凝时间：$t_0=8\text{h}$。

混凝土的浇筑速度：$v=1.0\text{m/h}$。

修正系数（有外加剂）：$\beta_1=1.2$。

坍落度（110~150mm）时修正系数：$\beta_2=1.15$。

T梁高：$H=2.5\text{m}$。

最大侧压力：$F=0.22r_e t_o\beta_1\beta_2\sqrt{v}=0.22×25×8×1.2×1.15×1.0=60.72\ (\text{kN/m}^2)$。

而 $F=r_e H=25×2.5=62.5(\text{kN/m}^2)>60.72\text{kN/m}^2$，故最大侧压力取 $F=60.72\text{kN/m}^2$。

故有效压头高度：$h=F/r_e=60.72/25=2.4\ (\text{m})$。

模板拉杆间距：$a=0.6b=2/2=1.0\ (\text{m})$。

其面积：$A=0.6×1.0=0.6\ (\text{m}^2)$。

模板拉杆承受的拉力：$P=F×A=60.72×600=36432\ (\text{N})$。

而 $\phi20$ 拉杆容许拉力 $[P]=38200\text{N}>P=36432\text{N}$。

故钢模板用 $\phi20$ 对拉螺杆满足要求。

6.3.5 制梁台座施工

根据实际地形地貌状况，该处场地下部均是岩层结构，且T梁台座设置于混凝土路面上，故不对地基进行特殊处理[152]。

相邻两个台座间距定为2m，台座采用混凝土底模，具体构造及方法如下[153]：

(1) T梁台座采用30cm厚C30混凝土浇筑与梁底等宽等长，台座顶部铺设6mm钢板。

(2) 台座底模平台内按照1m的间距布置50mm直径PVC管对拉孔。

(3) 台座端头各1m范围内设加强钢筋网，满足张拉起拱后端部受压要求，台座侧面采用小型槽钢包角，凹口向外，内黏塑料软管，防止漏浆。

(4) 在台座的两端预留移梁穿绳孔洞及调平层基座。

(5) 台座顶面按设计要求在跨中位置向下设置4cm反拱，预制梁梁顶线形应与梁底线形一致，从跨中向两侧反拱度按二次抛物线分配，具体反拱度值可根据张拉第一片梁上拱的实际情况以及存梁期进行适当调整，具体数据参建表6.3预制T梁台座反拱度设置一览表。

表6.3　　　　　　　　预制T梁台座反拱度设置一览表

距跨中/cm	20	18	16	14	12	10	8	6	4	2	0
预拱度/mm	0	7.6	14.4	20.4	25.6	30	33.6	36.4	38.4	39.6	40

6.3.6　钢筋加工及安装

6.3.6.1　钢筋加工注意事项

(1) 进场钢筋由试验室取原材料作试验合格后才准使用，不合格产品一律不得使用。

(2) 梁纵向筋和直径大于12mm的钢筋连接采用双面焊，焊接长度大于$5d$。

(3) 钢筋加工在简易梁场一侧空地上进行，由专业钢筋工实施。钢筋的调直、除锈、下料、弯制安装按有关规定执行，半成品钢筋分类挂牌存放。加工好的钢筋要编号堆放。

(4) 钢筋尺寸、形状、弯钩应严格照设计图施工，绑扎钢筋做到间距、行距准确，绑扎牢固，符合设计要求，并注意保护层的厚度。

6.3.6.2　钢筋制作和绑扎注意事项

(1) 钢筋下料时先核对钢筋种类、直径、尺寸、数量、计算下料长度，然后用钢筋切断机截断。钢筋弯曲时在弯筋机上搭一个平台，然后按1∶1的比例放大样，弯制后的钢筋经检查符合后挂牌分堆存放，以防不同规格型号的半成品钢筋混堆。

(2) 钢筋骨架绑扎前先在底座边上划好钢筋间距线，以控制布筋间距，然后绑扎底板纵筋及箍筋。绑扎结束后要检查波纹管定位钢筋的位置，准确率要达到100%。

(3) 保护层绑扎垫块采用混凝土垫块，保证混凝土外观不外露，中间预埋扎丝，以利绑扎。

（4）T梁顶板筋的安装要注意防撞栏、伸缩缝、泄水孔的预埋、预留，安装完成后报监理工程师验收合格后方可浇筑T梁混凝土。

6.3.7 波纹管施工

波纹管由施工队按位置和坐标进行安装，按设计1m设一个定位架，定位架要和附近梁的钢筋焊接牢固。

波纹管接头必须保证质量，不得有毛刺、卷边、折角，杜绝接头漏浆造成波纹管堵塞。为防止接头处漏浆，接头用大一个直径级别的同类型波纹管套在接头处，其长度为被连接管道内径的5~7倍，大小波纹管接缝处用透明胶带缠绕3层。为避免发生堵管现象，圆形波纹管在浇注前穿入比波纹管内径小1cm的塑料软管。在混凝土浇筑过程中经常来回抽动管芯，以防止波纹管挤压变形，管道坐标安装应符合表6.4要求[154]。

表6.4　　　　　　　　后张法预应力孔道安装检查[155]

项次	检查项目		规定值或允许偏差/mm	检查方法和频率
1	管道坐标	梁长方向	±30	尺量：抽查30%，每根查10个点
		梁高方向	±10	
2	管道间距	同排	10	尺量：抽查30%，每根查5个点
		上下层	10	

6.3.8 T梁混凝土施工

1. 混凝土的拌和、运输和浇筑

库首跨库大桥T梁设计为C50混凝土，拌和站采用自动计量强制搅拌机拌制。采用8m³混凝土罐车运输至梁场的活底料斗内，提梁机起吊入模，浇筑混凝土从梁的两端向中间分层浇筑，每层浇筑厚度不超过30cm。

2. 混凝土的振捣

梁体混凝土的振捣以插入式振捣为主，附着式振动器为辅。振动器振捣要集中控制，灌什么部位，振什么部位，严禁空振模板，严格控制振捣时间；混凝土灌入模板时，严格控制混凝土下落高度，防止混凝土出现离析。

6.3.9 T梁拆模及养护

梁混凝土强度达到设计强度80%，并征得监理工程师同意后方可拆模，人工拆除梁身横向ϕ20钢筋拉杆和模板分块连接的螺栓后，人工配合提梁机拆除T梁外模。

梁体混凝土浇筑完毕后，将梁体顶板混凝土面拉毛，表面收浆初凝后采用覆盖土工布人工洒水的方式养护。洒水养护保证7d。

6.3.10 T梁预应力张拉

1. 设备选型

T梁预应力钢绞线规格为8As15.2，钢束张拉控制应力1395MPa，因此选用200t千斤顶，共计2台。

2. 钢绞线下料

编束钢绞线下料用砂轮切割机切断，不得使用电弧焊或氧焊。钢绞线下料长度既要满足使用要求，又要防止下料过长造成浪费。每根钢绞线的长度为

$$L = l + 2 \times (l_1 + l_2 + l_3 + l_4)$$

式中　L——钢绞线下料长度，cm；

　　　l——孔道净长，cm；

　　　l_1——工作锚长度，cm；

　　　l_2——千斤顶长度，cm；

　　　l_3——工作锚长度，cm；

　　　l_4——张拉端锚外露长度，取10cm。

下料时应注意预留钢绞线两端工作长度以0.65～0.75m为宜，以便于钢绞线张拉。

3. 编束、穿束

将下好的钢绞线放在平地上，用扎丝根据设计绑制成束，不得相扭，以防止钢绞线穿入时发生错位交叉影响张拉受力。钢绞线穿入前将压浆孔及锚垫板上的混凝土灰浆清理干净，采用人工穿束。穿入时防止钢绞线端头出现散丝现象，从管道的一端向另一端穿入。

4. 钢绞线张拉

跨库大桥T梁预应力筋钢束共6束。分别是N_1、N_2、N_3、N_4，设计要求梁混凝土强度达到设计强度90%且混凝土龄期不少于7d时方可进行张拉。张拉采用张拉力与伸长量双控制，同束钢绞线由两端对称同步进行。张拉顺序按设计图纸要求进行，施加预应力过程中保持两端的伸长值基本一致。张拉前安装工作锚，然后用铁锤将夹片轻轻地打入锚环，要使夹片均匀，完毕后安装限位板、千斤顶及工具锚，安装工具锚夹片时同样用铁管将夹片均匀打入工具锚内。在进行以上作业时，千斤顶悬挂在铁架上，调整锚圈、垫板及千斤顶位置，使孔道、锚具和千斤顶三者之间轴线相吻合[156]。

（1）张拉顺序：

$100\%N_3 \longrightarrow 50\%N_2 \longrightarrow 100\%N_2$、$N_4 \longrightarrow 100\%N_1$，持荷5min锚固[157]。

张拉时专人记录下梁两端钢绞线每次张拉的伸长量和滑断丝情况，实测钢绞线伸长量与理论误差应控制在±6%以内。伸长量采用钢尺直接测量长度。

（2）实际伸长值的量测及计算方法。在整体张拉前，先将钢绞线都调整到

初应力 $P_0=0.15P$，持荷 3min，量测伸长量 ΔL_2；再整体张拉到总张拉吨位 P，持荷 3min，量测伸长量 ΔL_1。即
$$\Delta L=P(\Delta L_1-\Delta L_2)/(P-P_0)$$
式中　ΔL_2——张拉至 P_0 时的估算伸长值，按理论伸长值的 15%；

　　　ΔL_1——张拉至 P 时的实测伸长值。

张拉所用的千斤顶及油泵要按要求定期送到有关单位进行全面校定。以保证张拉数据的准确及张拉质量。

张拉完成后采用砂轮机切断钢绞线。锚环外露钢绞线长度不得小于 3.0~3.5cm。然后按规定进行封锚。封锚可采用专用锚固剂或素水泥混凝土。

6.3.11　预应力孔道压浆

钢绞线张拉后，要尽早对管道进行压浆。预应力管道采用真空吸浆法进行压浆，压浆前先压入清水，将波纹管内的铁锈、杂物冲洗干净后，首先采用真空泵抽吸预应力管道中的空气，使孔道达到 −0.1MPa 左右的真空度，然后在管道另一侧用压浆机以不小于 0.7MPa 的正压力压入 C50 的水泥浆。

从梁端的锚座压浆孔压入水泥浆，当浆从锚座另一端的压浆孔喷出后，用小木塞塞紧喷浆孔，停 4~5min 再进行第二次压浆，控制压力为 0.6~0.7MPa 并记录下每条波纹管压入水泥的数量和第一次、第二次压浆的起止时间。压浆结束后将锚具及梁端混凝土上的浮浆冲洗干净完成压浆。

6.3.12　T 梁封端

张拉完成后 48h 之内完成孔道压浆，待孔道内水泥浆液强度大于设计强度的 75% 以上，将 T 梁移至日地隧道外路面上进行存梁，待封端完成后，封端混凝土强度达到 100%，再进行移梁和架梁施工。

6.4　T 梁的运输及架设

6.4.1　T 梁运输

T 梁运输采用 2 台 90t 轮胎式提梁机将 T 梁移至运梁车，装车时专人指挥，运输车上梁两端设枕木垛，用倒链加固稳定，防止倾覆，运梁车以 5m/min 的速度将梁运至架桥机尾部。

6.4.2　T 梁架设工艺流程

T 梁架设工艺流程，如图 6.4 所示；T 梁架设施工示意图，如图 6.5 所示。

6.4.3　T 梁架设

6.4.3.1　吊装准备工作

1. T 梁架设前准备工作。

首先测量放线，复核支承垫石标高、中线、跨度、确定支座位置，在支座

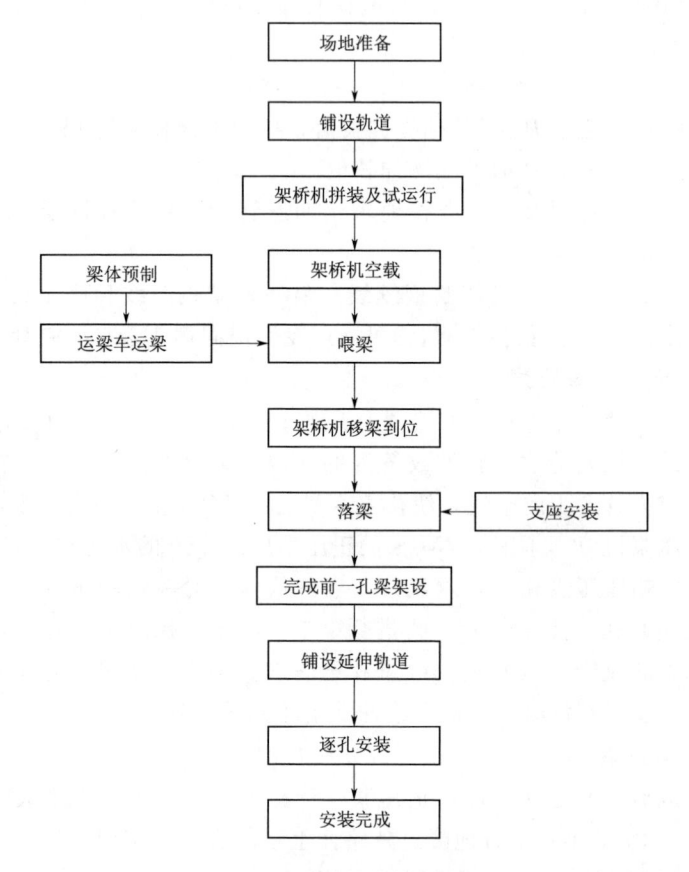

```
        场地准备
           ↓
        铺设轨道
           ↓
    架桥机拼装及试运行
           ↓
  梁体预制     架桥机空载
      ↓          ↓
  运梁车运梁 →   喂梁
                ↓
           架桥机移梁到位
                ↓
           落梁 ← 支座安装
                ↓
           完成前一孔梁架设
                ↓
           铺设延伸轨道
                ↓
              逐孔安装
                ↓
              安装完成
```

图 6.4　T 梁架设工艺流程[158]

垫石上用墨线标出每片梁的纵横向中心线,墨线放样时要考虑墩台的横坡。在墩台上安置好永久性支座,架桥机拼装好后,进行试吊梁成功后,方可架梁。架设时要按梁编号顺序依次架设,不得错位。顺桥方向架梁。梁放置前在梁底面及横隔梁上标出中心。放置时梁底中心要与支座垫石上的梁中心重合,顺盖梁方向横隔梁中心要与支座垫石上横向位置线重合。以保证梁板架设的平面位置。后及时进行复测、调整,保证梁板顶面高程及桥面横坡。

2. T 梁架设设备选择

根据预制 T 梁最大吊装重量 134t,选用双导梁架桥机型号 SLJ40/160 型。

6.4.3.2　架桥机安装、试运行及拆卸

架桥机主要由主梁、前框梁、上横梁、提升小车、前支腿、中支腿、后托轮、后支腿、中支横移轨道和前支横移轨道、吊钩(滑轮组)、液压系统及电器系统等设备部件组成。

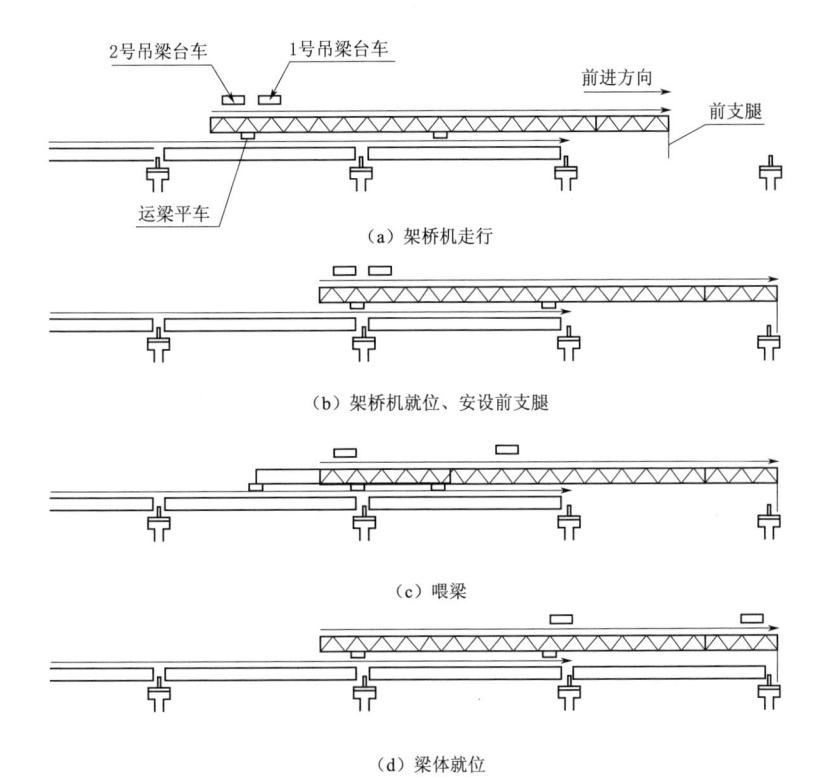

6.4 T梁的运输及架设

(a) 架桥机走行

(b) 架桥机就位、安设前支腿

(c) 喂梁

(d) 梁体就位

注：
1. 喂梁、运梁、在存梁区用龙门吊把梁吊到运梁车上，运梁车将梁运至架桥机尾部，先用1号起重小车吊起梁的前端，拖动运梁车，使梁后端移至2号起重小车之下，再用2号起重小车吊起梁的后端，然后2台起重小车一起前进，使梁纵移到位。
2. 其余梁就位：梁体在架桥机上纵移到位后，将梁落至横移轨道上，然后整机载梁横移到位，对准轴线，将梁落至正确位置。

图 6.5 T梁架设施工示意图[159]

架桥机安装单位应具有相应的安装资格，安装完成后参照起重机试运转规程进行试验和试运行，合格后方可使用，同时向当地特种设备监检部门登记备案。

6.4.3.3 组装工序及顺序

放样划线规划整体位置—轨道安装—前支腿安装—中托横移轨道、中支腿及后托轮安装—主梁安装—前支腿安装—提升小车安装—电器设备安装—吊钩（滑轮组）安装—安装完成。

6.4.3.4 安装前准备

（1）应将大桥桥机的图纸及有关技术文件准备齐全，并依此为依据参照施工。

(2) 安装前，应对设备进行全面清理和检查，如发现有损伤、腐蚀或其他缺陷，应在安装前予以处理，合格后方可安装。

(3) 组装时对各连接部位、运动机构不整洁，附着杂物情况，应进行认真清理干净后组装。

(4) 应对桥机运梁轨道进行如下检查：

桥机运梁轨道基础应有足够的承压能力，应能满足桥机运梁车单车载运整片梁体安全运行。

轨道钢轨正面、侧面的不平整度不应大于1/1500，全长范围内不应大于10mm。

轨道安装的允许偏差：轨道实际中心线对轨道设计中心线的位置偏移运行偏差为3mm；轨距允许偏差为±5mm；轨道纵向坡度应小于2‰；

同一断面上两轨道的标高相对偏差不超过5mm。

轨道接头应符合下列要求：轨道左、右、上三面错位不应大于2mm；两平行轨道接口的位置应错开，其错开距离不应等于架桥机运梁平车前后车轮的轮距；接头间隙应为1~2mm，伸缩缝接头间隙应符合设计要求，其偏差不应大于±1mm。

(5) 安装场地：安装场地内应无障碍物，场地应平整；场地不应有积水，并有排水措施；吊车作业区域应无高压线及其他电力线通过。

6.4.3.5 架桥机安装

1. 前支腿安装[160]

(1) 铺设前支腿横移轨道，将前支横移轨道放在盖梁上，底部使用枕木或钢架支垫并使用水准仪调平，横移轨道下两支点之间的距离最大不应超过1m，支垫时每个支点承载力不小于45t，横移轨道两头端部的支垫承载力不得小于70t。

(2) 将前支腿各零部件根据直、斜、弯桥的需要组装成整体，用吊车将前支腿吊起，将前支轮箱放在前支横移轨道上，调整前支腿高度，将前支腿与挡背墙（或已架预制梁）临时固定防倒。

2. 中托横移轨道、中支腿及后托轮的安装

(1) 在桥台端头摆放中支横移轨道，横移轨道底部使用枕木或钢架支垫，两支点之间的距离最大不应超过1m，支垫时每个支点承载力不应小于55t。横移轨道两头端部的支点承载力不小于90t。使用水准仪将中托轨道调平，并要与前支横移轨道平行，两端距离偏差不得大于2cm。

(2) 将中托轮部件根据直、斜、弯桥的需要组装成整体，按过孔方向将其置于中托横移轨道上部，两种托轮中心距根据实际需要确定，并安装临时电源，检验中托轮的车轮专项是否一致。

(3) 将后托轮部件组合成整体,位置约距桥台约 52m 处。

3. 主梁的安装[161]

(1) 按主梁编号依次将两列主梁用销轴连接成整体,用汽车吊将主梁吊起前端放在中托轮上,后端放在后托轮上,检查两列主梁中心距是否达到要求,偏差两端不大于 5mm,中间不大于 7mm。

(2) 安装主梁前框架。

(3) 安装上横梁。

(4) 安装后支腿。

4. 前支腿的调整安装

(1) 安装前支液压系统。

(2) 将前支油缸接上油泵,启动前支油泵,将油缸和上下横梁用销轴连接。

(3) 启动前支油泵将支腿上部顶起(或用吊机将整个前支腿吊起),用螺栓把支腿座与主梁连接成整体。并通过油缸调整下部轮箱的高度,使前支轮箱支撑在前支横移轨道上。

5. 提升小车的安装

(1) 将提升小车的纵移轮箱和担梁组装,保证两纵移轮箱中心距达到要求,担梁中心距 1.7m,偏差不大于 3mm,并用吊车将其吊起放在主梁轨道上。

(2) 将横移小车吊起放在提升小车的横移轨道上。

(3) 将卷扬机吊起放在横移小车的车体上,并安装晴雨棚。

注:由于架桥机工况的特殊性,卷扬机钢丝绳起吊 300 次,必须更换新钢丝绳。

6. 电器设备的安装

电器设备安装参考电器原理图、接线图进行安装,操作架桥机前,接通临时电源,确定各驱动电机转向应正确一致,制动器有效,各安全装置安全可靠。

7. 吊钩(滑轮组)的安装

(1) 按要求缠绕钢丝绳,安装吊钩。

(2) 钢丝绳需从吊钩(滑轮组)中部穿入。

(3) 钢丝绳固定在定滑轮上。

(4) 钢丝绳穿好后,吊钩自然下垂,不得扭转,钢丝绳相互间不得干涉。

(5) 吊钩下放到所需最低位置时,卷筒上的钢丝绳不得少于 3 圈,也不宜多于 10 圈。

6.4.3.6 安装要求

架桥机的安装应具有安装资质的单位和具有安装资格人员进行安装[162]。

(1) 组装架桥机应选择在桥头路基上进行，直线有效长度，不小于 80m，组装场地要平整、夯实、不得有局部松散。

(2) 安装技工必须熟悉架桥机的结构、技术特征，电器元件的安装必须由专门电工进行安装。

(3) 安装前清点，按编号的序号进行检查各部分组件、部件是否齐全，清点包装并与清单对照，检查数量、种类、检查各组件、总成及其各构件是否齐全、完好，有无损伤、损坏，重要的安装面有无损伤。

(4) 对当天、当班要组装的部件进行清洁，做好安装所需的工具、设备的准备工作。

(5) 电气元件的组装，电气元件的安装应根据电气接线图和电气原理图进行安装。

(6) 安装时应严禁碰、刮伤安装面、连接销轴等机械加工面。

(7) 主要钢结构的连接螺栓安装时，应以螺栓的对称位置从内向外（或从外向内）逐次按规定的扭矩旋紧螺母。

(8) 吊运时应严格遵守起吊安全操作规程。

(9) 待安装的部件要妥善放置，做好防雨、防尘、防腐、垫板、垫木要放置水平，各支撑点支撑牢固，受力平衡。

6.4.3.7 试运行

组装完毕后，应进行一次全面检查，主要包括：同一运行机构各电动机转向是否相同，调整卷扬机及锥形电机制动器的制动间隙，确保制动可靠，检查各减速机内的油量是否充足，各个油嘴、油杯、油管、油路是否畅通，检查各个安装部位是否正确，连接是否牢靠，检查电气系统仪表是否在"0"位，检查有无妨碍各机构工作的障碍物；检查各个操作手柄，按钮操作是否灵活，检查完成后在监理单位共同见证下试运行，充分了解各部位工作状态和可靠程度，验收合格后才可使用，试验项目包括以下所述。

1. 空载试验

(1) 机臂收缩、横移试验、自行跨墩 40m 试验。

(2) 整机横移、就位运行及制动试验。

(3) 提升小车空载沿主梁轨道来回行走数次，车轮无明显打滑现象。

(4) 开动提升结构，空钩升降数次，开关动作灵敏准确。

(5) 各油缸支腿伸缩试验。

2. 静载试验

把两台提升小车载梁停在跨中，首次起升额定负荷，再起升 1.25 倍额定负荷地面 100mm 处，悬停 10min 卸去负荷，检查桥机主梁是否有残余变形，反复数次后，主梁不再有残余变形。

3. 动载试验

以 1.1 倍额定负荷使起升机构和提升小车在 5m 内慢速反复运转，启动各制动机构的制动器，确保机械、电气设备、液压系统等灵敏、准确、可靠，主梁震动正常，机构运转平衡，卸载后各机构和主梁无损伤和变形。

6.4.3.8 架桥机拆除

库首跨库大桥 T 梁施工完成后，人工配合缆索起重机和 25t 汽车吊对架桥机进行拆除，由 0 号桥台处装车，通过 6 号公路运输出场，架桥机拆卸及运输过程中应采用必要的安全防护措施，确保施工安全[163]。

架桥机拆卸基本遵循"先安后拆、后安先拆"的施工原则，顺序为电器设备（线路）拆除—吊钩—（滑轮组）拆除—提升小车拆除—主梁拆除—托轮及支腿拆除—各轨道拆除—拆除完成，运输出场。

6.4.4 架桥机吊装 T 梁

梁板由专用拖车送入导梁和行车起重机的吊点下，分别由行车上前后两个吊点将梁板吊起，走行到安装孔，横移梁板到支座位置，将梁板精确安装在规定位置上，安装过程中，避免因碰撞而产生掉角、掉边现象，应准确控制桥面横幅宽度和板端缝隙，保证桥面铺装厚度，预制 T 梁为简支结构，直接将 T 梁落于永久支座上。

6.4.4.1 吊装顺序

整桥吊装顺序：跨库大桥共有 T 梁 3 跨，由第 9 跨向第 8 跨逐孔安装。

孔内 T 梁吊装顺序：架桥机架设到位后因受地形限制，在第一孔架设安装时，先将两侧边梁架设于中梁位置，采用液压千斤顶平推至永久支座上，再架设中梁。

架桥机吊装 T 梁施工顺序：架桥机跨孔就位—提运 T 梁—喂梁—前、后天车起吊梁，将边梁纵向运行至前跨位—至准确位置下落梁体—T 梁安装完毕。

6.4.4.2 架桥机过孔

架桥机过孔步骤及操作如下：

（1）拼装完毕后检查各旋转机构转向是否正确，将主梁调节至水平状态，将运梁平车托运待架预制梁至桥机尾部，做好过孔准备。

（2）启动前后液压系统，靠千斤顶均匀顶起主梁至适当位置，在前后伸缩筒内穿入承重销栓，用前提升小车吊起中支腿前进 40m，到达前桥台适当位置，将中支横移轨道调平垫实。

（3）前后提升小车都移动至主梁前端，启动前后液压系统，拉出前后伸缩筒内承重销轴，靠千斤顶均匀收起前后支腿，使主梁落在后托架和中支腿的反托轮上。

（4）启动中支腿反托轮箱减速机，使桥机前进 15m，待桥机启动后将前后提升小车同步向后移动 15m。

（5）启动后支腿液压系统，将后支腿支立在路基（梁面）上，收起后托架，靠后托架吊挂轮沿主梁下弦外侧将托架向前移动 20m，将后托架放下垫平并穿入承重销轴，启动后支腿液压系统，将后支腿收缩脱离桥面，将前后提升小车继续向后同步移动 20m。

（6）启动中支腿反托轮箱减速机，使桥机前进 15m，前后提升小车同步向后移动 15m。

（7）前后提升小车同步向后移动至主梁尾端，将主梁调节至水平状态，将运梁平车托运待架预制梁至桥机尾部，后提升小车吊其与预制梁联接牢固，收紧钢丝绳（作为配重）。

（8）启动中支腿反托轮箱减速机，是桥机继续前行 10m 至盖梁适当位置，垫平前支横移轨道并保证与中支横移轨道平行，运梁平车随架桥机同步前进，调节前支腿高度并穿入承重销轴，使前支腿满足架梁状态，收起后支腿和后托架脱离桥面，空载横移架桥机，准备架梁。

6.4.4.3 T梁架设施工

将架桥机空载横移至欲架设位置，支定后支腿，调试检查完成后，进行架设施工，下面以边梁为例，施工步骤及操作如下：

（1）运梁。利用运梁车将待安装 T 梁由隧道内运至架桥机尾部，向前推进，准备喂梁。

（2）喂梁。调整待安装预制 T 梁位置，使 T 梁前端预留吊点与架桥机尾部的前提升小车位置基本一致；将 T 梁牢固捆绑在前提升小车上，前提升小车前进，运梁车与其同步前行，使 T 梁后端预留吊点与后提升小车位置基本一致；将 T 梁后端牢固捆绑在后提升小车上，调整前后提升小车，使梁体高度基本一致，保持平衡；撤出运梁车，前后提升小车共同吊梁，同步前行，移至欲架设位置，喂梁到位。

（3）落梁。架桥机横移至边梁位置，控制两提升小车同步下落预制 T 梁距支座 4～5cm 位置停下，通过横移、纵移微调，准确确定梁体安装位置，再缓慢将梁体落下，完成边梁架设。

（4）梁体加固。梁体就位后，利用盖梁上预留的临时加固锚筋进行梁体加固，中梁加固时可直接与相邻梁体进行连接。

（5）中梁安装。边安装完成后，解除钢丝绳，后移两提升小车至架桥机尾部，架桥机空载横移调整位置，重复上面（1）～（4），完成中梁架设。一跨安装完成后，重复过孔作业，进行下一跨安装。

6.4.4.4 T梁吊装注意事项[164]

（1）T 梁在进入架桥机前，应先检查架桥机上有无影响 T 梁通行的相关障碍物，并标记 T 梁停车位置，安放止轮器。

（2）在吊梁作业前，均需试吊 1 次，即，捆好 T 梁后，卷扬机组应先制动试验 2～3 次，然后将 T 梁吊起少许，检查钢丝绳有无跳槽、吊架插销有无窜动等情况，确认可靠后方可正式作业。

（3）前后两提升小车起吊 T 梁时，应检查各部位及构件，确认无误后，启动卷扬机组，匀速起吊梁体，避免加速造成局部应力过大。

（4）在作业过程中，吊梁卷扬机组应保持动作一致，受力均匀，严防梁体剧烈摆动，T 梁在起吊、行走和下落时，应尽量保持水平，走梁时应防止电缆崩断、电缆滑车卡死等故障，影响走梁障碍物必须清除干净。

（5）T 梁必须对中行走，即行走时 T 梁必须处于中心位置，严禁偏位行走，架桥机上横移只能在 T 梁处于起吊位置和到位位置时进行。

（6）T 梁应在低位行走，并设专人在桥台位置监视梁体及大车运行情况，防止大车脱轨，尤其是 T 梁即将到位时，监视人员、指挥人员及操作司机要特别谨慎，密切合作，严防 T 梁行走出前端联接系。

（7）当 T 梁前端进入架桥机后，应减速，在预定停车位置停车。

（8）T 梁横移时，两提升小车横移轮箱动作应匀速同步，确保 T 梁两端应力一致，并安排专人固定横移设备。

（9）进行小车纵移及架桥机横移微调，准备落梁到位时，各动作应保持一致，均衡调整位置，确认无误后继续落梁，在落梁过程中需要掌握的要领：架梁前首先划出盖梁上中心线和支座十字线。

横向：梁体中心线和支座中心线要重合。

纵向：严格控制跨与跨之间间距，特别是有伸缩缝处与盖梁上中心线参照。

（10）架桥机空车行走路时，应设专人监视电缆展放情况，发现电缆滑车卡住，要立即停车排除故障。

（11）在架桥机已带 T 梁运行工作时，严禁其他 T 梁进入架桥机内。

6.5 湿接缝施工

T 梁架设完毕后，及时进行湿接缝的施工，以保证梁的整体性[165]。

1. 钢筋焊接

湿接缝钢筋按图纸要求制作完毕后，即可进行焊接。将同一孔的梁板连接成整体，同一联的梁连成整体，纵向湿接缝的钢筋焊接焊缝必须饱满，焊缝长度不得小于 10d（d 为钢筋直径），横向湿接缝必须将两片梁的端部钢筋全部焊接，焊接采用单面搭接焊，梁板钢筋长度不够的，要采用帮条焊接，保证焊接质量，并绑扎横梁钢筋[166]。

2. 模板支护

钢筋焊接完毕后，监理验收通过即可进行支模。纵向湿接缝模板使用木模，采取拉杆固定。拉杆用塑料套管套住，以方便拆模。横向湿接缝模板使用工程胶合板支护。

3. 混凝土浇筑

浇筑混凝土时，混凝土坍落度要合适，要加强振捣。尤其是横向湿接缝局部缝隙较小，混凝土不容易下落，造成混凝土不密实。影响质量。

6.6 质量控制保证措施

6.6.1 建立全面的质量管理体系

（1）建立健全质量管理体系，建立质量管理领导小组，项目部设质检部，配专职质量检查工程师，作业队设专职质量检查员，形成检查网络，质检人员行使质量一票否决权。

（2）加强职工教育，增强质量意识，牢固树立"质量第一"的思想，确保质量的宗旨贯穿整个施工过程，严格按照质量控制流程和工序管理程序进行施工，切实做到"检查上工序，干好本工序，服务下工序"。

（3）积极开展全面质量管理，定期召开质量会议，实行全员、全方位、全过程的质量控制。

（4）组织人员进行岗前培训，以质量目标为中心，严格标准，强化培训，考核结业，持证上岗。

6.6.2 强化质量意识，树立质量第一观念

强化质量意识，成立提高工序质量和工程质量的QC小组，科学解决施工中的关键质量问题，严格按规范、标准作业，树立质量第一的观念。实行工点、工序挂牌施工，广泛接受各方面监督。

6.6.3 建立和落实各项质量管理规章制度

（1）坚持编制作业指导书及技术交底制度。分项工程开工前，工程技术科根据设计及技术要求及时编写钢筋制作、模板安装、混凝土浇筑、机械操作施工作业指导书，并向参与施工人员进行技术交底，讲清各项工程的设计要求、技术标准、工序间的相互关系，施工方法和作业安全注意事项等，使全体人员在彻底了解施工对象和掌握施工方法的情况下投入施工。

（2）坚持"三检""五不施工""三不交接"制度。"三检"即施工中进行自检、互检、交接检。工序交接检即每道工序完成后，必须进行合格检验，并经质检工程师或监理签证，做到上道工序不合格，不准进入下道工序。"五不施

工"即未进行技术交底不施工、图纸及技术要求不清楚不施工、测量数据和资料未经换手复核不施工、材料无合格证或试验不合格者不施工、上道工序不经检查签证不施工。"三不交接"即无自检记录不交接、未经专业技术人员验收合格不交接、施工记录不全不交接。施工过程的质量检测按三级进行,即"跟踪检测""复测""抽检"三级。项目部试验员负责跟踪检测,并负责配合监理进行抽检。

(3) 仪器和电子计量装置的标定制度,各种仪器、仪表(如全站仪、水准仪、钢尺等)均按照计量法的规定和施工规范要求进行定期或不定期的标定。工地设专人负责计量工作,设立账卡档案,进行监督和检查。试验仪器由工区试验室专人管理,测量仪器由试验班派专人管理。

(4) 严格进行施工资料管理,设立专业资料员,及时收集、整理原始施工资料(含照片、录像带)分类归档,做到数据记录真实可靠。

(5) 坚持质量一票否决制,项目施工全过程实行质量一票否决制。派具有资质和施工经验的技术人员担任质检工程师,负责内部质检工作,并赋予质检工程师一票否决权力。对工程验工,必须经过质检工程师的签认,一切需经监理签认的项目,必须经质检工程师检验合格后方上报。

6.7 质量保证措施

6.7.1 加强技术管理

加强技术管理,严格按照设计图纸、技术规范及批准的施工工艺施工;认真做好审核图纸、文件、变更设计、技术交底、测量放样、复核等工作,做好检测及质量验收评定工作。

6.7.2 严把混凝土质量关

(1) 根据设计配合比,通过试验确定施工配合比。砂石料过磅称重,严格控制砂、石用量、含泥量和水灰比,保证混凝土的和易性。

(2) 混凝土拌和时,严格按配料单配料,入机拌和量不超过厂家的规定容量。

(3) 拌和时采取措施保持骨料的含水率稳定,在运送混凝土过程中不使其发生离析、漏浆及过多降低坍落度等现象。

(4) 混凝土浇筑原则上一次完成,严格按施工技术规范要求做好施工缝处理,浇筑时严格按图纸控制标高。

(5) 模板平整,支撑架牢固,保证模板连缝处严密不漏浆。安装模板,支架、绑扎钢筋、预埋件位置保证符合设计要求,浇筑混凝土时不发生变形。加强振捣的密实度,对接头的部位要采用凿毛清洗的措施,保证混凝土的整体性和强度达到要求,同时注意混凝土养护。

6.8 T梁施工质量控制要点

为保证箱梁成品质量,最主要是抓好在施工中的质量检测。发现问题及时处理。防患于未然。保证每片梁质量都合格[167]。

主要检查项目及方法见表6.5和表6.6。

表6.5　　　　　　　模板主要检查项目及方法[168]

项次	检查项目	规定值或允许偏差/mm	检查方法
1	模板标高	±10	用水准仪测量
2	模板内部尺寸	±20	用尺量
3	轴线偏位	10	用垂线或经纬仪测量
4	模板相邻两板表面高低差	2	用尺量
5	模板表面平整度	5	用尺量
6	预埋件中心位置	3	用尺量
7	预留孔洞中心线位置	10	用尺量
8	预留孔洞截面内部尺寸	+10,0	用尺量

表6.6　　　　　　　预制梁(板)检查项目[169]

项次	检查项目		规定值或允许偏差	检查方法
1	混凝土强度		在合格标准内/mm	按《公路工程质量检验评定标准》(JTJ 071—98)[56]附录D检查
2	梁(板)长度		+5,−10	用尺量
3	高度	梁、板	±5	用尺量2点
		箱梁	0,−5	
4	宽度	湿接缝(梁翼缘、板)	±20	用尺量3点
		箱梁顶宽	±30	
		腹板或梁肋	+10,0	
5	跨径		±20	用尺量
6	支座表面平整度		2	查浇筑前记录
7	平整度		5	用2m直尺检查
8	横系梁及预埋件位置		5	用尺量

6.9 T梁混凝土防开裂技术措施

T梁裂缝病害形成的原因可以概括为两种：一种是受力性裂缝，它主要是由于荷载导致的；另一种是非受力性的裂缝，该类型的裂缝通常是由外界环境变化所导致的[170]。具体防开裂措施如下[171]：

（1）严格按照设计配合比控制水胶比，避免因水胶比过大导致的梁部抗拉力减弱。

（2）对底模和侧模支架加固牢固，避免T梁浇筑过程中发生沉降，使梁体产生不同程度的变形。

（3）严格控制张拉时间，避免因T梁混凝土没有达到足够强度而造成T梁混凝土开裂。

（4）浇筑完成后采用贴塑料薄膜的方式进行混凝土养护使梁体保持湿润，避免产生干缩裂纹。

6.10 安全保证措施

6.10.1 危险源辨识

主要危险源包括：高空坠落，物体打击，坍塌，机械伤害，触电和极端天气灾害等。

1. 高空坠落

悬空高空作业坠落事故的具体主要有立足面狭小用力过猛，身体失控，重心超出立足面；脚底打滑或踩空；随着重物坠落；身体不舒服行动失控；没有系安全带或没有正确使用操作，或在走动时取下；安全带挂钩不牢固或没有牢固的挂钩地方等。

2. 物体打击

物体打击伤害是指由失控物体的惯性力造成的人身伤亡事故。物体打击会对施工人员的安全造成威胁，容易砸伤，甚至出现生命危险。特别在施工周期短、劳动力、施工机具、物料投入较多，交叉作业时常有出现。

3. 坍塌

支架坍塌是由于支架本身的承载能力超过了预期荷载的作用，使支架本身发生变形坍塌，处理不好时极易出现坍塌伤人事故。坍塌主要与支架设计与验算不详细不彻底、支架安装不合理、支架材料不合格等情况有关。

模板脱落是由于模板在安装或拆卸过程中加固、起吊不牢固造成模板脱离支撑面而发生的严重安全事故。往往模板脱落后会形成较大的冲击力，造成人员伤亡。

4. 机械伤害

机械伤害主要指机械设备运动（静止）部件、工具、加工件直接与人体接触引起的夹击、碰撞、剪切、卷入、绞、碾、割和刺等形式的伤害。各类转动机械的外露传动部分（如齿轮、轴、履带等）和往复运动部分都有可能对人体造成机械伤害。

5. 触电

根据施工需要，施工区内将架设电力电缆，这些电缆多为临时设施，若架设或保护不合理，易造成漏电或触电，有可能造成人员伤亡。施工中临时露天使用的电气设备及元件因受潮，绝缘受损易发生触电伤亡事故以及电气火灾和爆炸事故；焊接作业也可能因操作不当引起触电事故。

另外，施工期间若存在防护缺陷、发生雷击事故，施工人员存在指挥失误、操作错误、监护失误以及其他行为性危险和有害因素，都有发生电伤害的可能。

6. 极端天气灾害

因大风、雨、雪、冰冻、泥石流等自然天气变化发生物资财产损失；或因上述自然天气变化导致施工作业过程中发生的人员伤害或物资财产损失。

6.10.2 架桥机施工安全技术保证措施

（1）架梁前，架梁单位应根据要架桥梁的桥型、梁型、盖梁尺寸进行认真分析，完成临时工程，并完成架梁施工方案，使架梁工作处于有序状态[172]。

（2）架梁单位在编制施工组织设计、施工计划时，应同时编制安全技术措施计划，并与生产计划一并实施；架梁所属各项施工辅助设施，事先应有设计，完工后经检查验收签证，确认合格后方可上岗使用。

（3）桥梁架设前应按桥梁图纸核对架桥机的临时工程情况，架梁使用的材料、工具、脚手板、梯子、安全带、安全帽和安全网等应配齐、配足。架梁作业中，向下传递和向上提升工具设备时，应加强瞭望，建立呼应制度。

（4）参与架梁的工作人员在上岗前均应安全技术培训和考核，特种工作取得合格证后，方可上岗工作。

（5）架桥机工作前，应再次检查绳夹螺栓是否拧紧。架桥机前移时，起吊小车必须走到架桥机后部做配重，并与主梁锚固。

（6）架桥机电缆使用前必须经过检查，不合格电缆禁止使用。

（7）架桥机顶高支腿下的枕木垛搭设必须稳固可靠，不可偷工减料，应付了事。

（8）起重天车提升作业与携梁行走，严禁同时进行，提升结束后，必须使混凝土梁稳定后，在启动起吊天车行走机构使天车携梁平稳前移。

（9）五级风以上严禁作业，必须用缆绳稳固架桥机和起吊天车，架桥机停止工作时要切断电源，以防止发生事故。

（10）每天工作结束后，必须夹紧夹轨器，并用手拉葫芦把架桥机固定，在有纵坡的情况下，起吊天车应用木楔塞住，清理现场后方可下班。

6.11 应急预案

6.11.1 应急组织机构职责

（1）抢险救援组主要由项目经理，项目总工、各部室主管领导以及施工队负责人组成。主要负责核实安全事故涉险人员、设备经济损失，研究制定具体方案和具体负责施救组织工作[173]。

（2）医疗救护组主要由项目部办公室以及医疗救护机构组成。主要负责事故受伤人员现场医疗救护和疫情防护。

（3）事故调查组主要由项目部办公室、安全环保部、工程技术部组成。主要负责事故现场所有证据收集、保护工作，负责事故调查和处理工作。

（4）安置善后组主要由项目部办公室、计划合同部、财务部组成。主要负责生产安全事故事后处理工作，稳定相关人员情绪，处理后续事务。

（5）后勤保障组主要由项目部办公室、机电物资部、财务部、计划合同部组成。主要负责保障抢险救援所需的供电、供水、通信、物资等及参加救援人员提供后勤保障。

（6）维稳组主要由项目部办公室，安全环保部及桥梁施工队和隧道施工队组成。主要负责组织对事故现场及周边道路进行管制，控制及疏散车辆和行人，防止因生产安全事故引起的不稳定事件。

应急组织机构框架，如图6.6所示。

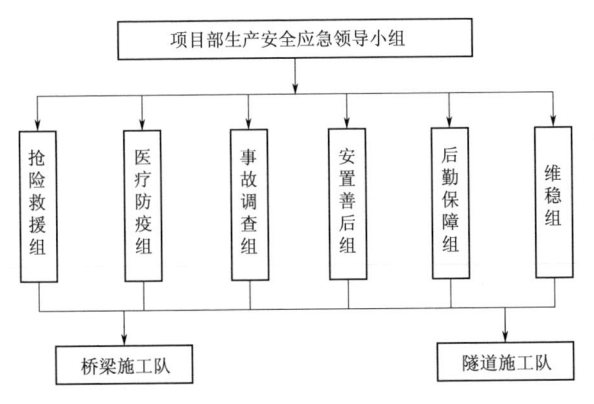

图6.6 应急组织机构框架

6.11.2 预防与应急准备

（1）对易发生生产安全事故影响的危险源、危险区域进行调查、登记、风险评估，对发现的隐患进行治理。

（2）从本质安全设计入手，满足合规的设防标准，从预防的角度，减少或避免生产安全事故产生的不利影响。

（3）根据职责要求，建立完善生产安全事故应急预案和现场应急处置方案。

（4）组织开展生产安全事故预防和安全生产相关知识和技能的宣传培训，提高员工的安全意识；制定完善的安全管理制度，并严格执行；加强施工过程中的安全管理，杜绝不安全行为的出现，提高应对生产安全事故的能力。

（5）逃生应急通道设置在桥台侧，全长仅为40m，并在1号、2号、3号墩盖梁处设置紧急逃生平台，在发生不可预见情况时，人员迅速就近撤离至安全位置。

6.11.3 危险源监控

建立落实危险源监测监控和报警系统，开展重大危险源安全评估，对民爆物品、燃油等危险源需重点监控，全面掌握重大危险源的危险、危害因素，可能发生事故的种类、影响范围及严重程度等，制定事故方案的对策措施。建立危险源管理档案，建立重大危险源管理档案，对可能造成事故的重要信息应及时掌握。在技术和管理措施上加强重大危险源的监控，对危险设备和危险区域予以明显标识，实现规范化、标准化管理，预防事故发生。

6.11.4 预警级别

对应可能引发的事故等级，预警级别分为一级、二级、三级和四级，分别用红色、橙色、黄色和蓝色标示，一级为最高级别。四级预警级别首先由项目部及时作出研判和先期处置，三级及以上上报管理局由管理局应急办发布。

四级预警：以项目部、监理处置为主。

三级及三级以上预警：事故发生后及时向管理局主要负责人和管理局应急办报告。积极配合管理局应急处置工作。

凡涉及地方人员与财产安全的预警事件，应及时向地方政府相关部门报告。

预警信息的报告程序和时限遵循预案应急报告的有关规定。

6.11.5 信息报告程序

6.11.5.1 信息报告与处置

生产安全事故发生后，除按照规定向地方政府有关部门报告外，应遵照以下规定：

Ⅳ级安全事故发生后，在1h内报告管理局应急办，同时报告公司总部。

Ⅲ级及较大涉险事故、Ⅱ级、Ⅰ级事故发生后，在1h内报告管理局，同时报告公司总部。

事故报告后出现新情况的，应按规定及时续报，Ⅲ级、Ⅳ级事故每日至少续报1次；Ⅰ级、Ⅱ级事故每日早晚至少各续报1次。

应急报告的主要内容包括：事故发生地点、现场情况、初步判断的原因、影响范围、事态性质、前期处置情况、造成人员伤亡（包括下落不明人数）及初步估计的直接经济损失情况、事态发展的趋势以及需要紧急采取的措施和建议等。

应急报告采用电话及书面两种方式，按照先电话报告后书面报告的原则及时报告，书面报告内容按突发事件报告单格式应在电话报告后24h内报出。

6.11.5.2 先期处置

事故发生后，必须在第一时间内启动应急救援体系进行先期处置，最大限度地减少损失、危害和影响程度，同时根据地方政府应急管理部门的指令做好先期处置工作，控制事态的发展。

6.11.5.3 应急处置原则

（1）预防为主，平战结合。做好预防、预测、预警和预报工作，做好常态下的风险评估、物资储备、队伍建设、装备完善、预案演练等工作。坚持预防与应急结合，常态与非常态相结合，做好应对突发事件各项准备工作。

（2）统一领导，分级负责。在应急救援领导小组的统一领导下，建立健全分类管理、分级负责的应急体系，形成统一指挥、反应灵敏、功能齐全、协调有序、运转高效的应急管理机制。

（3）资源整合，协同应对。充分发挥公安、消防、应急救援、医疗等社会资源，组织并协调各施工队应急队伍和救援设备，实现应急资源的共享，协同应对突发事件。

6.11.5.4 响应分级

Ⅰ级、Ⅱ级生产安全事故，配合管理局处置为主，启动一级应急响应。

Ⅲ级生产安全事故及较大涉险事故，配合管理局协调处置为主，启动二级应急响应。

Ⅳ级生产安全事故，以单位处置为主，启动三级应急响应。

6.11.5.5 响应程序

发生Ⅳ级生产安全事故，项目部报告监理负责协调处置，并将处置情况报管理局应急办。

发生Ⅲ级及以上生产安全事故，启动二级或一级响应：

（1）事故发生后，按照信息报告程序立即报告相关单位。

（2）成立应急救援指挥部，根据抢险救援工作需要成立各类工作组，根据对突发事件的分析判断，迅速制定应急方案，明确分工。指挥应急救援和抢险救灾，进行区域性救援协作；做好现场人员疏散工作；组织对因事故灾难失踪人员的搜救；安排建设施工生产设备设施的紧急处置措施；采取一切有效措施保障职工和家属的生命安全和基本生活秩序。

（3）如管理局成立应急救援指挥部，应急救援指挥部并入其中，根据管理局应急救援指挥部统一安排，组织实施现场事故救援与处置方案。

（4）如地方政府指挥应急救援工作，则在地方政府相关部门的领导下，开展应急救援行动。

（5）做好恢复生产的准备工作。

（6）制订恢复重建计划，按照投资管理权限分别报地方政府和管理局。

6.11.5.6 处置措施

根据危险源分布情况以及施工特点，安全事故发生后，在专业应急救援队伍未赶到现场之前，事故发生人及发生单位必须迅速采取适当的有效抢救措施，保护好事故现场，防止事态扩大或诱发事故发生。

各应急救援专业组到达事故现场后，根据各自分工和职责，在现场救援总指挥的统一指挥下，各负其责，协调配合，采取有力措施，积极组织抢救。在处理过程中，遇到威胁人身安全情况时，应首先确保人身安全，迅速组织脱离危险区域。

6.11.5.7 应急结束条件

（1）事故现场得到控制，事故条件已经消除。

（2）危险源的泄漏或释放已降至规定限值以内。

（3）事故所造成的危害已经被彻底消除，无继发可能。

（4）事故现场的各种专业应急处置行动已无继续的必要。

（5）采取了必要的防护措施以保护公众免受再次危害，并使事故可能引起的中长期影响趋于合理且尽量低的水平。

6.11.5.8 信息发布

事故的信息发布应当及时、准确、客观、全面。事故发生后要及时向社会发布信息，并根据事件处置情况做好后续发布工作。

6.11.5.9 后期处置

生产安全事故应急处置结束后，应开展善后处置与恢复重建工作：

（1）对受伤人员积极安排救治，抚恤死者家属。

（2）按生产安全事故调查组的要求，接受调查。

（3）经地方政府主管部门同意后，恢复建设生产工作。

（4）应急救援和处置结束后，组织进行事故损失评估。

（5）符合条件的，尽快恢复生产和建设。

第7章 连续梁施工

连续箱梁为桥梁工程中梁的一种，内部为空心状，上部两侧有翼缘，类似箱子，因而得名，分单箱和多箱等。钢筋混凝土结构的箱梁分为预制箱梁和现浇箱梁。在独立场地预制的箱梁结合架桥机可在下部工程完成后进行架设，可加速工程进度、节约工期；现浇箱梁多用于大型连续桥梁。常见的以材料分，主要有两种：一是预应力钢筋混凝土箱梁；二是钢箱梁。其中，预应力钢筋混凝土箱梁为现场施工，除了有纵向预应力外，有些还设置横向预应力；钢箱梁一般是在工厂中加工好后再运至现场安装，有全钢结构，也有部分加钢筋混凝土铺装层。其中钢箱梁又称钢板箱形梁，是大跨径桥梁常用的结构型式。一般用在跨度较大的桥梁上。外形像一个箱子故称钢箱梁[174]。

钢板箱形梁是工程中常采用的结构型式，为研究横隔板间距对集中荷载作用下简支钢箱梁畸变的影响，通过设置不同数量横隔板的简支钢箱梁，比较其在集中荷载作用下的畸变效应和刚性扭转效应，得到最大畸变效应随横隔板数量的变化曲线在箱梁腹板顶端施加集中荷载，按畸变、刚性扭转、对称弯曲和偏心荷载四种工况采用荷载分解的方法进行计算。从多多罗桥到苏通长江公路大桥，从杭州湾跨海大桥到西堠门大桥，钢箱梁得到了越来越广泛的应用[175]。

7.1 概述

跨库大桥全长为628m，桥梁起点桩号为K0+056.00，桥梁终点桩号为K0+684.00。跨库大桥主要特点是"高墩大跨，山坡陡峻"。主跨220m横跨雅砻江，主墩5号、6号墩墩高为172m。桥位处山坡坡度为45°左右。

大桥孔跨形式为13m×3(连续板梁)+40m(简支梁)+120m+220m+120m(连续刚构)+40m×2(简支梁)。

主墩采用单室空心墩，墩高为172m，纵桥向墩顶宽为11m，墩底宽为13.04m，墩壁厚为60～80cm，墩底设2.5m高的实心段。主墩承台厚为7.5m，平面尺寸为20.0m×17.0m。桩基由8根直径3.0m的钻孔灌注桩组成的群桩基础，嵌入弱风化变质砂岩内不小于9m。

交界墩采用单室空心墩，墩高为62(58)m，纵桥向顶宽为4m，墩底宽为5.55(5.45)m；横桥向墩顶宽为6.31m，墩底宽为7.86(7.76)m。墩壁厚为50～60cm，墩底设2.0m高的实心段。交界墩承台厚为3.6m，平面尺寸9.1m×10.0m，桩基由4根直径2.2m的钻孔灌注桩组成的群桩基础，嵌入弱风化变质砂岩不小于6m。

连续箱梁为预应力混凝土结构，采用单箱单室截面箱梁顶板宽为9m，底板宽为6m，箱梁根部梁高为14.0m，中跨跨中及现浇合龙段梁高为4.5m。箱梁0号块长为15m，每个T构向两侧中跨划分为24个节段，边跨25个节段，T构最大悬臂长度为106.5m。每个边跨现浇段长度为3.88m。全桥共设3个合龙段，每段长度均为2.0m。主梁采用三向预应力体系。

箱梁0号段长为15.0m，根部梁高为14m。5号、6号主墩采用空心墩设计，0号段纵桥向悬出墩身长度为2.0m。每个0号段竖向设置2道横隔板，每个0号段混凝土方量为809.1m³，重为2064t。

7.2 总体施工方案

0号段为箱梁与墩身连接的隅节点，截面内力最大且受力复杂。0号梁段是在墩顶托架上进行，是跨库大桥施工的关键工序，具有块段长、梁高、壁薄和管道密集的特点。施工过程中必须以确保质量、重视安全、缜密安排、精心施工为原则。必须保证支架安全、混凝土浇筑、预应力管道安装等关键工序的施工质量。

0号段竖向14m高分两次浇筑完成（每次浇筑高度为7m，设计纵向预应力孔道均在7m高度以上）。采用此方案一是能减少施工接缝，更好保证梁段外观，二是能适当节约施工时间，加快施工进度。

0号段用在墩顶预埋钢板焊接托架，外侧模直接采用定型钢模板借助墩顶及托架进行施工。块段内箱顶板采用满堂支架浇筑。全桥共2个0号梁段，分别独立配置资源施工，不考虑材料周转。预压采用堆载预压，以检验托架的稳定性。主桥进入挂篮施工阶段后方可拆除施工托架。

连续刚构悬臂施工采用菱形挂篮在每个T构两端对称悬臂浇筑各梁段，利用塔吊及缆索起重机分别进行6号、5号挂篮安装。施工程序为采用2对4只挂篮同时施工2个T构，施工及合龙次序完全按设计给定的先边跨后中跨程序进行。

合龙段直接采用挂篮底模平台和内外模板施工；边跨现浇梁段由于悬出边墩仅1.14m因此采用挂篮前移进行浇筑。

墩顶的各种物资运输采用塔吊及缆索吊，混凝土采用高压混凝土泵泵送上墩，施工人员乘坐施工电梯上墩。

7.3 0号段施工

0号段施工工艺流程，如图7.1所示。

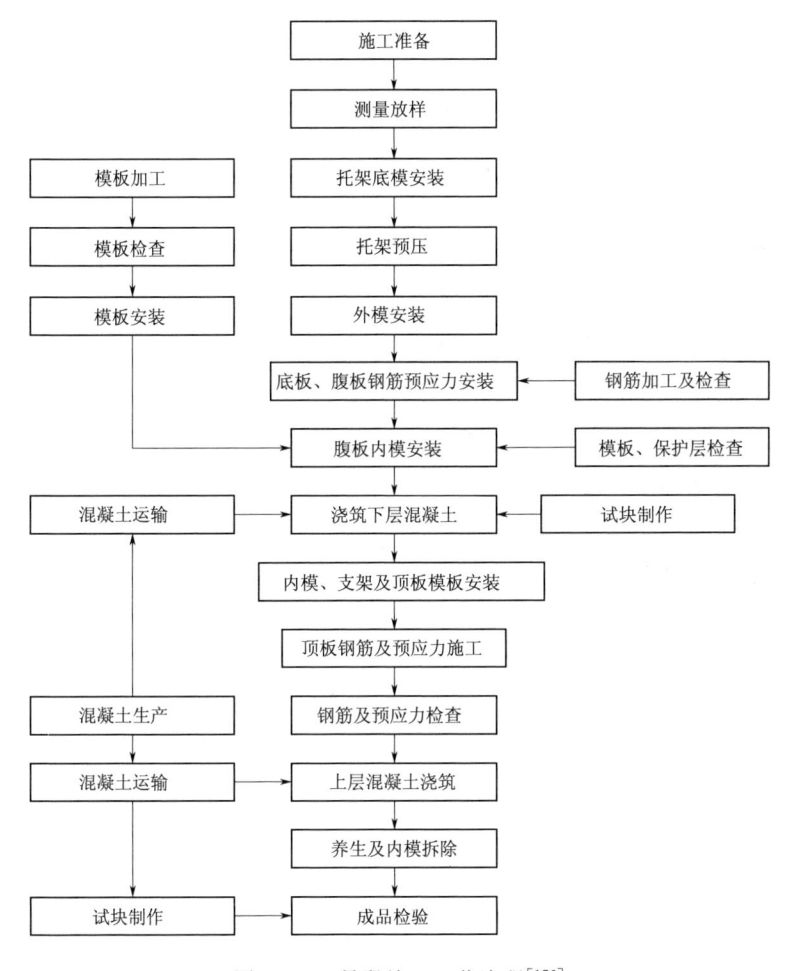

图 7.1 0号段施工工艺流程[176]

7.3.1 托架预压试验目的

支撑体系预压是支撑验收的一个重要环节，是模拟上部结构的施工过程对支撑进行检验，是验证支撑设计是否合理和是否可以交付使用的必要条件。托架搭设完毕，为了消除非弹性变形，以及测量出托架的弹性变形值，保证0号

141

段的线型及标高，根据设计要求进行托架预压[177]。

7.3.2 试验前的检查

（1）检查托架各构件连接是否紧固，型钢有无变形，各焊缝检测是否满足设计规范的要求。

（2）检查托架、横梁及模板间锚固是否牢固。

（3）检查托架预埋件在墩顶预埋是否牢固。

（4）完全模拟浇筑状态进行全面检查，全面检查合格后方能进行加载工作。

7.3.3 安装

托架在主墩顶部拼装完成并焊接牢固后，利用主墩承台的预埋件通过预应力钢绞线进行张拉预压（图7.2）。

图 7.2 预埋件张拉预压

具体安装方法如下：

（1）首先清理承台预埋钢板附近的杂物，在钢板顶端往下15cm处钻孔，孔径为60mm。

（2）将成捆钢绞线吊至0号段模板内，进行下料，下料长度控制在172m，下料时需注意将钢绞线头穿过锚固梁，每组3根，采用铁丝等进行临时固定。

（3）垂下的钢绞线穿过反力座孔洞，用挤压头进行锚固，反力座与承台预埋钢板以50mm挂篮用销轴进行连接。

（4）人工安装上部锚具及夹片，安装时可用塔吊或缆索吊逐渐提升钢绞线，使钢绞线受力顺直。

0号段预压反力座，如图7.3所示。

7.3.4 加载

7.3.4.1 加载方法

针对支架在0号梁段现浇施工过程中的受力情况分析，托架将分担0号块悬

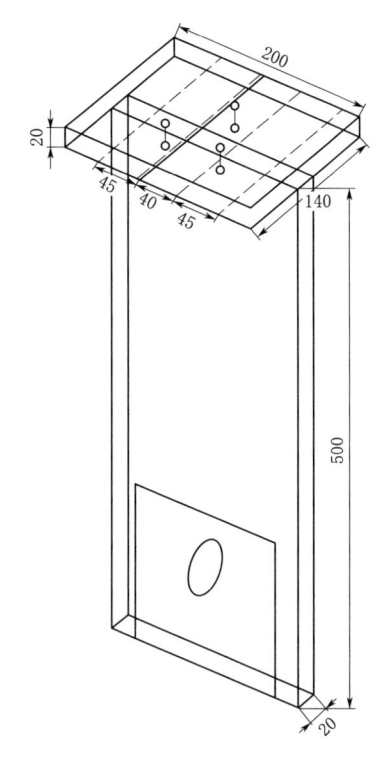

图 7.3 0 号段预压反力座

臂部分重量，因此在预压过程中，把预压压点控制在前端横梁位置处，利用三个预压点对托架进行预压，每个预压点为 3 根 ϕ15.24 钢绞线，因 0 号段采取 2 次浇筑的方式完成整个 0 号段混凝土施工，为保证托架的安全，在预压时按照 1.1 倍于 0 号块悬臂部分一半的荷载加载，则三个吊点 9 根钢绞线的张拉吨位为[178]：

5 号墩每根钢绞线张拉吨位为 16.8t；合计 151.6t。

6 号墩每根钢绞线张拉吨位为 16.8t；合计 151.6t。

0 号块单侧托架上方混凝土为 89.3m³，分两次浇筑第一次浇筑 53m³，按第一次浇筑的 110% 加载，容重取 26kN/m³，预压重量为 151.6t。预压分 50%(68.9t)，100%(137.8t)，110%(151.6t) 三级预压。

7.3.4.2 钢绞线强度检验

在 0 号段两侧的托架采用同步对称加载方法加载[179]。其中钢绞线检算：试验采用 ϕ15.24 高强低松弛钢绞线，单根钢绞线直径 15.2mm，钢绞线面积 $A_y=140mm^2$，标准抗压强度 $f_{pk}=1860MPa$，弹性模量 $E_p=195000MPa$。钢绞线在张拉过程中每根持荷 16.8t(取最大荷载)，则有

第7章 连续梁施工

$$F = \sigma A_y$$
$$168000\text{N} = \sigma \times 140 \times 10^{-6}$$
$$\sigma = 1200\text{MPa} = 0.65 f_{pk}$$

(钢绞线安全,不会出现拉断现象)

7.3.4.3 测点布置及加载

测点布置,如图7.4所示。

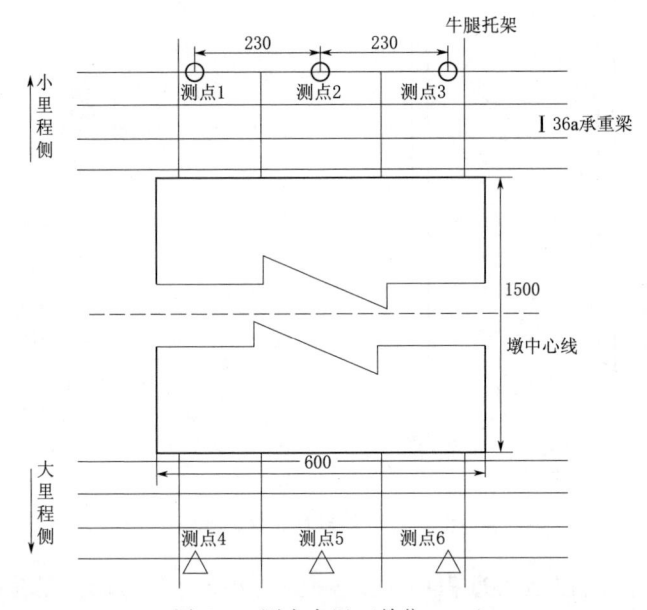

图7.4 测点布置(单位:cm)

1. 加载等级

(1)初始加载到50%,5号、6号68.9t。采用QYC前卡式25t千斤顶及配套油泵各两台同时对称张拉,单根钢绞线张拉7.66t,先张拉测点2和测点5的预应力钢绞线;张拉完成后对称张拉测点1和测点4的预应力钢绞线,最后张拉测点3和测点6,张拉完成后,检查托架的变形及托架的焊缝情况,用水准仪测出观测点的标高。

(2)第二次加载到100%,5号、6号137.8t。采用QYC前卡式25t千斤顶及配套油泵各两台同时对称张拉,单根钢绞线张拉15.3t,对称张拉测点2和点5的预应力钢绞线;张拉完成后对称张拉测点1和测点4的预应力钢绞线;张拉完成后对称张拉测点3和测点6的预应力钢绞线;张拉完成后,检查托架的变形及托架的焊缝情况,用水准仪测出观测点的标高。

(3)第三次加载到110%,5号、6号151.6t。采用QYC前卡式25t千斤顶及配套油泵各两台同时对称张拉,单根钢绞线张拉16.8t,对称张拉测点2和测点 5 的预应力钢绞线；张拉完成后对称张拉测点 1 和测点 4 的预应力钢绞线；张拉完成后对称张拉测点 3 和测点 6 的预应力钢绞线；张拉完成后，检查托架的变形及托架的焊缝情况，用水准仪测出观测点的标高。

张拉完成后，检查 0 号段托架连接情况，用水准仪测出观测点的标高。

2. 加载过程中注意事项

（1）托架在加载过程中注意两侧托架采取对称加载的方法进行加载，加载主要测定托架的弹性变形及非弹性变形；第三次为满载重量 1.1 倍荷载，主要测定托架的安全性。

（2）进行观测点编号和加载前测量。在每次加载完成后 2h，用水准仪测量其数据，待各观测点数据记录后，即可卸载。

（3）卸载方案类似加载方案，只是加载程序的逆过程，加载完毕 24h 后开始卸载，观测各点数据。

（4）墩身顶部及托架底板要求干净平整。

（5）实验过程中应设专人负责测量变形，观察构件的受力变形情况。

卸载后测量数据－加载稳定后测量数据＝弹性变形数据

加载前测量数据－卸载后测量数据＝非弹性变形数据

3. 所需机具设备

（1）缆索吊或塔吊。

（2）QYC 前卡式千斤顶及配套油泵各 2 台。

（3）水准仪 1 台。

（4）张拉反力座及 6 套锚具夹片。

（5）挤压千斤顶及配套油泵。

7.3.5　卸载与拆除

7.3.5.1　卸载

当加载 24h 后，准确录标高数据及托架各结构位置的检查，可用带退锚功能的单束顶退锚，取出夹片，缓慢回油，以此完成整个钢绞线力的卸载。

7.3.5.2　拆除

全部钢绞线完成卸载后，人工从上部将钢绞线进行整理，并进行绑扎，用于另外一个主墩 0 号段托架的预压。

7.4　预压验收

对各个预压载荷必须认真计算和记录，由专人负责。

在加载过程中，要求详细记录加载时间、吨位及位置，要及时通知测量组作现场跟踪观测。未经观测不能进行下一级荷载。每完成一级加载应暂停一段时间，进行观测，并对牛腿鹰架进行检查，发现异常情况应及时停止加载，及时分析，采取相应措施。如果实测值与理论值相差太大应分析原因后再确定下一步方案。

加载全过程中，要统一组织，统一指挥，要有专业技术人员及负责人在现场协调。

每加载一级都要测试所有标记点的数据。如发现局部变形过大时停止加载，对体系进行补强后方可继续加载。卸载时每级卸载均待观察完成后，做好记录再卸至下一级荷载，测量记录托架的弹性恢复情况。所有测量记录资料要求当天上报试验指导小组，现场发现异常问题要及时汇报。

预压后，组织测量队、工程部对托架进行验收，验收合格后方可进行下步工序。

7.5 托架施工

7.5.1 托架的设计及搭设
7.5.1.1 托架的设计

根据施工时的荷载，托架设计时主要考虑三个方面：一是顺桥向墩顶悬臂梁段荷载；二是横桥向顶板梁段荷载；三是墩身空心部分之间梁段底板荷载。除此之外，进行托架荷载计算时需要考虑的荷载有[180]：

(1) 模板及支架等自重。

(2) 新浇钢筋混凝土重量。

(3) 施工人员、施工料具运输、堆放荷载。

(4) 倾倒及振捣混凝土产生的冲击荷载。

(5) 风荷载。

根据《公路钢筋混凝土及预应力混凝土桥涵设计规范》(JTJ 023—85)[181]，对各种荷载进行效应组合，进行荷载计算，并对设计的托架进行验算。

正面（顺桥向）悬臂端采用 4 组三角形钢牛腿作为承重结构。每组三角形钢牛腿横杆采用 2I 40 工字钢组焊而成，斜撑采用 2[28＋2t12 钢板组焊的箱型截面杆件。墩间托梁主要承受墩间底板混凝土荷载，采用 2I 40 工字钢＋2[20 槽钢组合的刚度梁。牛腿间距根据上部荷载情况分别布置，底板部分均匀布置，两侧腹板部分加密布置。三角牛腿顶部搭设 I 36 工字钢承分配梁，悬臂端分配梁间距 600mm，墩间底板分配梁间距 900mm。端部底模顶采用 2[10 槽钢加工成调坡支架，其上搭设钢底模板，形成正面底模系统。

正面托架模型，如图 7.5 所示。

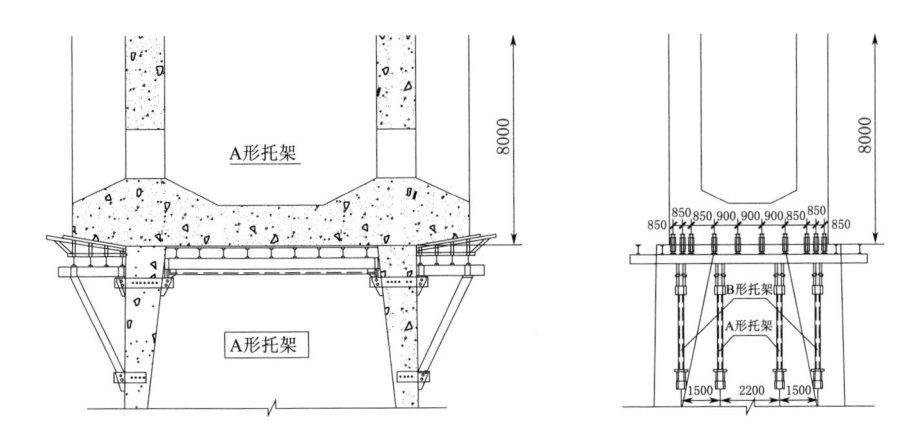

图 7.5 正面托架模型（单位：mm）

侧面（横桥向）采用预埋 5 片 I36 工字钢梁并配合悬挑端各 4 根 I36 工字钢分配梁共同作为侧模支撑牛腿。牛腿顶部搭设一根 I36 工字钢作为其中外侧的承重梁，侧模内侧墩间部分则直接支撑于墩顶实心混凝土之上，通过 I36 工字钢和墩身混凝土承担外模架和顶板荷载。侧面托架模型，如图 7.6 所示。

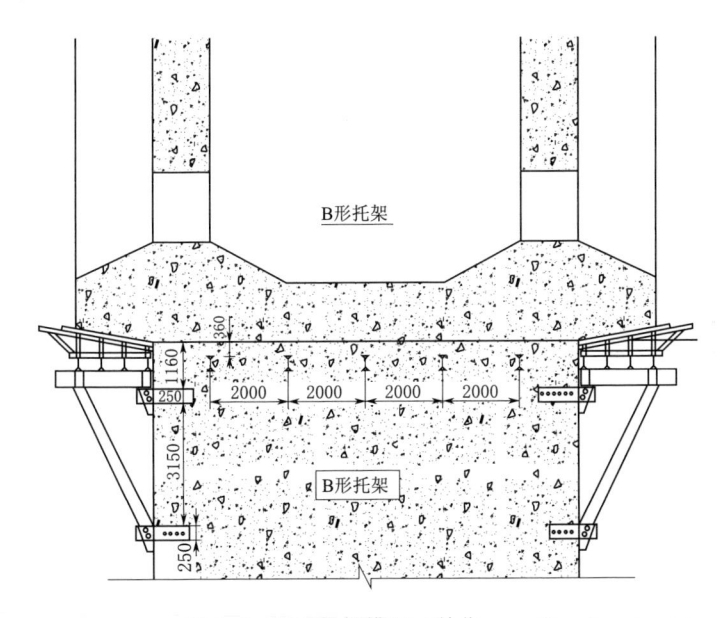

图 7.6 侧面托架模型（单位：mm）

墩身空心之间底板部分布置 2 根 2I40 工字钢＋2[20 槽钢组合的刚度梁为承重结构。刚度梁上方布置间距 900mm 的 I36 工字钢分配梁，然后铺设钢模板底模。托架和分配梁的平面布置，如图 7.7 所示，底模板的平面布置，如图 7.8

所示。

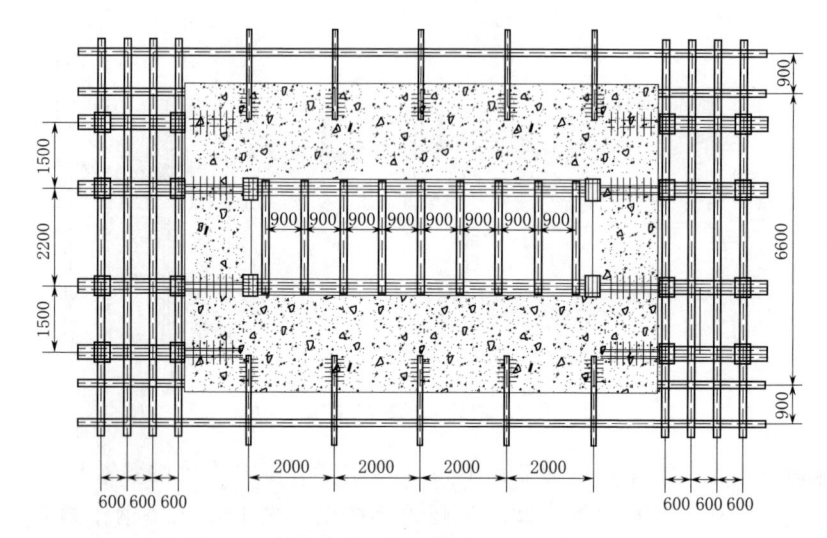

图 7.7 托架和分配梁平面布置（单位：mm）

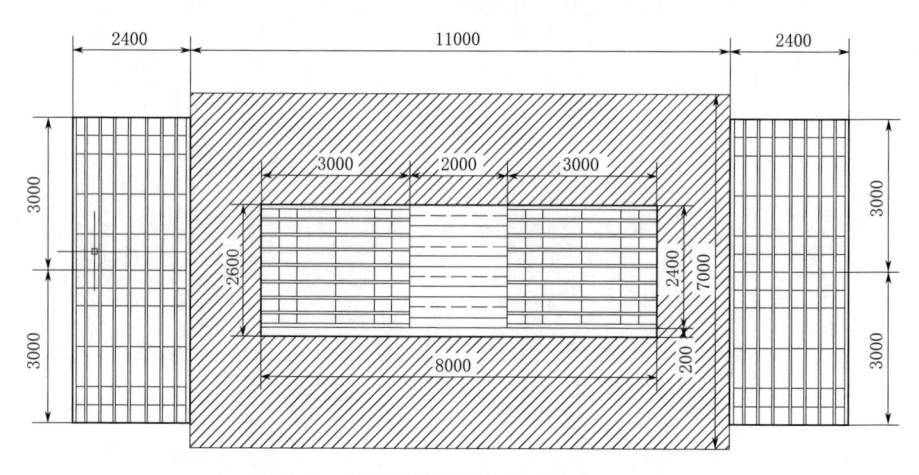

图 7.8 底模板的平面布置（单位：mm）

综上所述，0号段托架三维布置，如图 7.9 所示。

托架横向使用槽钢连接形成剪刀撑，以增强横向的稳定性。

7.5.1.2 托架加工与安装

按照施工托架设计图纸尺寸和型钢规格进行准确下料加工。预埋钢板采用2块40t的Q345B钢板制作，预埋件务必严格按照尺寸精确预埋[182]。如果到墩顶的距离改变，加工时托架杆件尺寸要做调整，否则将导致无法安装。安装内挂腿和外挂腿时，先将挂腿穿入预埋钢板之中，使用挂腿的挡板密贴墩身混凝

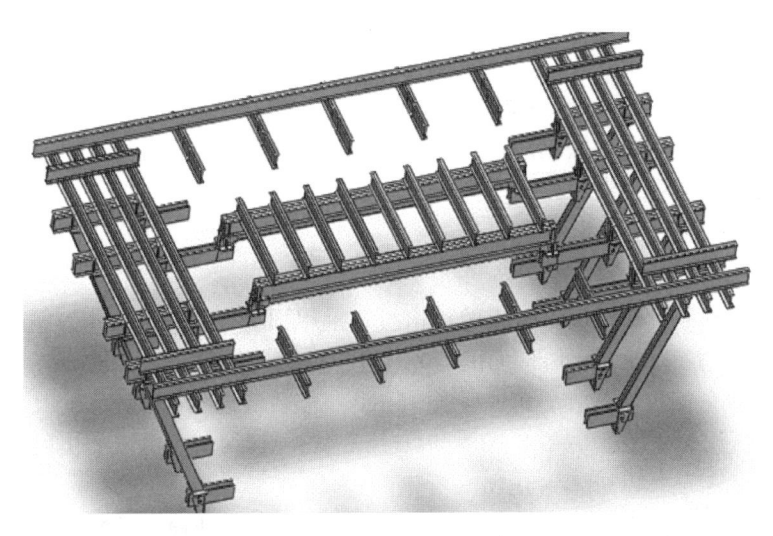

图 7.9 0号段托架三维布置

土表面，再对挂腿和预埋钢板进行焊接，焊高14mm，三角托架横杆与斜撑杆先用 M22×70 的螺栓与挂腿连接，再在现场进行焊接。各预埋件区域上下面，需要各设置一层 $\phi10@25$ 钢筋网片，范围为 50cm×100cm。在焊接托架的过程中，必须注意结构几何尺寸，焊接质量必须保证焊缝厚度，焊缝表面平整，不得有较大的凹陷和焊瘤。在此项操作过程中，施工人员必须佩戴安全带和安全帽。安装前考虑从墩顶预埋件悬吊工作平台。预埋件布置，如图7.10所示。

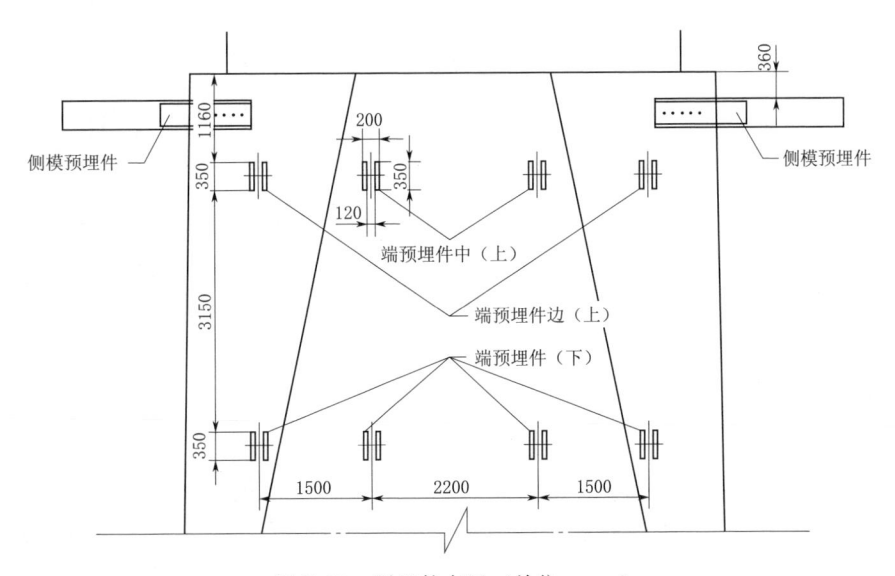

图 7.10 预埋件布置（单位：mm）

7.5.1.3 托架验算

考虑到此结构比较复杂，计算量很大，因此在建模过程中进行了一定的简化处理，0号块托架模型及工况为对称结构，故该0号托架模型仅建模一半。将各零件的有限元模型建立起来，再加上边界约束条件，然后将各零件装配起来，建立装配体的有限元模型。

7.5.2 模板施工

7.5.2.1 模板设计[183]

外模采用定型钢模板，模板的结构材料采用面板厚度为6mm的钢板，肋板为[10cm的槽钢；模板外部利用模架加固，模架间距为0.9m左右，模架之间采用∠80的角钢进行连接。0号块长15m，0号块浇筑时外侧模长度为15.4m，具体配置参数为1.8m×3+2.3m×2+1.8m×3＝15.4m，挂篮悬浇时外模配置为2个，规格为1.8m×3＝5.4m。

0号外侧模可用于挂篮悬浇时作为外模使用，挂篮外模不单独加工。

底模由8.6cm厚钢模板拼装而成，底模位于箱梁腹板下侧加强筋需加密；内模利用现场的周转模板，并利用内模架和横向支撑进行加固，内模倒角另加工定型模板。

0号段外模布置，如图7.11所示，挂篮内模布置，如图7.12所示。

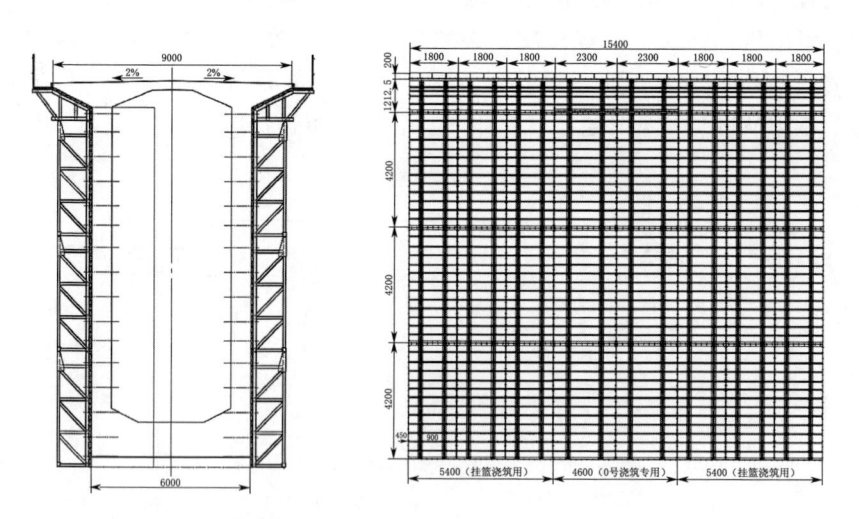

图7.11 0号段外模布置（单位：mm）

7.5.2.2 模板安装

根据预压数据调整底模标高，采用钢板支垫；在模板安装前，检查其几何尺寸、平整度，及时清除模板上的杂物，预压卸载后要均匀涂刷脱模剂。模板安装时由跨中向两端对称安装，两侧模板同时安装保证稳定。模板加工完成后

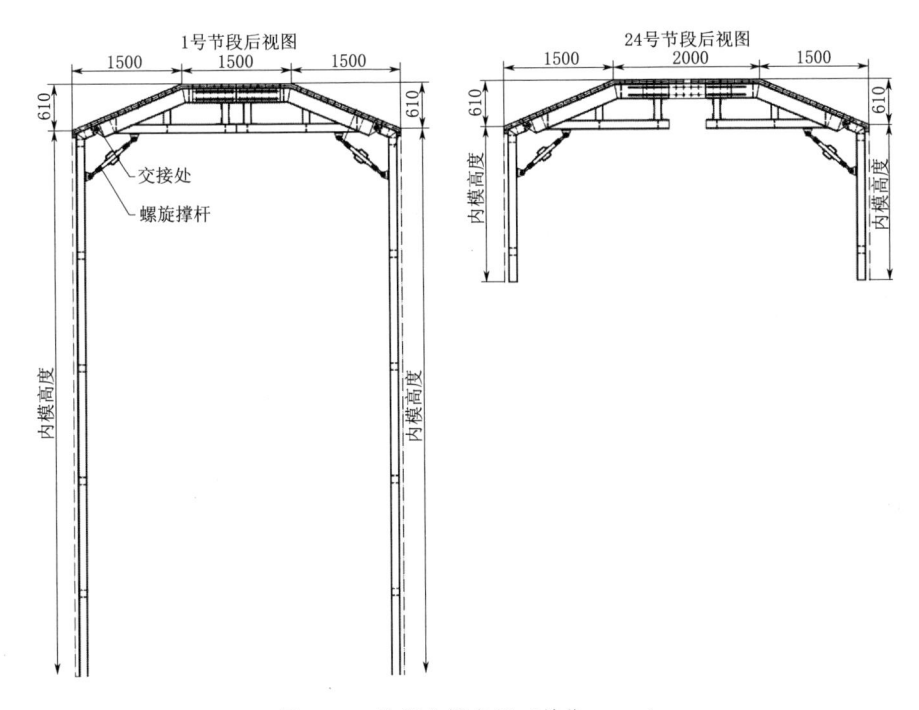

图 7.12 挂篮内模布置（单位：mm）

先在模板场试拼。模板安装前由测量班放样，保证顺畅的线形、接缝严密、棱角分明。拉杆牢固、保证混凝土施工时不跑模、不涨模、不漏浆；在两侧梁端设置泄水孔，混凝土浇筑对模内杂物清洗时可通过泄水孔流出。模板安装前对模板涂刷脱模剂。

侧模是由平面模板和外桁架组成的整体式模板，先在场地上将单块模板和对应的桁片拼装成小块整体，然后吊装到托架上安装，由于侧模较高，需分多层安装，安装完第一层模板后进行标高测量，定好高程后继续安装上层模板，直至侧模安装完毕。然后开始安装内模，内外模间采用 $\phi 25$ 的精轧螺纹钢作拉杆加固，间距 100cm，套穿 PVC 管可循环利用。侧模设计时考虑可直接前移至 1 号块组成挂篮侧模。接下来安装端头模板，端头模板是由钢板按图纸钢筋间距和波纹管位置制作的堵头模板，既起到模板的作用又可定位钢筋和波纹管。

7.5.3　0 号段内膜支架设计

0 号段内膜采用满堂脚手架支撑，立杆间距为 90cm×90cm；横杆步距为 120cm；其上布置双 12 槽钢；上铺 8cm×8cm 方木做分配梁间距 20cm，如图 7.13 所示。

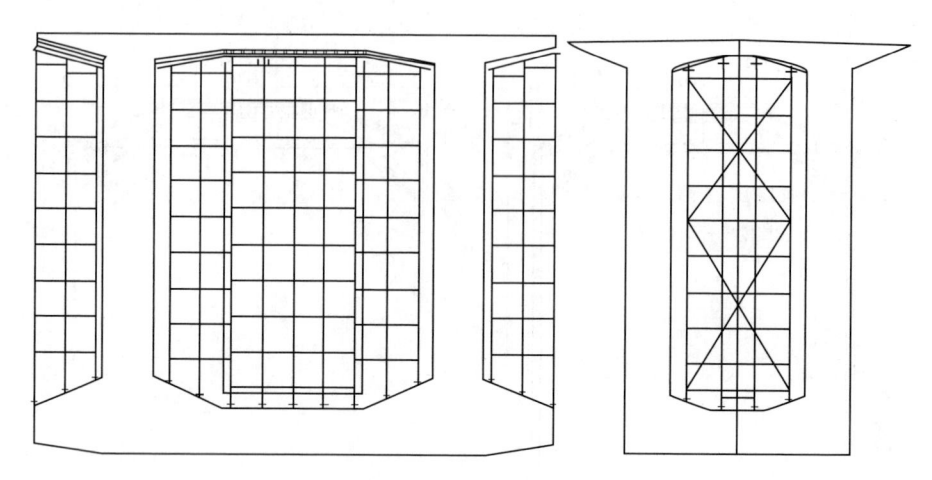

图 7.13　0 号段内膜支架示意图

7.5.3.1　支架验算

1. 荷载取值

模板、支架自重：0.5kN/m²；方木 1kN/m²；槽钢 0.4kN/m²；钢管自重 2kN/m²。

钢筋混凝土自重（厚度取平均值）：$0.7m \times 26kN/m^3 = 18.2kN/m^2$。

施工人员施工机具荷载：2kN/m²。

振捣、倾倒混凝土时产生的荷载：4kN/m²。

箱梁内封闭支架不考虑风荷载。

2. 小方木计算

小方木截面形式为 0.08m×0.08m，间距为 0.2m，跨距为 0.9m。

荷载组合 $G = 1.2 \times (18.2 + 0.5) + 1.4 \times (2+4) = 30.84 kN/m^2$。

$q = 30.84 \times 0.2 = 6.168 kN/m$。

跨中弯矩 $M = ql^2/8 = 6.168 \times 0.9^2/8 = 0.625 kN \cdot m$。

$w = b^3/6 = 0.85 \times 10^{-4} m^3$。

$\sigma = M/w = 0.625/0.85 \times 10^{-4} = 7.35 MPa < 12 MPa$，满足要求。

$E = 9 \times 10^6 kN/m^2$。

$I = bh^3/12 = 3.41 \times 10^{-6} m^4$。

挠度 $f = 5ql^4/384EI = 0.0017m < 0.9/400 = 0.0023m$ 满足。

3. 12 槽钢计算

间距为 0.9m，跨度为 0.9m。

单根计算，荷载组合：$G = (30.84 + 1.2 \times 1)/2 = 16.02 kN/m^2$。

$q = 16.02 \times 0.9 = 14.418 kN/m$。

$M=14.418\times0.92/8=1.46\mathrm{kN\cdot m}$。
$W=6.21\times10^{-5}\mathrm{m}^3$。
$\sigma=1.46/6.21\times10^{-5}=23.5\mathrm{MPa}<145\mathrm{MPa}$，满足要求。
$I=3.91\times10^{-6}\mathrm{m}^4$。
$E=200\mathrm{GPa}$。
$f=5ql^4/384EI<0.9/400=0.00225\mathrm{m}$，满足要求。

4. 支架稳定计算

支架步距为 1.2m，截面面积为 $489\mathrm{mm}^2$，截面最小回转半径 $r=15.78\mathrm{mm}$。杆件长细比 $\lambda=l/r=1200/15.78=76<210$。

A=0.744。

荷载组合 $G=32.04+1.2\times0.4=32.52\mathrm{kN/m}^2$。

稳定验算 $\sigma=p/AA=32.52\times0.9\times0.9/0.744\times489\times10^{-6}=72.4\mathrm{MPa}<140\mathrm{MPa}$ 满足要求。

7.6 挂篮施工

7.6.1 挂篮设计

菱形挂篮主要由主桁系统、走行锚固系统、导向系统、前上横梁系统、底篮系统、平台系统和模板系统等组成。单侧挂篮重量（含模板）约为110t[184]。

7.6.1.1 主桁系统

该桁架由两片菱形构件组成，两者用竖联系及斜联系连接，主杆件主要由双槽钢[]36b/t12/t25组成，竖、斜联系主要由[]16a和[]12双槽钢构成，销轴采用φ90/φ110的40Cr调质[185]。

7.6.1.2 前上横梁

挂篮前上横梁是主要荷载承载构件，全长为10m，采用2H500组焊而成，底模、侧模内模的前吊点均设置在此梁上；每一前吊杆及吊带均配两台相同起重能力的千斤顶，以便随时调整模板前端的标高。

7.6.1.3 底篮系统

挂篮设计中底篮系统包含前下横梁、后下横梁、底板及腹板分配梁，各构件之间联结大多采用栓接，个别部件采用焊接联结，挂篮底模前后横梁长度均为11.2m，由2根Ⅰ45b工字钢组焊而成，其中后下横梁上设6组吊耳，前下横梁上设4组吊耳。底板及腹板分配梁由13根Ⅰ45b工字钢组成，全长为6.3m，前后支点间距为5.87m，底模横梁和分配梁之间采用M22螺栓连接。

7.6.1.4 走行系统

挂篮走行系统包含三部分内容：挂篮主桁后反扣走行挂板、挂篮前支座和挂篮走行滑道梁。

（1）挂篮主桁后反扣走行挂板。反扣走行挂板主要由行走连接器、平衡梁、滚轮组件构成，通过反扣装置将挂篮后锚点反扣在挂篮走行滑道梁上，借以提供挂篮走行后锚固力。

（2）挂篮前支座。挂篮前支点设置钢板制作的滑船，并在与走行滑道梁接触位置设置不锈钢滑板，可在走行滑道梁上滑行前进。

（3）挂篮走行滑道梁。挂篮走行滑道梁采用2[36b组成双组合I型钢，两组合I型钢间焊接双[10槽钢进行连接。

走行滑道梁与梁体之间按照90cm间距均匀布设轨枕，其中挂篮前支点下方位置加密安设型钢轨枕，以增大前支点受力面积。滑道梁通过梁体预埋 $\phi 32$ 竖向预应力筋锚固在梁体表面。

7.6.1.5 悬吊及锚固系统

悬吊系统包含底模前吊挂系统、底模后吊挂系统、侧模吊挂系统和内模吊挂系统等几部分。

（1）底模前吊挂系统由4根t25钢吊带外加底模吊耳组成。

（2）底模后吊挂系统由2根t30后中吊带、2根t25钢吊带及2根双A32mm精轧螺纹钢吊杆外加底模吊耳组成。

（3）侧模吊挂系统含4根A32mm精轧螺纹钢吊杆，其中2根连接前上横梁和外导梁，2根锚固在后端混凝土面，与外导梁后端相连。

（4）内模吊挂系统含4根A32mm精轧螺纹钢吊杆，其中2根连接前上横梁和外导梁，2根锚固在后端混凝土面，与外导梁后端相连。

挂篮锚固系统分为两种：其一为挂篮混凝土灌注时锚固系统；其二为挂篮走行时锚固系统。

（5）混凝土灌注时挂篮结构共设置4组后锚固点，分别是主构架后锚固、底模平台后锚固系统、侧模后锚固系统和内模后锚固系统。

（6）挂篮走行时的锚固系统包含两部分内容：主构架后锚反扣装置和滑道后挂架锚固系统。主构架后锚反扣装置：挂篮走行时利用反扣装置横向滑槽反扣在走行轨道上为挂篮走行提供可靠的后锚固力；滑道后挂架锚固系统：用于锚固两侧滑道后挂架，提供挂篮走行过程中底模、侧模的荷载。

7.6.1.6 导向系统

导向系统主要包含2根外导梁、2根内导梁及滚动吊架和承重吊架，其中导梁均为2[40b，长为11.5m。滚动吊架采用高强度耐磨轴承设计，以使模板滑移更便捷。

7.6.1.7 防护系统

防护系统包含前后挑梁、防护平台和爬梯等，以确保工人在进行挂篮施工

7.6 挂篮施工

过程中安全。

7.6.1.8 内模滑移装置

内模支架下方通过滑梁及滑座设计，方便进行内模的整体移动，施工过程中更方便快捷。

7.6.1.9 模板系统

模板系统由底模、侧模、内模和端模等组成。

7.6.2 挂篮拼装

7.6.2.1 施工准备

（1）根据缆索起重机的起重能力，将挂篮部分构件因地制宜拼装成整体，各构件重量参照挂篮设计图。根据组拼工作需要准备足够的工具及联结螺栓、精轧螺纹钢吊杆等构件[186]。

（2）0号段施工时提前预埋挂篮拼装孔洞。

孔洞预埋位置，如图 7.14 所示。

图 7.14 孔洞预埋位置（单位：cm）

7.6.2.2 挂篮拼装程序

（1）找平梁面。待 0 号段施工完毕后，用中粗砂找平轨道轨枕下方梁体顶面。

（2）铺设轨枕。将规格为 120mm 高，长度为 800mm 的轨枕按照间距为 900mm 均匀布设在梁体竖向预应力筋间隙内；其中挂篮前支点下方采用 3 根轨枕贴靠一起摆放，要求轨枕顶面高度基本一致。

（3）安装滑道梁。将 6m 的轨道穿过预埋竖向预应力筋，抄平轨道顶面，准确定出轨道中线，然后锚固螺栓，锁定轨道。

（4）安装挂篮主桁前后支点、托船。从轨道后端穿入后支点托船、前端穿入前支点滑船并在摩擦接触面涂抹黄油。

（5）安装挂篮主桁架。挂篮主桁架共分为五部分，分别是主桁架底纵梁、桁架立杆、桁架斜杆、桁架竖联和斜联。

具体拼装顺序为首先把菱形主桁架在墩底拼装平台上拼装成一体，利用塔吊或缆索起重机吊装到0号块顶部相应的滑道上，前端用手拉葫芦对其进行固定和调直后锚位置利用挂篮后锚点的精轧螺纹钢锚固，然后吊装下一片主桁架，固定；吊装竖连及斜联，把两片主桁架连成一整体；最后安装前上横梁[187]。

主构架拼装成型后进行挂篮竖联斜联的焊接。

（6）安装挂篮吊挂系统。在安装完毕挂篮主桁架后即可进行挂篮前吊带的安装，具体安装方法为在地面将底模、侧模吊带及扁担梁和销轴托槽拼装完毕，由塔吊或缆索起重机整体吊装至挂篮前上横梁对应位置，侧模吊杆同理安装。

吊带顶部锁定后将底篮系统用缆索起重机吊运至0号段端头（底篮系统重量不得超过缆索起重机限定吊装吨位），先将底模后吊挂系统使用钢吊带通过联结销子将后下横梁锚固在梁体底板上；再将前吊带下端与底模前下横梁吊耳通过销子联结并锁定。最后将底篮模板装上。

（7）安装侧模滑道梁。在0号段施工时即可进行侧模滑道梁的安装工作。安装过程为：首先确定挂篮侧模与0号段已浇筑节段联结牢固后即可通过塔吊将侧模滑道吊装穿入侧模滑道槽口，安装前后吊杆及吊框。

（8）移动侧模就位。侧模前后吊带安装完毕后，提升吊带使侧模底口脱离底部支架。在侧模模板桁架前端和侧滑道梁前端之间安装5t倒链，通过倒链牵引侧模前移至底模前后横梁之间，下放前后吊带，使侧模下落至底模前后横梁之间。

（9）调整挂篮姿态。侧模移动就位后提升底模前后吊带，根据测量控制点调整挂篮前后位置，同时移动底、侧模使之准确就位。锁定底、侧模后锚点。

（10）安装内模滑道梁。在0号段内箱搭设钢管架，用缆索起重机或塔吊吊运内导梁，人工辅助穿入内箱承重吊架及滚动吊架内，再将前吊杆与内导梁连接。最后安装内模支架及模板。

7.6.3 挂篮走行

待1号段施工完毕后，挂篮即可进行走行作业，以准备进行下一节段施工，走行程序如下[188]：

（1）按照前述要求找平梁体顶面，铺设钢枕及轨道。

（2）松脱底模前后吊带。

（3）在底模后横梁与桁架竖联之间安装吊带，同时设置备用安全绳。

（4）下放底模前吊带，将底模调整到水平状态，紧固辅助吊杆，拆除底模后吊带，完成第一次吊点转换。

（5）将侧模滑道梁和内模滑道梁后吊框前移至滑道梁中吊杆位置，锚固，这时滚动吊架受力，完成第二次吊点转换。

（6）将内模顶撑螺杆回调，将倒角模连带内腹板模板下放，使内模脱离梁体。

（7）在走行轨道前端与挂篮前支腿之间安装两台50t，行程为50cm的穿心式千斤顶，在走道梁上标记出下一节段前支腿位置及10cm刻度线；在侧模滑道梁后端与外吊框间安装3t倒链；在前支点划船与滑道接触面上涂抹黄油，以减小摩擦力。

（8）解除挂篮主桁后锚固，同步伸长液压千斤顶，使挂篮主桁架、悬挂系统、底侧模、内模同步前移就位至下一节段要求位置。挂篮移动速度控制在10cm/min左右，移动过程必须保证平稳。

（9）安装底模后吊带，提升底模。

（10）解除底模后横梁吊挂在竖联系上的钢吊带，提升侧滑道梁上的承重吊架使侧模就位。

（11）提升内模滑道梁上的承重吊架，使内模就位（不顶升倒角模板）。

（12）精确调整底侧模标高，锁定前后吊杆、吊带。

（13）重复上述步骤即可进行后续节段施工的挂篮移动工序。

7.6.4 挂篮验算

挂篮计算时考虑了梁体自重、挂篮模板自重、施工人员机具荷载、混凝土浇筑冲击荷载和风荷载等。

7.7 钢筋及预应力管道施工

钢筋及预应力安装顺序：底板底层钢筋——→底板横向预应力——→底板顶层钢筋——→腹板、横隔板钢筋——→纵向预应力——→竖向预应力——→预埋件。

7.7.1 钢筋加工及安装

钢筋采用HRB400，分为12mm、16mm、20mm、22mm和28mm五种规格。钢材进场必须有出厂合格证明，然后按不同等级、牌号、规格分批检验，分别堆放，标识明确。

钢筋接头采用套筒及焊接，接头位置相互错开，任一断面钢筋接头的数量少于钢筋根数的50%。双面焊缝的长度不小于$5d$，单面焊接的长度不小于$10d$。焊接时采取防护措施，防止焊渣烧伤预应力管道及模板等。钢筋与预应力管道相碰时，应调整钢筋的位置。梁体钢筋保护层采用同标号混凝土垫块确保净空。

钢筋在加工场集中下料成型，吊运至现场进行绑扎。由于0号段钢筋较密，施工时应认真对照图纸，并设置好支撑架立筋，保证钢筋位置的准确，尤其是底板钢筋数量较多,与支撑筋采用点焊固定,以免在施工中发生位移。

7.7.2　预应力管道施工

箱梁纵向预应力管道采用塑料波纹管圆管(ϕ120、ϕ100),竖向、横向预应力管道采用金属波纹管(内径50mm及内径50mm×19cm)。预应力钢束采用ϕ15.2高强度低松弛钢绞线,标准强度$f=1860$MPa[189]。锚具必须符合《预应力筋用锚具、夹具和连接器》(GB/T 14370—2015)[190]中Ⅰ类锚具的各项要求。波纹管、钢绞线、锚具检验合格后方可使用。

预应力管道采用定位网片进行固定,根据设计图计算出波纹管自中心每50cm一个坐标,采用ϕ14钢筋网格进行定位,要求管道位置准确、牢靠,管道顺直,任一段落的曲率半径不得小于设计值的95%。波纹管接头采用套接方式,连接接头长度不小于30cm,透明胶带缠绕密封,必要时采用通水法检查其是否具有足够的密水性。管道安装偏差:管道坐标梁长方向小于30mm,梁高方向小于10mm,管道间距同排小于10mm,上下层小于10mm。锚垫板要安装牢固准确,锚垫板、管道对中顺直,保持在同一轴线上,确保与波纹管端部垂直。浇筑混凝土前检查锚垫板及管道,锚垫板的位置准确,孔道内畅通无水及其他杂物。

7.7.3　挂篮施工孔洞预留及钢筋预埋

0号段是悬浇挂篮起步的基础,所以必须为挂篮的安装、锚固、走行预留施工临时孔洞,待挂篮底模前移到下一段之前及时把上一段的孔洞封堵起来。在腹板两侧沿纵向预留挂篮安装、锚固、行走孔洞同时还可以用于外滑梁的锚固;箱梁前端部底板上预留用于下一段挂篮底模后端锚固的孔洞;腹板侧面隔一定的距离留透气孔以保证箱室内外温差在±15℃以内。每段浇筑前仔细检查所有预埋孔是否齐全。

在0号块端头施作预埋件作为后期挂篮预压的反力支架。

7.8　混凝土施工

7.8.1　材料控制与储备

7.8.1.1　水泥

水泥进场时,应附生产厂的品质试验检验报告等合格证明,并按批次对水泥进行强度、细度、安定性和凝结时间等性能的检验。水泥的检验试验方式符合现行行业标准《公路工程水泥及水泥混凝土试验规程》(JTG E30—2005)[191]的规定。

7.8.1.2　细骨料

根据现场实际情况,细骨料采用甲供花岗岩机制砂,进场时进行检验,外观、筛分、细度模数和含泥量等。检验方法符合现行行业标注《公路工程集料试验规程》(JTG E42—2005)[192]的规定。

7.8.1.3 粗骨料

粗骨料采用甲供花岗岩碎石。碎石最大粒径不得超过结构最小边尺寸的1/4和钢筋最小净距的3/4；碎石最大粒径不宜超过输送的1/3。进场的碎石需进行检验外观、颗粒级配、针片状颗粒含量、含泥量、泥块含量和压碎值等指标。检验方式符合现行行业标准《公路工程集料试验规程》(JTG E42—2005)的规定。

7.8.1.4 外加剂

外加剂应与水泥、掺合料之间具有良好的相容性；所采用的外加剂，具有检验合格证明。

7.8.2 混凝土拌制

混凝土采用现场拌和站集中拌和；混凝土搅拌站配备两台90型搅拌站，目前拌和能力每小时$45m^3$，现场混凝土搅拌站输送能力控制在每小时$30m^3$，搅拌站生产能力满足输送要求。

在混凝土拌和前，试验员严格按照施工配料单进行材料、搅拌时间数据的输入、控制，对电脑数据的真实性和可靠性负责；在每次开拌之始，试验员和拌和站司机应注意监视和检测前2~3盘混凝土的和易性。如有异常，应立即分析情况并处置，直至拌和物的和易性符合要求，方可持续生产。当施工配合比调整后，亦应注意开拌时的监视与检测工作；试验员负责拌和站混凝土的和易性检测并作好记录，和易性包括坍落度、坍落流动度、含气量和温度。混凝土生产流程，如图7.15所示。

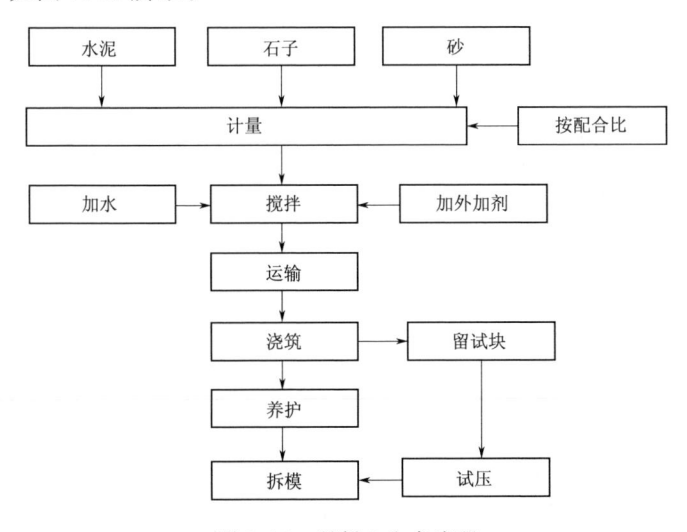

图7.15 混凝土生产流程

第7章 连续梁施工

搅拌机出料容量为每盘 1m³，则每搅拌一次的装料数量为：水泥：477kg；中砂：651kg；碎石：5～10mm 332.7kg，10～20mm 776.3kg；减水剂：4.77kg；粉煤灰：53kg；水：160kg。

（1）混凝土拌和采用强制式搅拌机，拌和时间不小于 120s，拌和要均匀，颜色一致，且不得有离析和泌水现象。

（2）拌和后需检测混凝土塌落度，并观察混凝土拌和物黏聚性和保水性。

7.8.3 混凝土运输

（1）混凝土搅拌完毕需运输到施工现场进行浇筑，混凝土在运输过程中应保持其均质性，不分层、不离析、不漏浆，运到浇筑地点后具有规定的坍落度，并保证有充足的时间进行浇筑振捣。若混凝土达到浇筑地点已出现离析和初凝现象，则必须退回拌和站进行处理。

（2）运输能力应与混凝土的凝结速度和浇筑速度相适应，应使浇筑工作不间断且混凝土运输到浇筑地点时仍能保持其均匀性和规定的坍落度。混凝土的运输采用搅拌运输车。

（3）根据现场实际情况，搅拌站距地泵位置 350m，采用 3 台 10m³ 罐车运输混凝土满足现场需求；车速控制在 10km/h，每辆罐车往返加卸料时间 13min，因此 3 辆罐车满足运输要求，另备用一台罐车。

（4）混凝土到达现场后，技术人员和质检人员要提前对混凝土进行检查并检测混凝土的塌落度；如发现混凝土有问题，迅速联系工地实验室对拌和站混凝土进行调整。

7.8.4 混凝土浇筑

5号墩采用 2 套地泵接力输送到浇筑位置，6号墩采用 1 套地泵输送到浇筑位置，另备用 1 台地泵，缆索吊配备料斗应急使用；混凝土输送泵型号为三一重工 8022 型，其最大输送压力为 22MPa；其中 6 号墩设置在墩底，垂直泵管高度近 190m，上下水平管 150m（以悬浇第 25 节取值），压力损失 $P = \rho g H + \Delta P L = 2.45 \times 9.8 \times 190/1000 + 0.015(190 \times 3 + 150) = 15.4 \text{MPa}$。

0 号段混凝土浇筑分两次浇筑，每次浇筑高度为 7m。

混凝土浇筑原则：先浇筑底板再浇筑横隔板然后浇筑腹板；从中间向两端分层推进；左右腹板对称浇筑。混凝土分层厚度为 30cm。第一次混凝土浇筑与第二次浇筑龄期尽量缩短。混凝土浇筑，如图 7.16 所示。

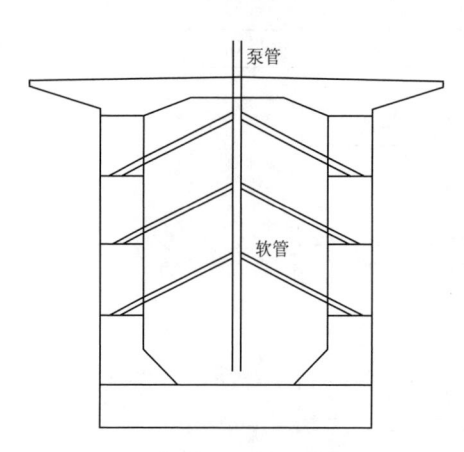

图 7.16 混凝土浇筑

第一次浇筑：先浇筑底板，再浇筑腹板，从中间向两侧推进。

混凝土初凝后，底板顶采用土工布覆盖，保持洒水浸湿，腹板内外模不拆除。

第二次浇筑：先浇筑腹板，再浇顶板，从中间向两侧推进。

两次浇筑层间结合面做施工缝处理。

混凝土初凝后，顶板采用土工布覆盖，保持洒水浸湿。

混凝土采用插入式振捣器振捣，布点均匀，混凝土振捣时严禁振捣棒触及波纹管，以免波纹管出现变位、孔缝漏浆，影响张拉，混凝土捣固程度以现场观察其表面气泡已停止排除、混凝土不再下沉并在表面出现水泥浆为准，每一处振完后应徐徐提出振捣棒。移动间距不应超过振捣棒作用半径的1.5倍，并与侧模保持5~10cm的距离，振捣时插入下层混凝土5~10cm。由于浇筑方量较大、时间较长，因此浇筑人员共分两个班组倒班作业。振捣实行分区负责制，由于0号段的结构复杂，钢筋及预应力管道密集，尤其是底板部位的钢筋更是密集，混凝土振捣要充分、周密、不得漏振，以免出现空洞，同时，不得碰撞管道及预埋件，以防管道漏浆堵塞和预埋件产生位移。个别部位配备捣固铲、捣固锤辅助振捣。在波纹管内插套管，同时用通孔器通孔、高压水冲洗，保证波纹管畅通。

7.9 预应力张拉

混凝土浇筑龄期不少于5d，且强度达到设计强度的85%后，方可进行张拉作业，张拉采用张拉控制力与伸长量双控的原则。三向预应力的张拉顺序：先纵向后横向再竖向。孔道压浆采用真空辅助压浆工艺。

7.9.1 理论伸长量计算

1. 试验准备

对张拉千斤顶与压力表配套标定、配套使用，以确定张拉压力表读数的关系曲线，计算出达到张拉应力时的压力表读数。当使用时间超过6个月或张拉次数超过300次时应重新标定[193]。

检测钢绞线截面面积及弹性模量。

对不同类型的孔道进行一个孔道的摩阻测试，采用千斤顶测试曲线孔道摩阻时，测试步骤为梁的两端装千斤顶后同时充油，保持一定数值（4MPa）；A端封闭，B端张拉，张拉时分20%、60%和100%三级升压，直至张拉控制应力，如此反复进行3次，取两端压力差的平均值；仍按上述方法，但B端封闭，A端张拉，取两端3次压力差的平均值；将上述2次压力差平均值再次平均，即为孔道摩阻力的测定值。

$$\mu = -\frac{\left[\ln\left(\dfrac{P_2}{P_1}\right) + k_x\right]}{\theta}$$

式中　μ——预应力筋与孔道壁的摩擦系数,考虑到施工误差取 0.17;

　　　k——孔道每米局部偏差对摩擦系数的影响系数,0.0015;

　　　x——从张拉端至计算截面的孔道长度,m;

　　　θ——从张拉端至计算截面曲线孔道部分切线的夹角之和,rad;

　　　P_1——张拉端的张拉力,N;

　　　P_2——封闭端的张拉力,N。

2. 理论伸长量计算

预应力筋的理论伸长值

$$\Delta LL(\text{mm}) = \frac{PPL}{APEP}$$

式中　PP——预应力筋平均张拉力,N,当预应力筋是直线时 $PP=P$;

　　　L——预应力筋的长度,mm;

　　　AP——预应力筋的截面面积,mm^2;

　　　EP——预应力筋的弹性模量,N/mm^2。

预应力筋平均张拉力按下式计算:

$$PP = \frac{P[1-e-(k_x+\mu\theta)]}{k_x+\mu\theta}$$

式中　P——预应力筋张拉端的张拉力,N。

7.9.2　预应力筋的实际伸长值

预应力筋张拉时,先调整到初应力 σ_0,取张拉控制应力 σcon 的 10%,伸长值应从初应力时开始测量。预应力筋的实际伸长值除测量的伸长值外,尚应加上初应力以下的推算伸长值。预应力筋张拉的实际伸长值 ΔL_s 按下式计算[194]:

$$\Delta L_s = \Delta L_1 + \Delta L_2$$

式中　ΔL_1——从初应力至最大张拉应力间的实测伸长值;

　　　ΔL_2——初应力以下的推算伸长值,可采用相邻级的伸长值。

相邻级取张拉控制应力 σcon 的 20%,即 ΔL_2 为 20%张拉应力时的伸长值减去 10%张拉应力时的伸长值。

张拉采用应力、伸长值双控制,当实际伸长值与理论伸长值偏差应控制在±6%以内,否则应暂停张拉,待查明原因并采取措施予以调整后,方可继续张拉。

7.9.3　预应力张拉顺序及程序

张拉过程中的张拉顺序要严格按设计文件中的规定进行张拉,采用两端同步张拉,并左右对称进行。钢绞线张拉顺序,遵循原则:预应力钢束张拉时应以梁中心线为轴左右对称张拉。

纵向预应力钢束在箱梁横截面应保持左右两侧对称张拉，纵向钢束张拉时应保持两端同步，张拉顺序为先长束后短束。采用4台千斤顶两端张拉。

横向预应力张拉顺序：自跨中向梁端对称张拉。预应力钢束的张拉采用一端张拉的方式，张拉端与锚固端相互交替。

竖向预应力张拉顺序：自跨中向梁端对称张拉。竖向预应力筋的张拉采用单端张拉的方式。

预应力张拉程序：$0 \rightarrow 10\%\sigma_{con} \rightarrow 20\%\sigma_{con} \rightarrow \sigma_{con}$（持荷5min锚固）。

预应力筋应整束张拉锚固，对扁平管道中平行排放的预应力钢绞线束，在保证各根钢绞线不会叠压时，可采用小千斤顶逐根张拉。

7.9.4 预应力穿束及张拉

钢绞线下料长度严格按设计长度下料，并考虑到管道曲率损失及工作长度。钢绞线的盘重大、盘卷小、弹力大，为了防止下料过程中钢绞线紊乱并弹出伤人，事先用钢管架制作成简易的铁笼装载钢绞线原材，钢绞线下料时，将钢绞线盘卷装在铁笼内，从卷内逐步抽出，保证施工安全。钢绞线的下料采用砂轮切割机切割。钢绞线下料够一束的数量后经梳筋板梳理后用细铁丝进行编束绑扎，每间隔2～3m绑一道，以便运输和穿束。钢绞线下料的数量以满足梁段施工为准，不宜超前下料太多，以防生锈[195]。

横向、竖向预应力在混凝土浇筑前穿入孔道，纵向预应力在混凝土浇筑后穿入孔道，穿束前检查锚垫板和孔道，锚垫板的位置要准确。孔道内要畅通，无水和其他杂物。预应力穿束前进行编号，束的前段设置穿束套，保持预应力筋顺直，前后拖动，不得扭转防止发生缠绕。

张拉前对张拉班组人员进行技术交底及安全培训，张拉人员要求持证上岗。检查电力供应情况，清理锚垫板及钢绞线表面，安装工作锚及夹片；检验、准备工具锚、限位板、千斤顶、油泵和夹片等设备配套工具等。

搭设张拉平台，安装限位板，千斤顶吊装就位，安装工具锚及夹片，套管打紧工具锚夹片。张拉人员配备对讲机。由质检工程师检查合格后开始预应力张拉，打开油泵进行预热，放松回油阀及进油阀，两端同时转动进行阀对千斤顶主油缸充油，使钢绞线束略为拉紧，同时调整锚圈及千斤顶位置，使预应力孔道、锚具、千斤顶三者的三轴线相互吻合，注意使每根钢绞线受力均匀。当钢绞线达到初应力$0.1\sigma_{con}$时，继续供油维持张拉力不变，测量油缸外露长度，做好记录，每5MPa通报一次，确保两侧施加拉力一致。张拉力达到$0.2\sigma_{con}$时，继续供油维持张拉力不变，测量油缸外露长度，做好记录。张拉力达到σ_{con}时，继续供油维持张拉力不变，持荷5min，测量油缸外露长度，做好记录。然后放松回油阀及进油阀，两端同时转动回行阀卸压。

多根钢绞线同时张拉时,构件截面中断丝和滑脱钢丝数量不得大于钢丝总数的1%,但一束钢丝只允许一根。在预应力过程中,难免发生滑丝,断丝现象,所以必须认真操作,仔细观察,及时处理。如预施应力过程中发生滑丝,可以用千斤顶张拉滑进的那根钢绞线,张拉力以不大于超拉力为原则,在张拉过程中楔片被带出,将之取下更换,并张拉至单根钢绞线的锚下控制应力顶锚,断丝则按上述步骤逐根张拉钢绞线取下夹片,更换钢绞线后重新张拉[196]。

7.10 孔道压浆

孔道压浆采用真空辅助压浆工艺。压浆嘴和排气孔可根据施工实际需要设置,压浆前应用压缩空气清除杂质后方可压浆。预应力筋张拉锚固后,孔道应尽早压浆,且应在48h内完成[197]。

7.10.1 压浆前的准备工作

使用砂轮切割,预应力筋切割后的余留长度不得小于30mm。锚具外面的预应力间隙用水泥浆填塞,以免冒浆而损失灌浆压力。封锚时预留排气孔。孔道在压浆前用压力水冲洗,以排除孔内粉渣等杂物,保证孔道畅通。冲洗后用空压机吹去孔内积水,压缩空气要无油分。但要保持孔道润湿,使水泥浆与孔壁的结合良好。

管道压浆要求密实,孔道压浆采用纯水泥浆,压浆配合比要仔细比选,采用最优配合比,不得掺入各类氯盐,28d强度要求达到60MPa。水泥采用P·O52.5低碱普通硅酸盐水泥,相关参数如下:

(1)浆体中掺入真空注浆外加剂。
(2)浆体流动度:30s。
(3)浆体泌水率:3h不大于1%,24h为0。
(4)浆体凝结时间:初凝不小于3h,终凝不大于24h。
(5)体积变化率:-1%~5%。
(6)浆体强度:标准养护条件下,7d不小于53MPa。
(7)抗渗性:不小于1MPa。
(8)浆体对钢筋无腐蚀性。

浆液先放水再放水泥,拌和时间不少于1min,灰浆过筛后存放于储浆桶内。此时桶内灰浆仍要低速搅拌,并经常保持足够的数量以保证每根管道的压浆能一次连续完成。水泥浆自调制到压入管道的间隔时间不得超过40min。

7.10.2 真空压浆施工工艺

压浆时,对曲线孔道和竖向孔道应从最低点的压浆孔压入;对上下分层设置的孔道,应按先下层后上层的顺序进行压浆[198]。

水泥砂浆封锚必须将锚板及夹片、外露钢绞线全部包裹，覆盖层厚度大于15mm，封锚后24～48h之内灌浆，如图7.17所示。

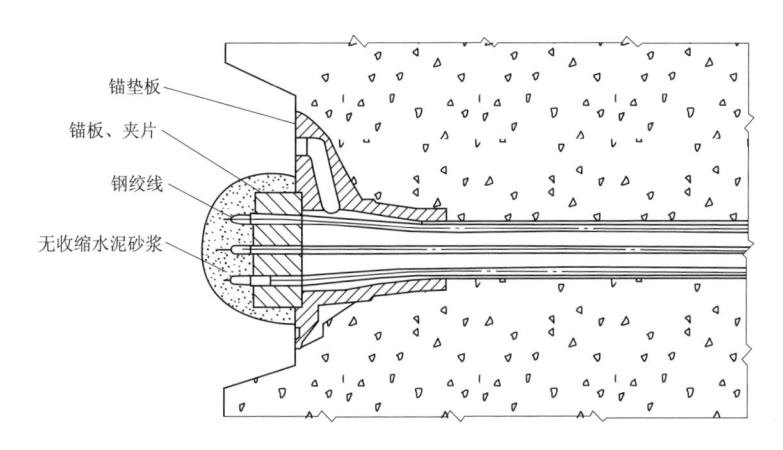

图7.17 无收缩水泥砂浆密封锚头

真空压浆操作程序[199]：

(1) 清理锚垫板上的灌浆孔，保证灌浆通道通畅，与引出管接通。

(2) 确定抽真空端及灌浆端，安装引出管，球阀和接头，并检查其功能。

(3) 搅拌水泥浆使其水灰比、流动度、泌水性达到技术要求指标。

(4) 启动真空泵抽真空，使真空度达到-0.06～-0.1MPa并保持稳定。

(5) 启动灰浆泵，当灰浆泵输出的浆体达到要求稠度时，将泵上的输送管接到锚垫板上的引出管上，开始灌浆。

(6) 灌浆过程中，真空泵保持连续工作。

(7) 待抽真空端的空气滤清器中有浆体经过时，关闭空气滤清器前端的阀门，稍后打开排气阀，当水泥浆从排气阀顺畅流出，且稠度与灌入的浆体相当时，关闭抽真空端所有的阀。

(8) 灌浆泵继续工作，压力达到0.5～0.7MPa，持压2min。

(9) 关闭灌浆泵及灌浆端阀门，完成真空灌浆。

(10) 拆卸外接管路、附件，清洗空气滤清器及阀等。

(11) 完成当日灌浆后，必须将所有沾有水泥浆的设备清洗干净。

(12) 安装在压浆端及出浆端的球阀，应在灌浆后1h内拆除并进行清理。

(13) 灌浆过程中，排气管冒出浓浆后立即用铁丝绑扎封闭，全部排气管都排出浓浆后并封闭后，再加压至0.5～0.7MPa，持压2min。

(14) 浆后的第二天割掉泌水管，如浆不满，可采用人工补浆。

7.11 边跨直线段施工

全桥共有 2 个边跨现浇段，长度为 3.88m，体积为 91.2m³，节段重量为 233t；其中墩顶悬出部分长度为 1.14m，体积为 17.24m³，重量为 44.8t。拟采用挂篮前移作为悬出部分的吊架，墩顶部分箱梁模板采用现场周转材料拼装，一次性浇筑[200]。

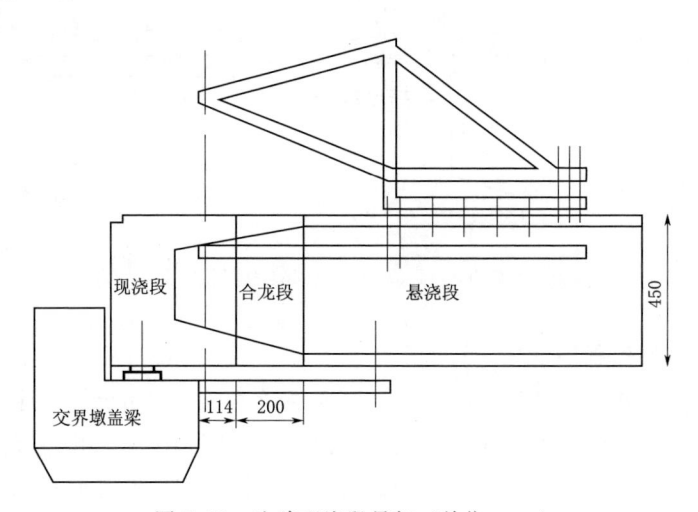

图 7.18　边跨现浇段吊架（单位：cm）

7.11.1 支座安装

边跨现浇段采用 HDR-D750-H/8 型高阻尼隔震橡胶支座，数量 4 个。支座安装步骤如下：

(1) 仔细检查支座垫石表面平整度，检查支座中心位置及标高，将支座安装在垫石表面。

(2) 在滑动型支座的四氟板表面涂一层硅脂，四氟板表面的储脂坑必须填满，安装时应注意储脂坑的排列方向满足设计要求。

(3) 按顺序安装、固定不锈钢板、上支座钢板、上锚固螺栓、上预埋钢板及套筒锚杆等。

7.11.2 模板支护

支座安装完成后，在墩顶铺设粗砂，以控制梁底标高，然后安装底模板，安装时注意按图纸设计设置底板预拱度，边跨现浇段墩顶箱梁模板均采用木模加工制作，木模背楞采用 5cm×10cm 方木安装 20cm 的间距布置。对于悬出部分箱梁模板采用挂篮模板这里不再重复叙述。

7.11.3 钢筋绑扎及预应力管道安装

工序流程：底板钢筋和腹板钢筋绑扎，安装底板预应力管道；安装内模；绑扎顶板钢筋，安装顶板纵向预应力管道。

7.11.4 混凝土浇筑

上述工序施工完成后，通知测量班进行放线校核模板轴线，确认无误后，即进行混凝土的浇筑。

7.12 不平衡段施工

根据图纸设计，主桥中跨部分24个节段，边跨部分25个节段，悬臂浇筑存在不平衡段施工。根据图纸边跨不平衡段方量为54m³，重量为137.5t，根据力矩平衡公式：$1375kN \times 10^6 = F \times 101$，$F=1443kN$，需在24节段进行配重，配重吨位为144.3t。在悬臂浇筑完24节段时，中跨部分挂篮不动，在中跨24节段位置砖砌水池，待水池砌筑完毕时，边跨挂篮前行至25节段。水池净尺寸7m×9m×2m，最大可蓄水126m³，水池采用36砖墙，砌砖重量25t，总配重可达151t。满足不平衡重配重要求[201]。

7.13 合龙段施工

7.13.1 边跨合龙段施工

5号小里程侧第25节段和6号大里程侧第25节段施工完毕后，将内外模滑道梁前移，滑道梁前端分别固定在4号、7号边跨现浇段上，再利用倒链将内外模前移到位（图7.19），进行钢筋及预应力管道的安装，并进行穿束，暂不带锚

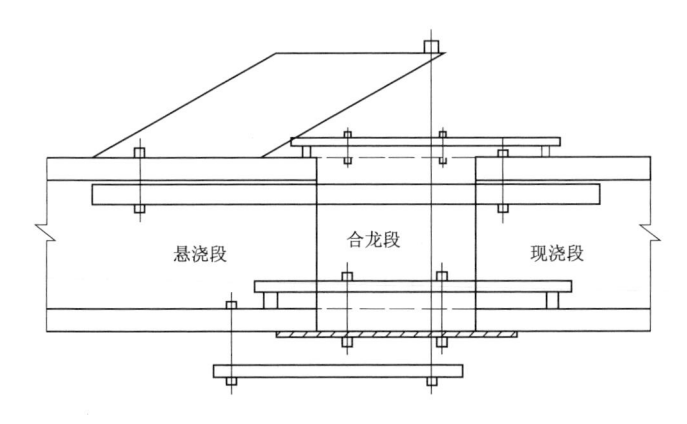

图 7.19 挂篮浇筑边跨合龙段

具夹片,在悬浇段侧和现浇段各放置2个水袋进行配重,使其重量等于合龙段重量的1/2,在设计合龙温度下,焊好合龙劲性骨架,再进行边跨合拢段混凝土浇筑,浇筑过程中根据浇筑的方量同步等效进行放水[202]。

7.13.2 中跨合龙段施工

首先6号墩小里程侧挂篮前移,中跨合龙段利用5号墩大里程侧挂篮进行施工,将内外模滑道梁前移至6号墩小里程24节段并进行锚固,利用倒链将内外模前移到位。进行钢筋及预应力管道的安装,这时应注意,合龙段纵向钢筋采取一端绑扎固定,保持另一端为自由状态。待顶推施工完毕后再进行绑扎。合龙段腹板模板拉杆暂不拉紧,顶板、底板吊带暂不顶紧,待顶推结束后再拧紧螺栓。钢筋及预应力管道安装完后进行合龙段钢绞线穿束,钢绞线穿完后不允许带锚具夹片。在悬浇段两侧各放置2个水袋进行配重,使其重量均等于合龙段重量的1/2,再进行中跨跨合龙段混凝土浇筑过程中根据浇筑的方量进行放水[203]。

7.13.3 中跨合龙段顶推

(1) 合龙时间前一周开始观测全天温度变化,每1h记录一次,以便选择最佳合龙时间。提前3d对悬臂端进行挠度变化和纵向位移测量。

(2) 根据施工监控情况及实际内力,线形情况确定是否要调整内力及线形,合龙顶推过程中,应进行位移和顶推力双控,以控制墩顶水平位移为主,顶推600kN的水平力,位移值为3.3cm。

为了保证合龙顶推时桥梁的安全,采用力和位移值双控。考虑到在顶推时,实际的顶推力可能要大于设计的顶推力,全桥使用4个100t的千斤顶同时顶推。在顶推过程中必须遵循同步、逐级加载的原则,依次为25%、50%和100%。每加载一级要让千斤顶持力15min,以保证桥墩偏移量达到要求[204-205]。

(3) 在设计合龙温度下,焊接好合龙劲性骨架,绑扎合龙段钢筋。

(4) 浇筑合龙段混凝土,边浇混凝土边同步等效放水。

(5) 混凝土强度必须达到混凝土设计强度的85%以上,且养护龄期超过5d后,方可按顺序分批张拉纵向底板束和合龙段竖向预应力筋。

7.13.4 合龙段张拉压浆

合龙段预应力张拉应在混凝土强度达到设计强度等级值的85%且混凝土龄期不少于5d后进行,张拉采取两端同时同步张拉。箱梁合龙后的底板预应力束张拉应按先长束后短束,分批并左右对称张拉,每批预应力钢束张拉后应对管道及时压浆,压浆强度达到85%以后再张拉后一批预应力钢束。合龙段的横竖向预应力钢束与24号或25号段的横竖向预应力钢束同时张拉[206]。

7.14 施工质量及安全控制

7.14.1 0号段内膜支架

1. 模板质量控制

模板加工质量标准见表7.1；模板组装质量标准见表7.2。

表7.1　　　　　　　模板加工质量标准[207]

序号	项　目	允许偏差/mm	检查部位	量　具
1	面板端偏斜	<2.0	面板四角	直角尺、塞尺
2	面板局部不平度	<2.0	面板任意方向	平尺、塞尺
3	模板挠取	<2.0	长、宽两方向	平尺、塞尺

表7.2　　　　　　　模板组装质量标准[208]

序号	项　目	允许偏差/mm	检查方法	量　具
1	模板间拼接缝宽	<1.5	1.5塞尺不通过	塞尺
2	相邻模板面错台	<2.0	检查拼接缝	平尺、塞尺
3	相邻模板上口高差	<1.5	检查拼接缝	平尺、塞尺
4	截面尺寸长宽对角线	<5.0	检查拼接缝	钢卷尺

2. 外模吊装时要注意事项

（1）外模板在拼装后，用汽车吊吊至塔吊（缆索吊）可以起吊位置处，吊装顺序为先吊装靠近塔吊对面中间模板，再吊装塔吊最近模板，然后吊装两侧模板，要对称吊装。

（2）每吊装一块模板必须进行加固，再吊装对面的模板，在加固到位后，及时将对面两块模板用拉筋对拉并对撑，在吊装完中间2块模板后，及时进行测量定位，要求将中间模板定位准确，偏差标准要高于规范要求的10mm，便于两侧的模板轴线的调整。

（3）在吊装前，将模板标高线画在模板上，便于标高的控制，防止吊装后标高难以调整，可以相对于设计低10mm。

（4）在模板安装完成后，及时检查模板的轴线偏位是否超规范，加固是否牢固，检查完成后，再次进行加固，将模板与托架等及时焊接到位。

（5）在安装钢筋前要将模板清理干净，并涂刷模板漆或其他脱模剂，禁止采用油脂类替代脱模剂，采用高性能模板漆作为脱模剂。

7.14.2 混凝土浇筑

7.14.2.1 混凝土浇筑注意事项

(1) 随时观察所设置的预埋螺栓、预留孔的位置是否移动，若发现移位时应及时校正。

(2) 各种预埋的接头钢筋，在灌注时务必使钢筋周围充满密实的混凝土，而且不得使预埋钢筋下沉或歪倒。

(3) 安排专人对模板进行变形观测和拉杆检查，若发现变形和拉杆松扣时及时校正拧紧。

(4) 运至现场的混凝土不得有离析和泌水现象，每车混凝土在使用前先进行坍落度检测。

(5) 振捣时应"快插慢拔"，并避免碰撞模板、钢筋。

(6) 振捣必须密实，直至混凝土停止下沉，不再冒出气泡，表面呈现平坦泛浆为止。

(7) 混凝土浇筑应连续进行，如因故必须间断时，其间断时间应小于前层混凝土的初凝时间或能重塑的时间。

(8) 为保证预应力孔道安装的准确性，使波纹管在安装和施工中达到不偏、不沉、不浮、不破、不扁的标准，波纹管定位钢筋应焊接牢固，混凝土施工过程中，禁止振动棒碰撞波纹管和模板。

(9) 混凝土浇筑施工应对称分层浇筑。

(10) 在浇筑时振捣人员必须进入腹板内振捣，确保混凝土振捣密实且不过振等质量问题的发生。

(11) 按照规范要求制取混凝土试件，前期试件（包括同条件养生试件）应增加2～3组，以便获取足够参考数据。

7.14.2.2 保证混凝土质量的措施

箱梁钢筋、钢绞线密集，混凝土浇筑高度大，为保证成型的质量，避免局部地方的蜂窝、麻面、欠振情况，需要采取以下措施：

(1) 优化施工配合比，增加混凝土的流动性、和易性，以提高混凝土的可灌注性；减少水泥用量，运用高效缓凝减水剂，以延长混凝土的凝固时间、减少混凝土总发热量，确保混凝土浇筑在初凝前完成。

(2) 浇筑混凝土前，在每仓腹板模板（内膜）2m、4m、6m高度处，开30cm×30cm窗口，水平间距为2m，作为泵送混凝土软管的入口、施工人员进入腹板内和施工观察窗口。在浇筑混凝土时通过观察孔观察混凝土的振捣情况；在混凝土快浇筑到观察孔时，用小钢模封闭加固。严格控制各天窗处泵管泵送混凝土的方量，一个天窗只负责入口周围1m内的混凝土输送，禁止从一个窗口多泵混凝土使其流动至另一个天窗范围或采用振动棒拖赶混凝土。

（3）严格控制混凝土施工配合比和入模坍落度，确保混凝土入模质量；严格控制混凝土的入模水平分层厚度，确保混凝土对称浇筑、顶面均匀同步上升：水平分层厚度确定为30cm，该高度内混凝土经旁观技术人员确定振捣合格后，方可进行下一层混凝土的泵送。水平分层厚度确定采用带刻度的竹竿或钢筋从上口往下探测方式确定。为此还应增加探照照明设施，自始至终，均应保证足够的光线以保证检测观察顺利进行。

（4）在混凝土浇筑时，采用输送泵把混凝土泵送到0号段位置，然后在弯头处衔接三通管对混凝土进行分流，以确保浇筑过程中混凝土的对称浇筑；施工底板部分的混凝土时，注意在腹板与底板结合部位要振捣细致，此处钢筋密集，竖向预应力筋注浆波纹管集中于此，振捣时不要碰触竖向预应力筋及其注浆管，且防止过振、漏振现象，然后通过混凝土布料机进行旋转至各个布料点，具体布料点位置，如图7.20所示。

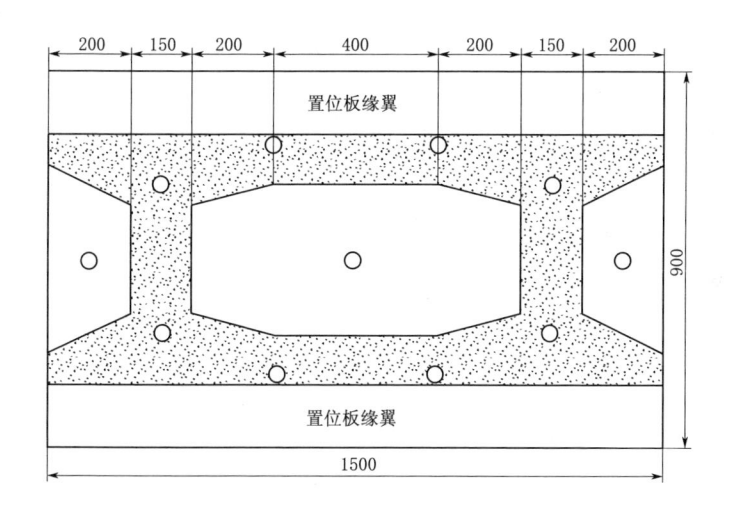

图7.20 混凝土布料机具体布料点位置（单位：cm）

注：1. 图中单位以厘米计。
2. 图中显示为0号段浇筑布料点，采用直径为20cm的无缝钢管作为串桶。
3. 图中只给出示意位置，需避开波纹管进行埋设。

（5）浇筑底板到距设计标高还差10cm后，紧接着浇筑腹板部分的混凝土。腹板部分的混凝土从腹板顶口浇入，用插入式振捣器振捣。由于混凝土具有流动性，会有部分混凝土从腹板底口流入底板，所以，振捣腹板上部的混凝土时，

171

要注意控制插入深度和振捣时间,适当让部分腹板混凝土流入底板内,以补充底板混凝土至设计厚度,并要保证腹板内每个部分都被振捣密实。流入底板的混凝土由人工摊平,并用平板振捣器加以振捣,使底板厚度达到设计要求的厚度。腹板混凝土高出底板混凝土1.5~2m后,腹板内振捣混凝土时,基本上不会再流入底板。振捣混凝土时注意不要将振动棒碰触钢模板,以免震动模板,引起腹板混凝土过多地流入底板。

(6) 顶板和腹板处预应力波纹管密集,振捣时要防止漏振、欠振,在钢筋、预应力管道密集地方采用棒头较小的振动棒和在外模外侧安放平板振动器振捣来确保混凝土的密实,振捣时不要挤压波纹管避免波纹管变形、漏浆封堵及移位。施工中采取在波纹管内插入聚乙烯管(外径比波纹管内径稍小),在混凝土施工过程中,不断活动聚乙烯管,待混凝土初凝后拔出,以确保预应力管道的通顺。

(7) 在浇筑底板、腹板及顶板混凝土时,要做到对称浇筑,施工时尽量保证两端灌注梁体混凝土重量接近。

(8) 在腹板内侧模板下拐角,增铺并加固30cm宽的水平模板,以防止底板容易出现因翻浆而超高的情况。

(9) 为防止表面温差变化出现裂缝,外侧模板的拆除时间应控制在4d以后。

(10) 浇筑时间尽量选择在夜间温度较低时浇筑,降低混凝土入模温度和混凝土内外温差,以降低混凝土形成温度裂纹的概率。

(11) 混凝土浇筑时应及时排除泌水,泌水排除可采取引流法。引流法是在浇筑过程中将混凝土泌水适当集中,采用排水工具人工排除泌水。

(12) 当第一次混凝土浇筑初凝后,采用高压冲毛枪冲毛,将混凝土表面浮浆、不密实、松散的部分去除。针对混凝土施工缝,经冲毛处理后,在模板上掏槽,将杂物用水排出,在浇筑次层混凝土前,对水平缝铺一层厚为10~20mm的高强度水泥砂浆。

7.14.3 预应力施工

7.14.3.1 张拉注意事项

在预应力作业中,要特别注意安全。因为预应力筋持有很大的能量,万一预应力筋被拉断或锚具与张拉千斤顶失效。巨大能量急剧释放,有可能造成很大危害,因此必须有安全防护措施。操作千斤顶和测量伸长值的人员,应站在千斤顶侧面操作严格遵守操作规程。工具锚的夹片,应注意保持清洁和良好的润滑状态。预应力钢束张拉完毕后,严禁撞击锚头和钢束,钢绞线多余的长度应用切割机切割,严禁采用氧气等烧割[209]。

7.14.3.2 预应力质量控制[210-211]

(1) 钢绞线下料时，严禁采用电弧切割，在钢绞线附近电焊时，不得使钢绞线受热影响。

(2) 波纹管壁如有破裂，应及时用黏胶带仔细封裹，其搭接宽度不小于胶带宽度的1/2。如破损严重，应立即更换。电焊时严禁焊液集中落在波纹管上。

(3) 波纹管控制点的安装，垂直方向与水平方向误差应控制在±10mm。

(4) 预埋件应垂直于波纹管孔道中心线。

(5) 预应力筋的张拉伸长值偏差控制在±6%。

(6) 锚固时夹片外口齐平，夹片间缝隙均匀，钢绞线内缩值不大于6mm。

(7) 孔道真空灌浆用水泥浆的水灰比应严格控制在0.31以内，灌浆时冒出浓浆后方可封闭，灌浆压力一般在0.5~0.7MPa，孔道灌浆应达到饱满密实。

(8) 浆体强度不低于梁体标号，泌水率不超过2%。

(9) 每束钢绞线断丝或滑丝：不得大于1丝且每个断面断丝之和不超过该断面钢丝总数的1%。

(10) 混凝土浇筑时，波纹管要有专人守护。

(11) 箱梁的侧模板应在波纹管安装固定后方可安装，箱梁端模应待预应力端埋件就位后再安装。

(12) 波纹管安装后，其周围不应进行电焊作业；如有必要，则应有防护措施。

(13) 浇筑混凝土时，应防止振动器触碰波纹管，以免引起波纹管变形与漏浆。

(14) 张拉端混凝土必须振捣密实，锚垫板后面与周围不得捣空。

(15) 预应力筋张拉前，宜将箱梁的内侧模拆除，以免影响预应力的建立；但箱梁的底模必须在预应力筋张拉后，方可拆除。

7.14.4 孔道压浆质量控制要点及注意事项

灌浆工作宜在灰浆流动性下降前进行（30~45min），同一管道的压浆应连续进行，一次完成。压浆应缓慢、均匀的进行，不得中断，并将所有最高点的排气孔依次一一打开和关闭，使孔道内排气通畅[212]。

输浆管应选用高强橡胶管，抗压能力不小于1MPa，灌浆时不易破裂，连接要牢固，不得脱管。

灰浆进入注浆泵之前应通过1.22mm的筛网进行过滤。搅拌后的水泥浆必须做流动速度、泌水性试验，并制作浆体强度试块，每工作班不少于3组[213]。

中途换管道时间内，继续启动注浆泵，让浆体循环流动。灌浆孔数和位置必须做好记录，以防漏灌。储浆罐的储浆体积大于1倍所要灌注的一条预应力孔道体积[214]。

压浆过程中及压浆后48h内，箱梁混凝土的温度及环境温度不得低于5℃，否则要采取包裹土工布进行保温。当环境温度高于35℃时，压浆在夜间进行。

压浆后要通过检查孔抽查压浆的密实情况，如有不实，及时进行补浆处理。孔道压浆应填写施工记录。记录项目包括：压浆材料、配合比、压浆日期、搅拌时间、出机初始流动度、浆液温度、环境温度、稳压压力及时间和真空度等。

为保证竖向预应力筋压浆质量，相邻两束预应力管道底部以钢管焊接相连，保证相通且不漏浆，达到压浆要求后从梁板上方压浆孔进行压浆，待浓浆从另一注浆孔溢出方可停止注浆[215]。

第8章 隧道施工

桥梁公路是国民经济的重要命脉，由于其特有的灵活性和优越性，发挥着其他运输方式不可替代的作用。桥梁公路隧道是公路工程结构的重要组成部分之一，随着我国社会主义市场经济的发展，西部大开发战略的实施，高等级公路已从沿海地区向西南、西北山岭区延伸，桥梁公路隧道建筑规模也越来越大，原来的两车道隧道已远远不能满足日渐增长的行车要求，隧道规模越大技术也相应复杂，因此，与过去一般桥梁公路隧道在设计、施工和运营管理方面均有质的差别，这带给公路隧道建设者的是机遇也是挑战，是学习与提高的机会，同时它也挑战我们的观念、技术和管理水平。面临这些挑战，我国工程技术人员在总结自己的经验，同时学习借鉴国外经验的基础上，也取得了很多成绩，即在勘察设计、施工控制以及运营管理方面的水平都有了不少成熟成果[216]。

隧道施工中常用的新奥法[217-218]是应用岩体力学的理论，也就是隧道开挖后采取锚杆和喷射混凝土为主要支护手段及时地支护，以维护和利用围岩自身承载能力为基点，控制围岩的变形和松弛，使岩成为支护体系的组成部分，并通过对围岩和支护的量测、控制来指导隧道和地下工程设计施工的方法和原则。隧道设计是以标准支护、信息反馈和数据分析法为主，所以施工中尤其要充分重视和加强初期支护体系的质量控制。

8.1 概述

日地隧道长为1516m，净空限界为7.5m×5.0m(宽×高)，为单洞双向行车隧道。雅江端洞口桩号为K0+691，设计高程为2887.65m，洞门为端墙式；普巴绒端洞口桩号为K2+207，设计高程为2890.71m，洞门为台阶式。隧道围岩情况见表8.1。

表8.1 隧 道 围 岩 情 况

围岩级别	明洞	Ⅴ级围岩	Ⅳ级围岩	Ⅲ级围岩	Ⅲ级围岩停车带
长度/m	11	135	630	660	80

8.2 隧道施工方案

日地隧道采用出口单口进洞掘进[219]，钻爆法组织施工。

洞口段地质条件差为Ⅴ级围岩，采用环形开挖预留核心土法[220]开挖，施工支护采用喷射混凝土、钢筋网、钢架和锚杆联合支护[221]，并辅以小导管等超前支护。洞身Ⅳ级围岩采用台阶法施工[222]、Ⅲ级围岩采用全断面掘进[223]。采用凿岩机钻孔，装载机装碴，自卸汽车出碴。

施工中严格遵守"管超前、严注浆、短开挖、强支护、勤量测、紧封闭"十八字方针[224]，初期支护紧随开挖面及时施作，减少围岩暴露时间，抑制围岩变形；喷混凝土采用湿喷技术；贯彻"仰拱先行"的原则，采用仰拱栈桥[225]进行施工，促使结构早封闭成环；二次衬砌原则上在围岩与初期支护变形基本稳定的前提下完成浇筑，二次衬砌混凝土采用自动计量拌和站生产，混凝土运输车运输，泵送入模，整体钢模台车拱墙一次模筑成型。

隧道采用雅江端单向掘进施工方案。

8.3 洞门与明洞施工方法

洞门与明洞施工方法[226-227]遵循"早进洞、晚出洞"原则，进洞采用先支后挖法施工，采用注浆小导管进行超前支护，洞外拉沟要从上至下分层开挖与支护，避免大开大刷，确保边坡及仰坡稳定。

在满足机械开挖的条件下，使用挖掘机开挖，装载机配合自卸车装运弃渣至指定弃渣位置，人工辅助修坡。不能直接用机械开挖的次坚石采用定向弱爆破，人工辅助机械装运。洞门施工工艺流程，如图 8.1 所示。

在洞口拉沟及隧道顺利进洞后，选择合理时间开始洞门施工，采用大块组合钢模板，现浇混凝土。明洞衬砌采用液压衬砌台车作内模，组合钢模作外模。洞门采用大块钢模板。洞门及明洞混凝土均采用分层、左右对称灌注。

8.4 超前支护

隧道洞口段及Ⅴ级围岩段采用砂浆锚杆、超前小导管进行超前支护；Ⅳ级围岩段采用砂浆锚杆进行超前支护[228]。

超前砂浆锚杆采用 C25 螺纹钢筋，长度为 4.5m；超前注浆小导管采用 A42×4 钢管，长度为 4.5m。

8.4 超前支护

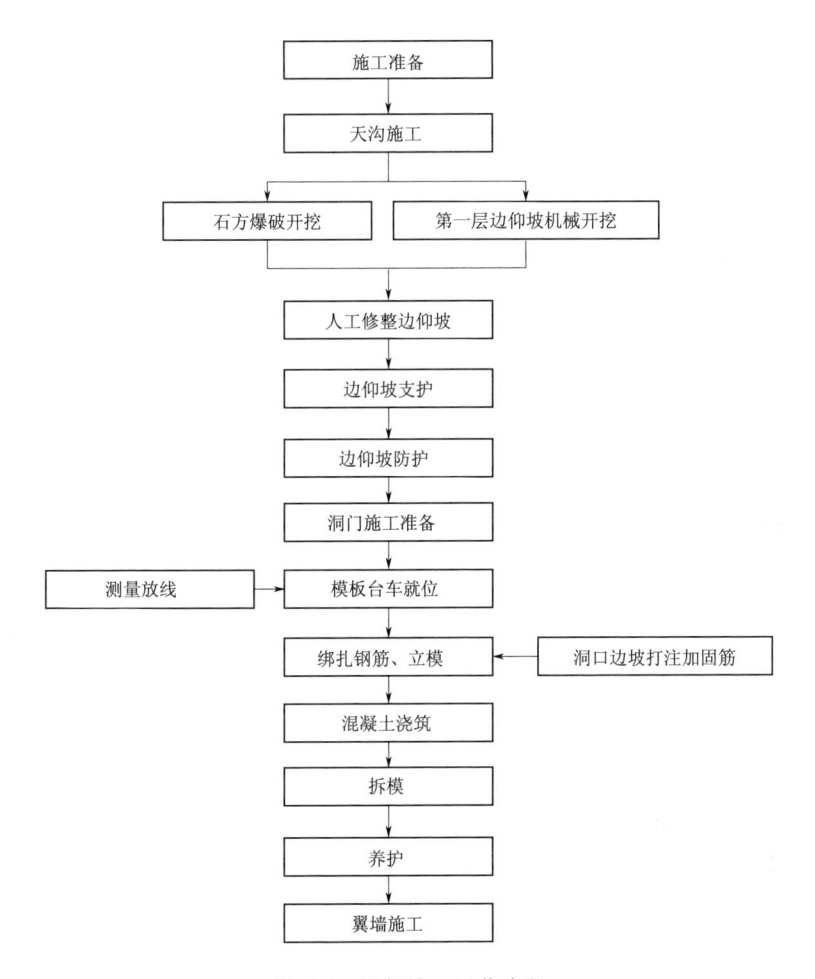

```
施工准备
   ↓
天沟施工
   ↓
石方爆破开挖 / 第一层边仰坡机械开挖
   ↓
人工修整边仰坡
   ↓
边仰坡支护
   ↓
边仰坡防护
   ↓
洞门施工准备
   ↓
测量放线 → 模板台车就位
   ↓
绑扎钢筋、立模 ← 洞口边坡打注加固筋
   ↓
混凝土浇筑
   ↓
拆模
   ↓
养护
   ↓
翼墙施工
```

图 8.1 洞门施工工艺流程

8.4.1 砂浆锚杆施工

8.4.1.1 施工方法

砂浆锚杆采用风动凿岩机成孔，先注后插工艺安装锚杆，测斜仪控制锚杆孔道倾角，注浆采用专用注浆泵施工。

8.4.1.2 施工工艺[229]

施工中严格按照如下顺序进行：清理开挖面、设置锚杆孔、清孔、注浆、放入锚杆、安装端头垫板。砂浆锚杆施工工艺流程，如图 8.2 所示。

8.4.1.3 施工要点[230]

1. 施工准备

砂浆锚杆采用双管排气法注浆作业，浆液采用水泥砂浆，施工准备阶段主

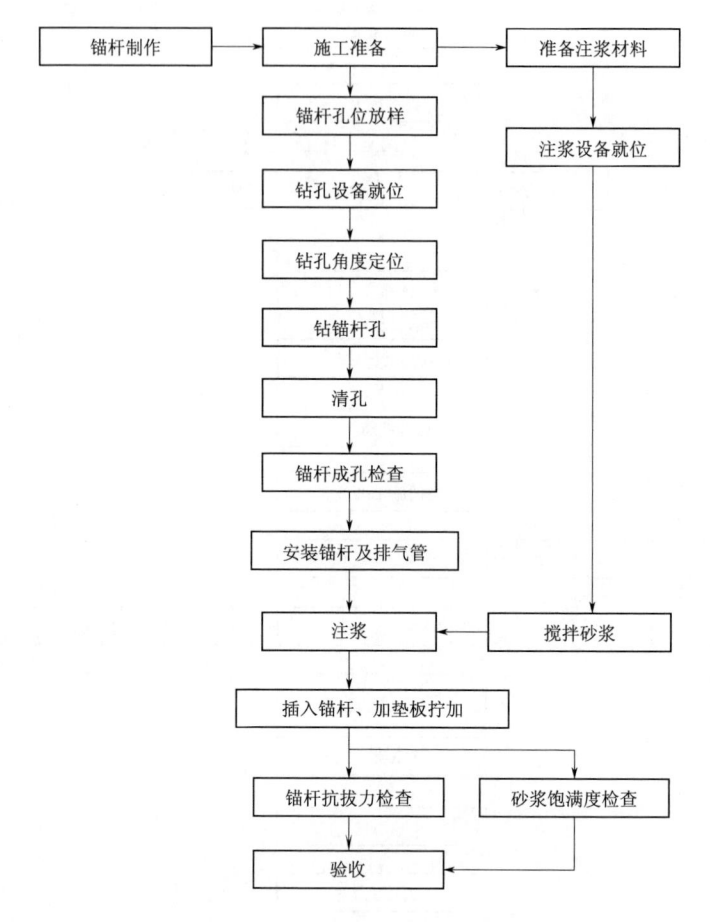

```
锚杆制作 → 施工准备 → 准备注浆材料
              ↓              ↓
         锚杆孔位放样      注浆设备就位
              ↓
         钻孔设备就位
              ↓
         钻孔角度定位
              ↓
          钻锚杆孔
              ↓
           清孔
              ↓
         锚杆成孔检查
              ↓
       安装锚杆及排气管
              ↓
           注浆 ← 搅拌砂浆
              ↓
     插入锚杆、加垫板拧加
              ↓
      锚杆抗拔力检查  砂浆饱满度检查
              ↓         ↓
              验收
```

图 8.2 砂浆锚杆施工工艺流程

要完成有关水泥、砂料的相关试验和水质化验，进行浆液配合比试验。

2. 钻孔

测量放样，按设计要求准确放出锚杆孔位，采用风动钻岩机钻孔。系统锚杆实际放样时允许偏差±5cm。

3. 清孔

利用高压风清孔，严禁采用高压水洗孔，避免人为塌孔。清孔完成后进行孔道检查，检查开孔孔径、孔深、孔道倾斜度。

4. 注浆

采用单管注浆工艺，直接将注浆管插入锚杆孔底，开始注浆后反复将注浆管向孔底送，使砂浆将孔内多余的水挤压出孔外，随后边注浆边拔出注浆管，准备插杆。

砂浆配合比设计：注浆采用水泥砂浆，灰砂比为1∶1，水灰比为0.38～0.45。水泥砂浆的强度等级不应低于M20，砂浆配合比通过现场原位试验确定，坚持随拌随用的原则，对超过初凝时间的砂浆作报废处理。砂浆的干缩率必须在允许的范围内。

5. 插杆

注浆后应及时放置锚杆，锚杆放入后视实际需要补注浆。锚杆孔注满浆后，将锚杆钢筋插入锚杆孔内，同时用水泥袋纸或塑料布封住孔口，当感到锚杆撞击孔底时，孔口要求填满砂浆，插好锚杆后用孔口用块石或木楔临时居中固定，杆体外露部分避免敲击碰撞。

6. 安装垫板

锚杆孔内砂浆达到设计强度80%以上时，方可进行垫板安装的外部操作。安装垫板时，应确保垫板与锚杆轴线垂直。

8.4.2 注浆小导管施工[231]

小导管采用A42mm×4的热轧无缝钢管；小导管长为4.5m，环向间距为40cm，上仰角为5°～10°，设置于衬砌拱部约120°范围。

测量放样，在设计孔位上作标记。用风钻钻孔后，将小导管沿孔推入。

采用单液注浆泵注浆。注浆前先喷混凝土封闭掌子面以防漏液，对于强行打入的钢管应先冲清管内积物，然后再注浆。注浆顺序由下而上，浆液用灰浆机搅拌。

小导管注浆材料采用纯水泥浆，水泥浆水灰比为1∶1；地下水较大时采用水泥-水玻璃浆液，水泥浆与水玻璃比例为1∶0.8，水泥浆水灰比1∶1，水玻璃模数为2.6，浓度为35～40Be，注浆压力为0.5～1.0MPa；如果围岩裂隙不发育，整体性较好，可采用水泥砂浆，注浆水泥的强度等级为42.5。

渗入性注浆按试验所确定的压力及注浆量施工。

注浆按有效固结厚度大于40cm，在施工中由大到小，逐步选取最佳注浆压力及注浆量。注浆选用高压注浆泵。当采用额定注浆压力为1.5MPa的注浆泵时，压力达到1.5MPa后，将注浆泵停下，等待几分钟后，若压力降到0.6MPa以下，再继续注浆，这样反复几次直到压力不再下降为止。

注完浆的钢管要立即堵塞孔口，防止浆液外流。

小导管预注浆施工工艺流程，如图8.3所示。

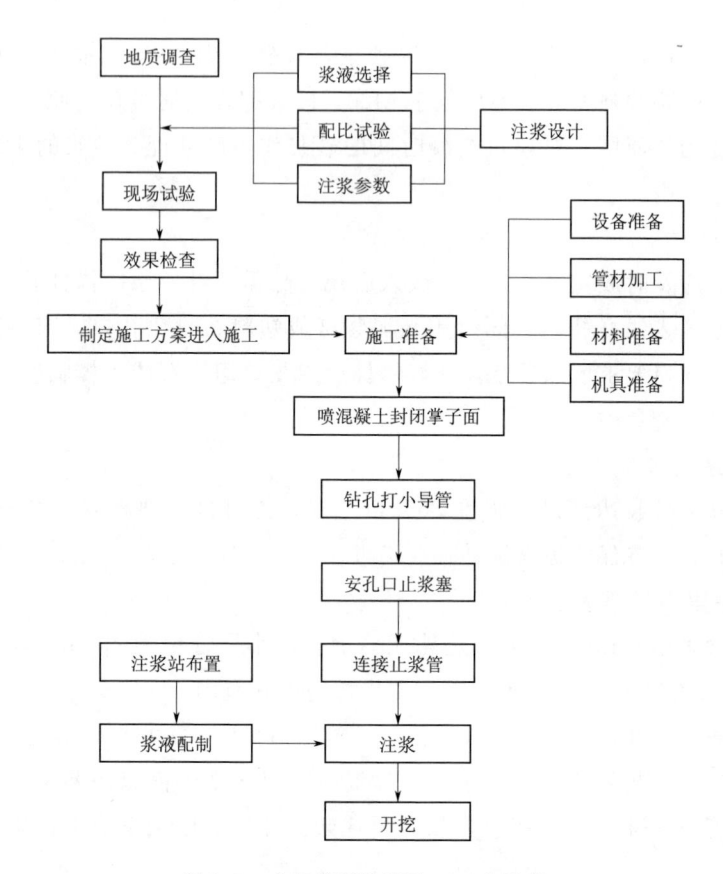

图 8.3　小导管预注浆施工工艺流程

8.5　洞身掘进与初期支护

8.5.1　开挖方法及步骤

Ⅲ级围岩全断面法施工、Ⅳ级围岩台阶法施工，Ⅴ级围岩环形开挖预留核心土法施工，如图 8.4～图 8.10 所示。

8.5.2　Ⅲ级围岩全断面法施工工序

(1) 爆破开挖①部，施作①部周边的初期支护。
(2) 开挖①部一段距离后，爆破开挖②部；施作②部周边初期支护。
(3) 施作底板（基层）Ⅲ（含中心排水管部分）。
(4) 根据监控量测结果分析，初期支护收敛后，模板台车一次施作Ⅳ部拱墙衬砌。

8.5 洞身掘进与初期支护

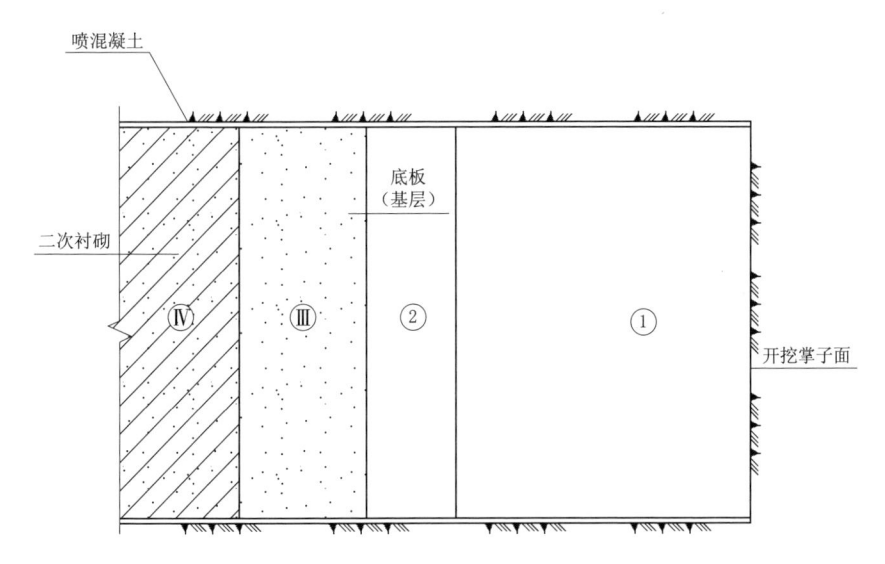

图 8.4 Ⅲ级围岩全断面法施工工序平面示意图

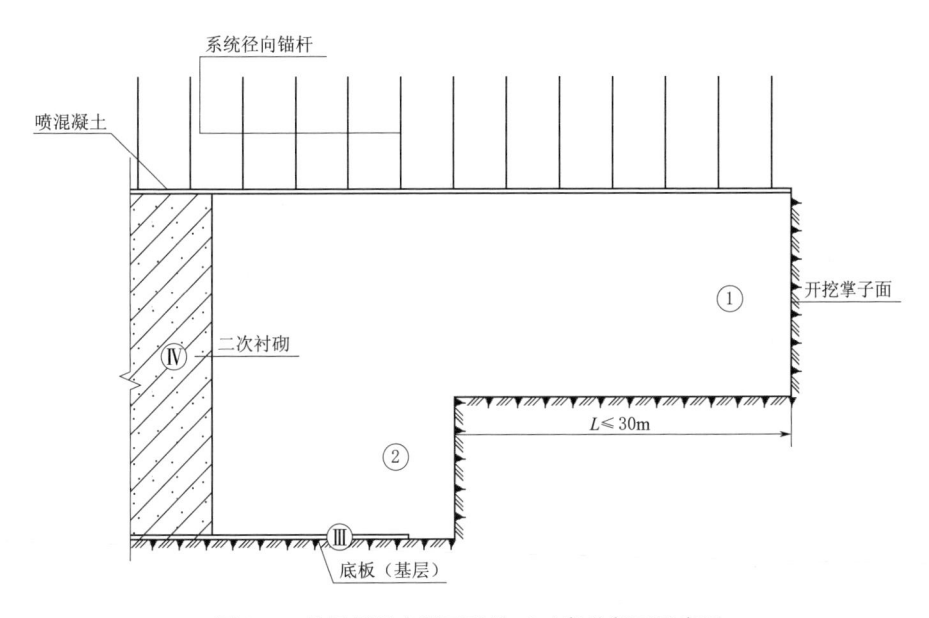

图 8.5 Ⅲ级围岩全断面法施工工序纵断面示意图

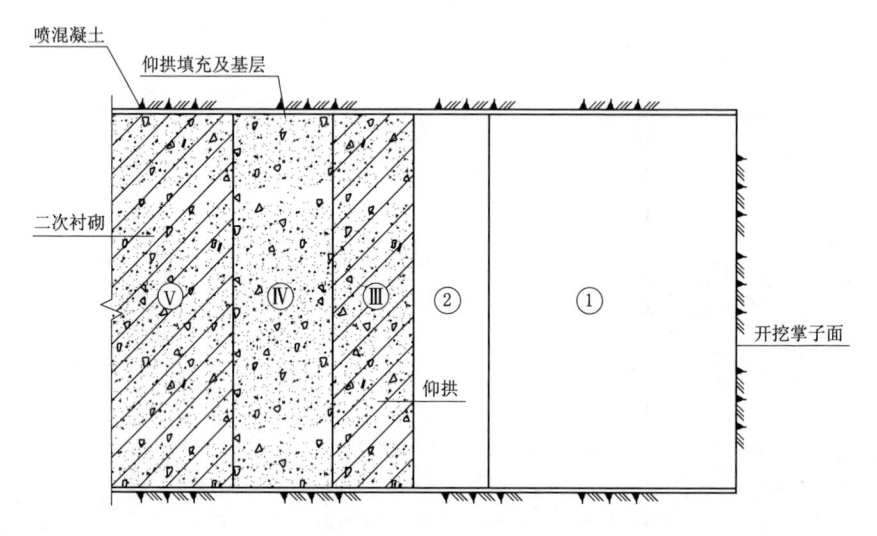

图 8.6　Ⅳ级围岩台阶法施工工序平面示意图

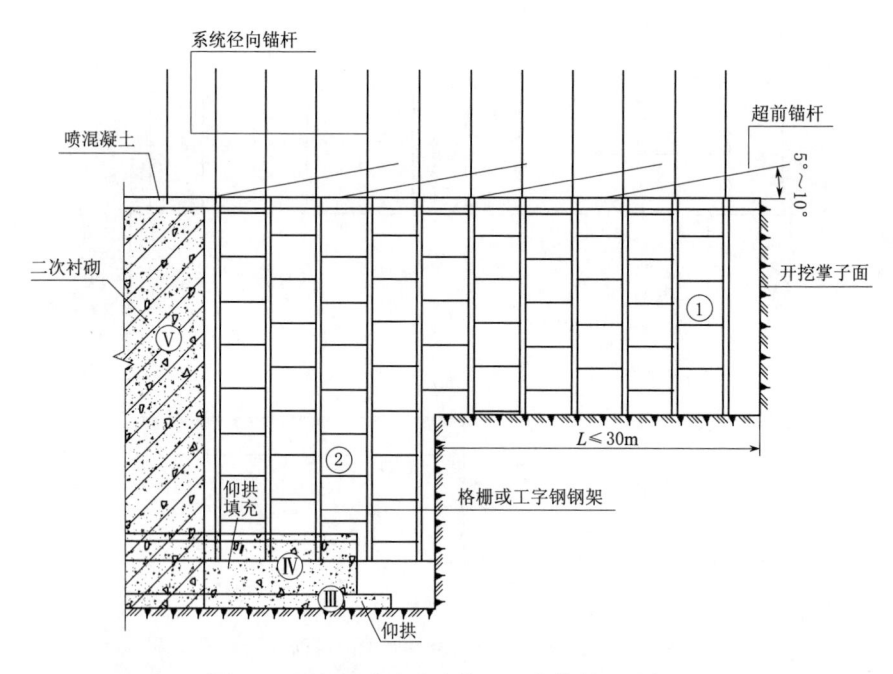

图 8.7　Ⅳ级围岩台阶法施工工序纵断面示意图

8.5 洞身掘进与初期支护

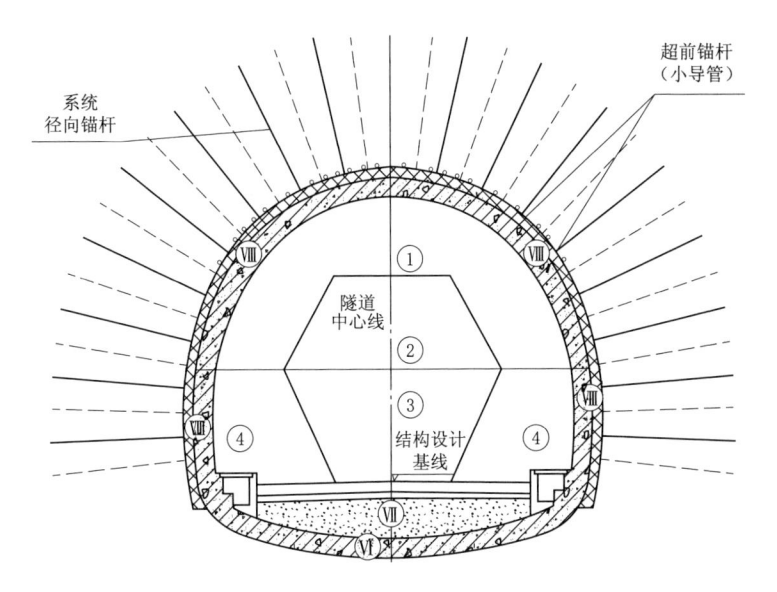

图 8.8 Ⅴ级围岩环形开挖预留核心土法施工工序横断面示意图

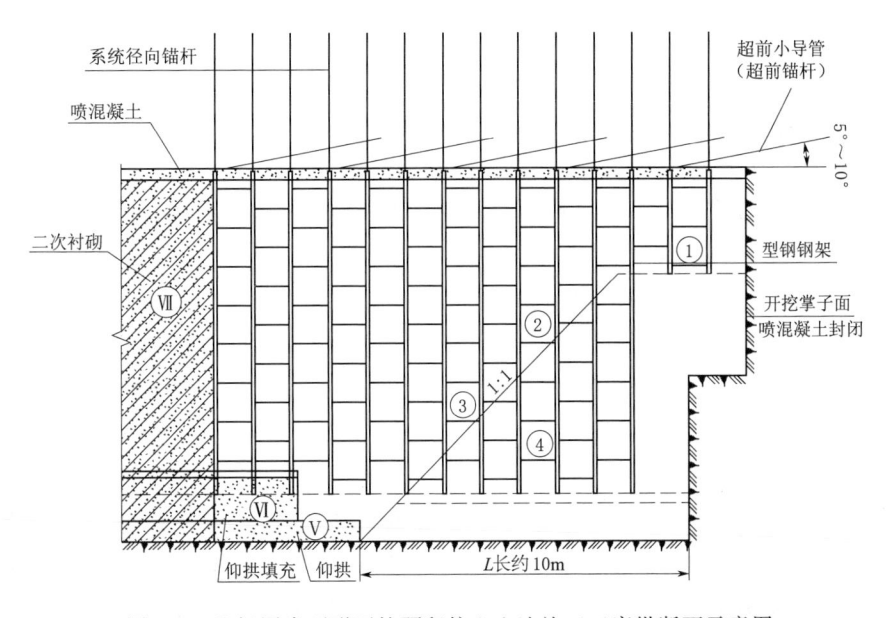

图 8.9 Ⅴ级围岩环形开挖预留核心土法施工工序纵断面示意图

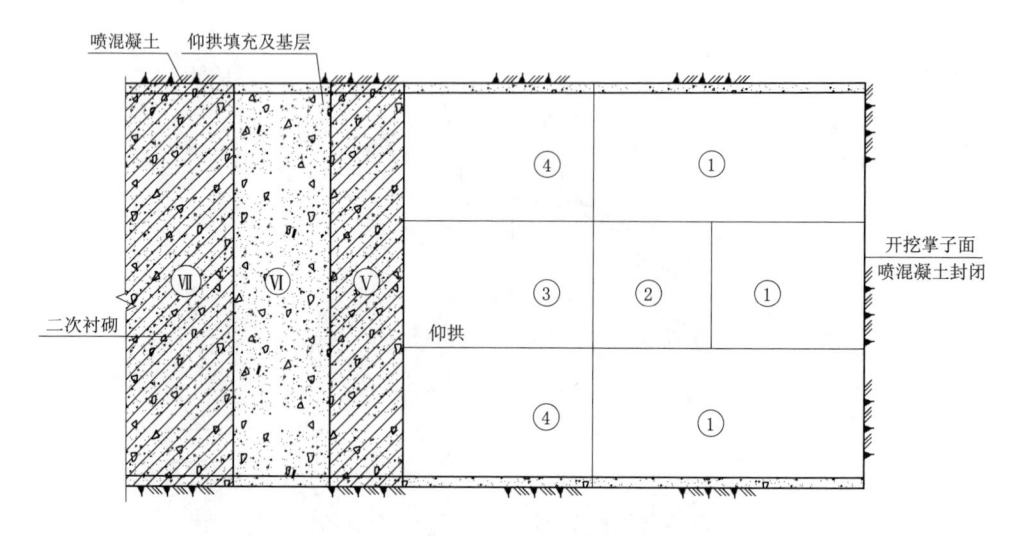

图 8.10　Ⅴ级围岩环形开挖预留核心土法
施工工序平面示意图

8.5.3　Ⅳ级围岩台阶法施工工序

(1) 爆破开挖①部，施作①部周边初期支护，并设锁脚锚杆。

(2) 开挖①部一段距离后，爆破开挖②部；施作②部周边初期支护，设锁脚锚杆。

(3) 施作Ⅲ部仰拱。

(4) 施作Ⅳ部（仰拱充填），并施作路面基层混凝土。

(5) 根据监控量测结果分析，待初期支护收敛后，利用衬砌模板台车一次。

(6) 施作Ⅴ部拱墙衬砌[232]。

8.5.4　Ⅴ级围岩环形开挖预留核心土法[233]施工工序

(1) 利用上一循环架立的钢架施作隧道洞身纵向超前支护；分部开挖①部，同时每循环进尺一次，掌子面喷 8cm 厚混凝土封闭；施作①部导坑主体结构的初期支护，即初喷 4cm 厚混凝土，架立钢架；复喷混凝土至设计厚度。

(2) 开挖②部预留核心土，预留核心土开挖进尺与各台阶循环进尺相一致。

(3) 开挖③部预留核心土，预留核心土开挖进尺与各台阶循环进尺相一致。

(4) 左右交错开挖④部，并施作导坑主体结构和仰拱初期支护，及时封闭成环。初期支护施作步骤及工序参见①；施作Ⅵ部灌注该段仰拱；灌注仰拱充填Ⅶ部（含中心排水沟部分），并施作路面基层混凝土。

(5) 利用衬砌模板台车一次性灌注Ⅷ部二次衬砌（拱墙衬砌一次施作）。

8.6 光面爆破施工

8.6.1 钻爆设计
8.6.1.1 设计原则

采用光面爆破。根据地质条件，开挖断面、开挖进尺，爆破器材等条件编制爆破设计[234-235]。

根据围岩特点合理选择周边眼间距及周边眼的最小抵抗线，辅助炮眼交错均匀布置，周边炮眼与辅助炮眼眼底在同一垂直面上，掏槽炮眼加深10cm。

严格控制周边眼的装药量，采用间隔装药，使药量沿炮眼全长均匀分布。

有水地段采用乳化炸药，其余均用2号岩石硝铵炸药，周边眼采用A25×200mm小直径药卷不隔合装药方式，其余炮眼用A32×200mm药卷；掏槽方式采用斜眼掏槽；爆破采用电力起爆。

每循环对围岩情况进行调研，及时调整爆破参数，尤其要缩小周边眼间距，原则上不大于50cm，同时尝试采用预裂爆破、控制爆破等方法。同时采用3个钻爆循环地作为一个试验段，分别对各种爆破参数及开挖方法进行确定，选择最优爆破参数及开挖方法。

8.6.1.2 爆破试验

钻爆设计应使用光面爆破或预裂爆破技术。爆破参数的选择，均应通过试验确定；无试验条件时，可参照《公路隧道施工技术规范》（JTG F60—2009）[236]中的有关参数。

1. 光面爆破的要求

（1）残留炮孔痕迹，应在开挖轮廓面上均匀分布。炮孔痕迹保留率：硬岩不少于80%，中硬岩不少于70%，软岩不少于50%。

（2）相邻两孔之间的岩面平整，孔壁不应有明显的爆破裂隙。

（3）相邻两孔之间出现的台阶形误差不得大于150mm。

2. 预裂爆破的要求

（1）在主要爆破眼引爆前，瞬时爆破单排密距孔眼，可获得沿开挖线的预裂面，减少对主要爆破眼的爆破影响，从而减少外层岩石的破损。

（2）最理想的情况是单一的断裂应连接到邻近的爆破眼，并在每个预裂孔眼内还保留一半的孔深。

（3）预裂爆破孔的预裂缝宽度一般不宜小于5mm。

（4）爆破试验的内容应包括：爆破材料性能的试验检测和材料选择；爆破参数选择试验；爆破效果检测（包括对开挖基岩的扰动及损坏）；爆破对已建邻近建筑物及锚喷区影响试验。

8.6.2 Ⅲ级围岩爆破设计

Ⅲ级围岩采用全断面爆破开挖，楔形掏槽方式，爆破设计，如图8.11所示。

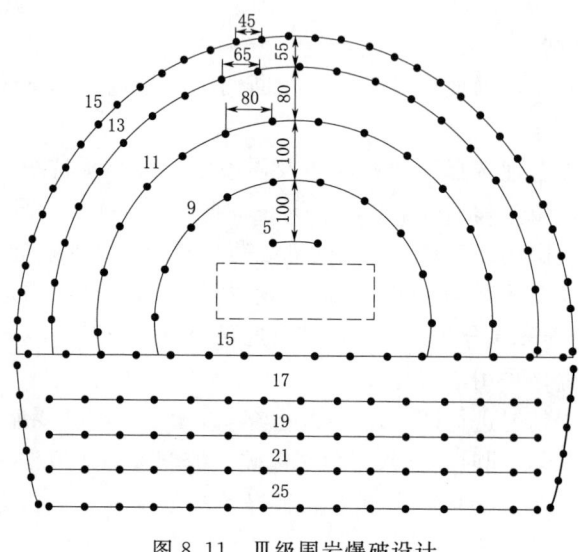

图 8.11　Ⅲ级围岩爆破设计

8.6.3 Ⅳ级围岩爆破设计

Ⅳ类围岩采用上下台阶法光面爆破开挖，楔形掏槽方式，爆破设计，如图8.12所示。

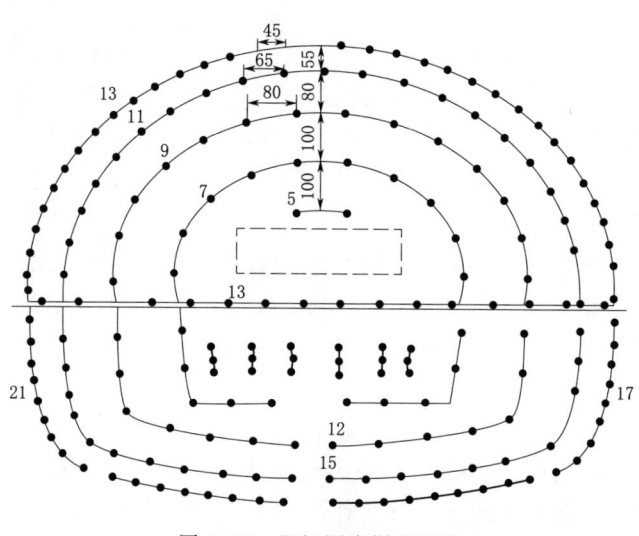

图 8.12　Ⅳ级围岩爆破设计

8.6.4 V级围岩爆破设计

V级围岩采用环形开挖预留核心土法开挖。采用"短进尺、多打孔、少装药、弱爆破"的原则，爆破设计，如图8.13所示。

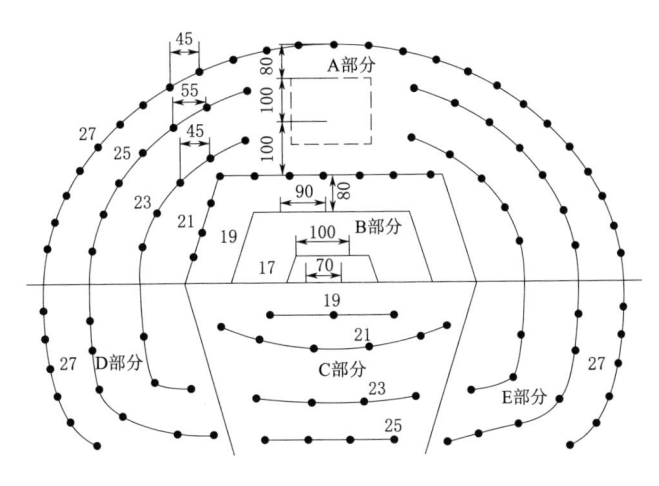

图 8.13 V级围岩爆破设计

1. 放样布眼

人工钻眼前，测量人员要用红油漆准确绘出开挖面的中线和轮廓线，标出炮眼位置，其误差不得超过5cm。在直线段，可用3~5台激光准直仪控制开挖方向和开挖轮廓线。

2. 定位开眼

钻孔时，钻杆与隧道轴线要保持平行。按炮眼布置图正确钻孔。对于掏槽眼和周边眼的钻眼精度要求比其他眼要高，开眼误差要控制在3~5cm。

3. 钻眼

首先熟悉炮眼布置图，熟练地操纵凿岩机械，要有丰富经验的老钻工司钻，以确保周边眼有准确的外插角，尽可能使两茬炮交界处台阶小于15cm。同时，根据眼口位置及掌子面岩石的凹凸程度调整炮眼深度，以保证炮眼底在同一平面上。

4. 清孔

装药前，必须用由钢筋弯制的炮钩和管径小于炮眼直径的高压风管输入高压风将炮眼石屑刮出和吹净。

5. 装药

装药需分片分组按炮眼设计图确定的装药量自上而下进行，雷管要"对号入座"。所有炮眼均以炮泥堵塞，堵塞长度不小于20cm。

6. 联结起爆网路

起爆网路为复式网路,以保证起爆的可靠性和准确性。联结时要注意:导爆管不能打结和拉细;各炮眼雷管连接次数应相同;引爆雷管用黑胶布包扎在离一簇导爆管自由端10cm以上处。网路连好后,要有专人负责检查。

8.7 初期支护施工

初期支护形式为砂浆锚杆、喷射混凝土、钢筋网支护,型钢钢架支护[237-238]。

8.7.1 砂浆锚杆

锚杆施工之前,应向围岩的岩面喷射一层混凝土,封闭岩面松石,然后布设锚杆孔位。

锚杆的材质、类型、规格、数量、质量和性能必须符合设计要求。

用红油漆在岩面上标出锚杆孔位置,呈梅花状布置,左右、上下偏差控制在±5cm以内。

钻孔时保证钻杆与岩面垂直。钻孔深度偏差应在±5cm以内。

用高压风吹尽孔内岩屑,再用水冲洗。

砂浆锚杆孔径应大于锚杆直径约15mm,并先注入早强砂浆,然后安装杆体;锚杆的垫板应与岩面贴紧。其他锚杆严格按设计要求和施工规范施工。

锚杆的28d的拉拔力平均值不小于设计值,最小拉拔力不小于设计值的90%。

8.7.2 喷射混凝土

在喷射混凝土前按照规范和标准对开挖断面进行检验,按湿喷工艺施工。

混凝土采用强制式自动计量拌和机拌和;搅拌运输车运到现场后,经湿喷机二次拌和,以高压风为动力,经喷头射至受喷面。湿喷混凝土施工程序,如图8.14[237]所示。

施工工艺及质量控制措施:

(1) 施工程序说明。混凝土配合比由试验确定,符合设计及规范要求。混凝土从拌和站采用混凝土搅拌运输车运至湿喷机喂料斗处,速凝剂在湿喷机专用入口添加,由计量泵将速凝剂通过胶管压入喷嘴。湿喷机工作时系统风压不小于0.5MPa,风量不小于10m³/min,工作风压控制在0.4~0.5MPa。

喷射混凝土严格按设计配合比拌和。配合比及搅拌均匀性每班检查不少于两次。

喷射前,认真检查隧道断面尺寸,对欠挖部分及所有开裂、破碎、出水点、崩解的破损岩石进行清理和处理,清除浮石和墙角虚碴,并用高压水或风冲洗岩面。

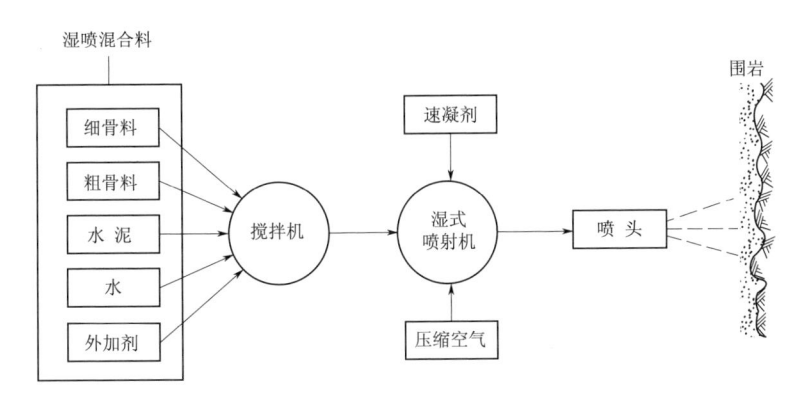

图 8.14　湿喷混凝土施工程序

(2) 喷射作业要求。喷射混凝土作业采取分段、分块，先墙后拱、自下而上的顺序进行。喷射时，喷嘴做反复缓慢的螺旋形运动，螺旋直径为20～30cm，以保证混凝土喷射密实。同时掌握风压、水压及喷射距离，减少回弹量。

(3) 最佳喷射距离与角度。喷头距岩面距离0.6～1.2m，喷射料束与受喷面垂线成5°～15°。

(4) 喷射厚度。初喷厚度为4～6cm。着重填平补齐，将凹坑喷圆顺。表面目测平顺，否则补喷。喷射混凝土紧跟开挖面，喷混凝土完成后4h后才能进行下阶段爆破和开挖。隧道喷射混凝土厚度大于5cm时分层作业。第二次喷射混凝土需在第一层混凝土终凝1h后进行，且冲洗第一层混凝土面。初次喷射注意先找平岩面。

(5) 喷混凝土养生。混凝土终凝2h后，开始喷水养护，养护时间不少于7d。

8.7.3　钢筋网

按设计要求规格尺寸加工钢筋网，在加工棚分块预制，洞内铺挂，钢筋网在初喷2cm厚混凝土后设置，随开挖面起伏铺设，同锚杆固定牢固。钢筋网与受喷面的间隙3cm左右，其保护层大于2cm。搭接长度为1～2个网格。钢筋网片施工工艺流程，如图8.15所示。

8.7.4　格栅钢架

8.7.4.1　格栅钢架加工

格栅钢架按照设计要求采用格栅制作。钢架在钢筋加工场集中加工为半成品，经检验合格后，运输汽车倒运至施工作业面。格栅钢架应在胎膜上焊接。钢架节点焊接长度应大于4cm，且对称焊接。在加工过程中须严格按设计要求和同时结合预留沉降量的大小进行制作，做好样台、放线、复核并标上号码标记，确保制作精度。

每榀格栅钢架加工完成后进行试拼。试拼应在经硬化处理的地面或工作台

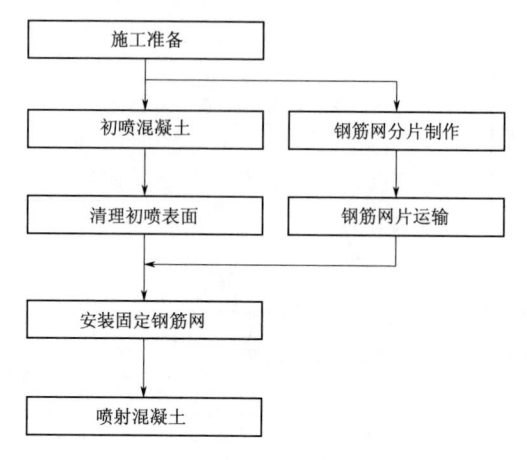

图 8.15 钢筋网片施工工艺流程

架上进行，周边拼装允许误差为±3cm，平面翘曲应小于2cm。

8.7.4.2 格栅钢架架立

（1）先准确测量出中线、水平点及里程，保证格栅钢架安装的精度符合施工工艺和设计开挖轮廓的要求，同时要考虑预留沉降量。

（2）格栅钢架按设计标示位置架设，钢架应安放在坚实的基底上，钢架与初喷层的间隙应采用喷射混凝土充填密实。

（3）钢架安设应在开挖后尽快完成。钢架与径向锚杆、钢筋网及连接筋焊接成整体。

（4）型钢钢架。型钢钢架安装施工工艺流程，如图8.16所示。

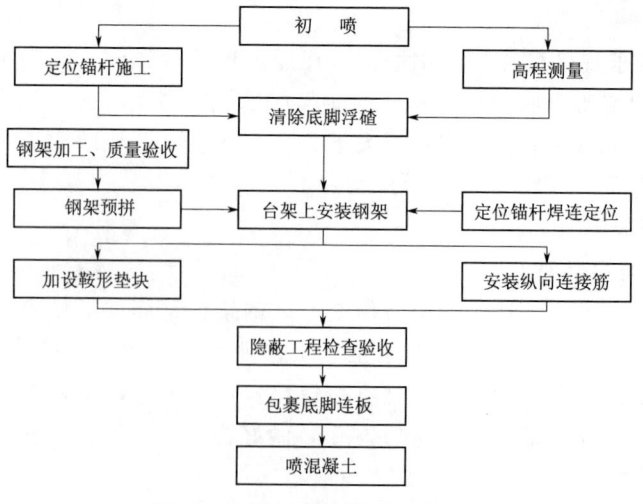

图 8.16 钢架安装施工工艺流程

钢架在机械厂加工，精确放样下料，分节焊制而成。采用机械运至安装现场，人工作业平台配合装载机安装，安装时注意钢架的垂直度，防止出现左前右后或前倾后倒现象，并与锚杆及纵向连接钢筋焊接，使之成为整体。

严格控制中线及高程。拱架与岩面间安设鞍形混凝土垫块，确保岩面与拱架密贴。确保初喷质量。拱脚高程不足时，应设置钢板进行调整，或用混凝土浇筑，混凝土强度不小于C20。

8.8 二次衬砌

隧道二次衬砌施工工艺流程，如图8.17[239-240]所示。

混凝土二次衬砌施工采用整体式液压钢模衬砌台车，隧道进洞前，模板台

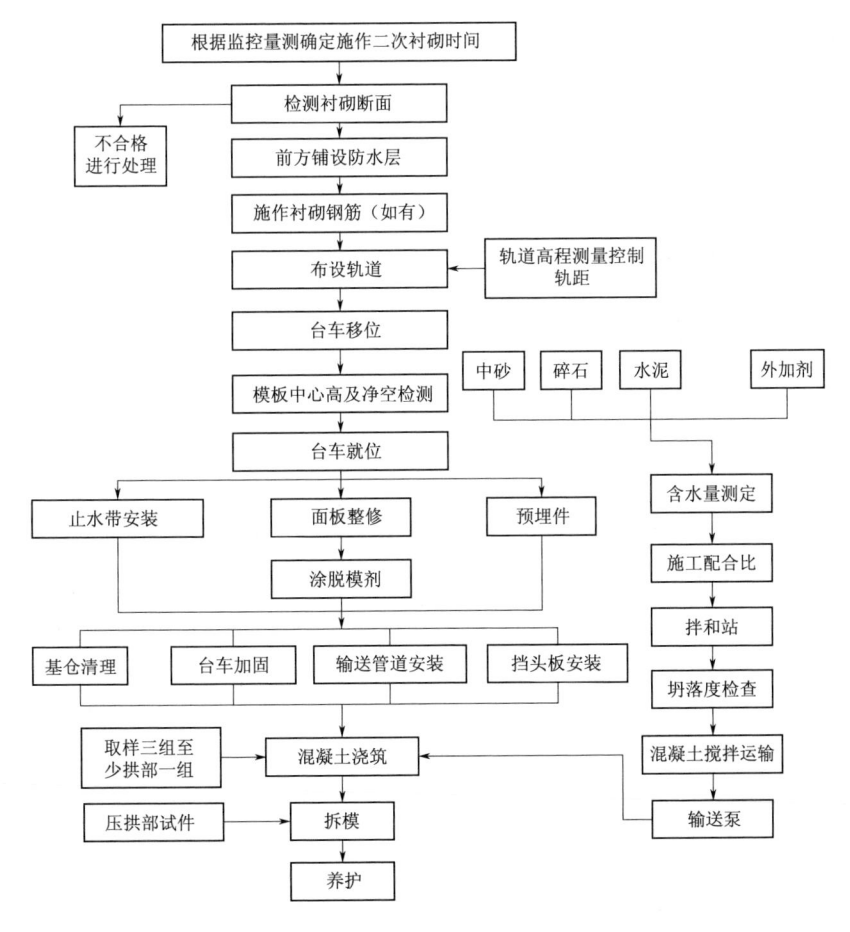

图 8.17 隧道二次衬砌施工工艺流程

车在洞前装配，台车安装采用吊车配合人工方式组装；衬砌施作时，施工用风水管随台车前进置于台车下部，通风管移至支撑桁架间。台车下部净空需满足混凝土运输车通行，上部支撑桁架需满足通风管穿越。

混凝土在自动计量拌合站拌和，搅拌运输车运输，泵送混凝土，插入式振动器振捣，封顶采用输送泵接封顶器封顶技术。

二次衬砌应在围岩和初期支护变形基本稳定后施作；当围岩变形量较大，流变特性明显时，二次衬砌及早施作，以保安全。

二衬混凝土施工采用整体式液压钢模衬砌台车，长度为 12m。行走轨道采用钢轨，严格控制轨道中心距和轨面标高。台车模板定位采用五点定位法，台车顶部加设木撑或千斤顶，以免在浇筑边墙混凝土时台车上浮。

按设计位置固定预留洞室和预埋件，安装挡头板及止水带、止水条。

混凝土在洞外的混凝土集中拌和站生产，自动计量。拌和采用分次投料拌和工艺，严格拌和时间，确保混凝土生产质量。施工所用原材及外加剂应符合设计及规范要求。

混凝土浇筑：采用泵送浇筑工艺，机械振捣密实。

8.9 隧道防排水

8.9.1 隧道防水

隧道二次衬砌以自防水为主，衬砌采用防水混凝土。明洞衬砌、二次衬砌抗渗等级不得小于 S6。隧道洞身段在初期支护和二次衬砌间拱墙设置防水层，防水层采用 EVA 塑料防水布＋无纺布。隧道衬砌施工缝设置遇水膨胀橡胶止水条，变形缝设置 651 型橡胶止水带[241]。

8.9.2 隧道排水

隧道拱墙背整环连续铺设一道 ϕ50HDPE 双壁打孔波纹管环向盲沟，有渗漏水地段纵向间距为 10m，无渗漏水地段纵向间距为 20m。隧道两侧墙角在防水板和初喷混凝土之间及路面基层下两侧分别设置 ϕ100HDPE 双壁打孔波纹管盲沟各一道，纵向贯通。两侧边墙底部每隔 10m 设置 ϕ100PVC 横向泄水管各一道。路面基层底于每道施工缝及结构缝处设置一道 ϕ50HDPE 双壁打孔波纹管盲沟引排地下水至路面基层下两侧 ϕ100HDPE 双壁打孔波纹管纵向盲沟，并在集中水流处增设横向盲管。

隧道路面采用双面坡，两侧设置路面排水沟，主要排放消防及清洗水，使衬砌背后围岩水与污染水分离排放[242]。

8.9.3 隧道洞口防排水

结合洞口的地形情况，设置洞门墙排水沟以及在洞口上方设置截水沟，防止雨水对坡面、洞口的危害，引地表水至路基边沟或洞门外端自然沟谷，以此形成完善的洞外排水系统。

8.10 隧道辅助设施

8.10.1 通风

采用轴流式通风机，选用SDF(C) 12.5型风机，通风管采用$\phi1500$的PVC高强长纤维布基拉链式软风管，风管节长为100m，转弯处用钢管。软风管悬挂在拱顶处。

8.10.2 隧道排水

隧道潜水泵抽排，只需在一侧开挖水沟，使水顺坡自然排出洞外。

8.10.3 隧道供电

隧道采用普巴绒端单端进洞。供电方案采用洞口各架设1座800kVA变压器，为隧道施工提供电力。

8.10.4 高压供风

在隧道洞口处设置集中空压站，配备3台VWJ-20/8型电动空压机。采用$\phi203mm$无缝钢管，将高压风送至工作面。

8.10.5 高压供水

在洞口上方较高处各设置一个蓄水池，使用水泵将井水抽至蓄水池。隧道内高压供水通过使用高压变频供水设备从蓄水池内获得。

8.10.6 隧道弃渣

隧道主洞、导洞及洞口开挖土石方约12万m^3，自卸车出渣，装载机装车。弃渣场在左下沟2号渣场。

8.11 隧道监控量测[243]

8.11.1 洞外方向控制测量

日地隧道采用精密导线法，施工前进行地表贯通符合，用全站仪在隧道出口附近各测设三个以上平面控制点，作为洞内方向控制测量的起点和依据，控制点位置的设定以便于引进洞内，避免施工干扰，并定期对平面控制桩进行复核。

8.11.2 洞外高程控制测量

采用三等水准测量标准，进、出口高程测量贯通后，在洞口附近各设置两个以上临时水准点，作为洞内高程控制的依据，临时水准点的设置以便于使用、不易损坏为原则，并用混凝土加以保护。

8.11.3　洞内施工测量

中线点采用全站仪从洞外平面控制点引入，每 20m 设一个中线控制桩，方向用两次正倒镜拨角分中定点，距离用钢卷尺丈量。开挖断面的炮眼放线定位和衬砌模板就位调整，全部用全站仪和水准仪进行平面和高程控制，确保空间位置的测量精度。每进洞 50～100m 设一导线点，与洞外导线网连测，平差后对中线控制点进行核正。

8.11.4　量测项目

根据规范的规定[244]，对隧道确定必测项目和选测项目。

必测项目包括洞内外观察、拱顶下沉、净空变化、地表沉降。选测项目包括围岩压力、钢架内力、喷混凝土内力、二次衬砌内力、初期支护与二次衬砌间接触压力、锚杆轴力、围岩内部位移、隧底隆起、爆破震动、孔隙水压力、水量、纵向位移。

8.11.5　量测断面及测点布置、量测作业

洞内观察可分为开挖工作面观察和已施工区段观察两部分。开挖工作面观察在每次开挖后进行一次。当地质情况基本无变化时，可每天进行一次。观察后应绘制开挖工作面略图，填写工作面状态记录表及围岩级别判定卡。对已施工区段观察每天进行一次，观察内容包括喷射混凝土、锚杆、钢架等的状况。洞外观察包括洞口地表情况、地表沉陷、边坡及仰坡的稳定、地表水渗透的观察。

量测在每次开挖后尽早进行，初读数应在开挖后 12h 内读取，最迟不得大于 24h，而且在下一循环开挖前，必须完成初期变形值的读取。

测点应牢固可靠，易于识别并妥为保护。拱顶量测后视测点必须埋设在稳定岩面上，并和洞内水准点建立联系。

量测应选择精度适当、性能可靠、使用及携带方便的仪器。

拱顶下沉量测应与净空变化量测在同一量测断面内进行，可采用水准仪等测定下沉量。拱顶下沉测点原则上设置在拱顶轴线附近。

各项量测作业均应持续到变形基本稳定后 1～3 周。

锚杆轴力、围岩压力、钢架内力等选测项目量测，开始时应和同一断面的变形量测频率相同，当量测值变化不大时，可降低量测频率，从每周一次到每月一次，直到无变化为止。

8.11.6　量测数据处理

及时对现场量测数据绘制位移及位移速度随时间的变化曲线和位移及位移速度与开挖工作面距离的关系曲线。

当位移-时间曲线趋于平缓时，进行数据处理或回归分析，以推算最终位移和掌握位移变化规律。

当位移-时间曲线出现反弯点时，则表明围岩和支护已呈不稳定状态，此时密切监视围岩动态，并加强支护，必要时暂停开挖。

量测元件埋设情况和量测资料纳入竣工文件，以备运营中查考或继续观测。

8.12 隧道路面

隧道洞身及隧道出口端（普巴绒端）采用水泥混凝土路面，水泥混凝土路面面层厚度为26cm，下设15cm厚C20混凝土基层；隧道进口（雅江端）50m范围内采用复合式路面，复合式路面上面层为沥青混凝土面层，分两层依次为细粒式密级配粗型沥青混凝土AC-13C上面层（厚4cm）、中粒式密级配粗型沥青混凝土AC-16C中面层（厚4cm）；下面层为20cm厚水泥混凝土面层，基层采用C20混凝土，厚度为13cm。

8.12.1 基层水泥混凝土刚性路面施工

混凝土在搅拌站集中搅拌，采用运输车运输，机械摊铺，振动梁振实刮平，抹平机抹面，真空机吸水。

8.12.2 路面施工要点[245]

混凝土拌和物从搅拌机出料后，运输、摊铺、振捣、表面修整，直至铺筑完毕的允许最长时间，由试验室根据水泥初凝时间及施工气温确定。

摊铺时，必须有专人指挥车辆卸料，自卸车卸料时，要根据装载量及摊铺宽度均匀地倾倒在预定位置，车距要均匀。

混凝土路面完毕，应及时养护。采用草袋在混凝土终凝以后覆盖于混凝土表面，每天应均匀洒水经常保持潮湿状态；养护期为14~21d，养护期间，禁止一切车辆通行。

保持表面平整，增强板面强度和均匀性，随后用抹光机抹面。

8.13 隧道机电施工

隧道机电工程分为通风及照明控制系统、供配电系统及消防系统，涉及面广、专业性强，新技术、新材料、新工艺、新设备应用多，技术难度大[246]。

8.13.1 预留预埋孔洞

预留预埋孔洞包括通风控制柜、照明配电箱、维修电源箱、疏散诱导标志箱、消防控制柜和紧急电话等设备均需要在侧壁上预留孔洞，机电施工前须核对孔洞桩号是否准确、洞室大小是否合适。

8.13.2 预留预埋管线

根据设计要求将可挠金属管预埋在侧壁内，部分设备到机箱间的电缆均走此管道，如照度仪、紧急电话、CO/VI 检测仪等与电缆沟的连接，摄像机到其配套设备箱、火灾报警综合盘、广播喇叭到电缆沟的连接，并逐根对管道进行试通。

第 9 章 引 道 施 工

桥梁引道是指桥梁两端与道路连接的路段。由于桥梁需跨越道路、河流或沟谷，所以两侧桥头比地面高很多，所以需通过引道连接原地面和桥梁。根据《公路桥涵设计通用规范》(JTG D60—2004) 3.4.1 条规定[247]：桥头引道路堤是指路基顶面高于原地面的填方路基，在结构上分为上路堤和下路堤，上路堤是指路面底面以下的 80~150cm 范围内的填方部分，下路堤是指上路堤以下的填方部分，一般都是由土方和石方填起来。路基填料的选择与密实度控制在路基设计、施工中最为重要。路堤沉降：路堤在其自重及荷载作用下会产生压密沉降，另外，在动荷载的长期重复作用下会产生累积沉降。路基的过量沉降会造成路基病害、增加线路养护维修工作量、影响正常行车，因此如何减小和控制路堤沉降是路基工程要解决的重要问题。主要通过对填料的控制、提高压实标准等手段加以解决[248]。

9.1 概述

两河口水电站库首跨库大桥及其引道段施工项目共有明线段路基两段，分别是项目起点与场内交通 6 号公路相接，起止里程为 K0+000~K0+056，共计为 56m，左岸桥头至日地隧道入口处 K0+684~K0+691，共计为 7m。

9.2 路基横断面设计

在 K0+000~K0+007.55 范围内路基宽度由 8.5m 渐变为 7.5m，路拱横坡由 1.5% 渐变为 2.0%；由于 K0+007.55 为缓和曲线起点，由此处开始至 K0+020，根据设计图纸采取内侧加宽的方式，右路基宽度由 3.75m 渐变至 4.45m，左路基路拱横坡由 2.0% 渐变为－1.0%，右路基横坡不变仍为 2.0%；K0+020~K0+032.55，右路基宽度由 4.45m 渐变至 5.15m，左路基路拱横坡－1.0% 渐变为－4.0%，右路基横坡由 2.0% 渐变至 4.0%；K0+032.55~K0+041 左路基宽度维持 3.75m 不变，右路基宽度维持 5.15m 不变，左路基横坡为－4.0%，右路基横坡为 4.0%；K0+041~K0+056 范围内左路基宽度由 3.75m 渐变为

4.5m，右侧路基由 5.15m 渐变至 5.9m，左路基横坡为－4.0％，右路基横坡为 4.0％，维持不变[249]。

9.3 路基开挖施工

路基开挖施工采用自上而下、分层分段的原则[250-251]进行，边坡开挖前先用锁口锚杆对边坡开口线外易松动坡顶进行锁口，沿纵向分段横向分仓法边开挖边支护，开挖一段后立即进行坡面喷锚支护[252]。

9.3.1 一般石方路基爆破
9.3.1.1 施工方法

石方开挖采用自上而下分层分块梯段爆破开挖方法，为保证梯段爆破不破坏马道或路基基础面，可预裂马道保护层或在距离基础面开挖高程较高的部位，预留保护层，随后利用手风钻进行保护层开挖，装药爆破以及出渣，最后逐渐扩挖打开开挖工作面，为快速进行开挖施工创造条件[253-254]。

边坡深孔梯段爆破采用 YQ100B 钻机钻孔[255]，为确保爆破危害控制在可控范围内，采取多钻孔少装药方式，既达到爆破松动的效果，又保证安全。马道水平及基础面保护层均采用 YT28 手风钻钻孔爆破。开挖的爆破石渣采用 1.6m³ 液压反铲和装载机挖装，15t 自卸车出渣。

依据地形布置钻孔，以弥补岩石自然坡厚度不均所造成的前排抵抗线不均的缺陷，并严格控制最小抵抗线不得朝向固定设备、临建设施等严禁飞石的部位[256]，钻孔设备以 YQ100B 高风压潜孔钻机为主，在设计边坡面 2～3m 以外的开挖采用大面积梯段爆破，靠近边坡开挖面采用手风钻按照(0.6～0.8)m×1.0m 间排距进行爆破开挖，爆破参数如下：

手风钻爆破参数：钻孔孔径 $D=40～42mm$，梯段高度为 3～4m，孔距为 0.6～0.8m，排距为 1m，单耗为 0.4～0.45kg/m³。

手风钻光面爆破参数：钻孔孔径 $D=40～42mm$，梯段高度为 3～4m，孔距为 0.6～0.8m，光爆层厚为 0.7m，线装药量为 180～250g/m。

YQ100B 潜孔钻、液压钻爆破参数：钻孔孔径 $D=90mm$，梯段高度为 10～15m，孔距为 3～3.5m，排距为 2m，单耗为 0.4～0.45kg/m³。

9.3.1.2 主要施工工序

主要施工工艺流程，如图 9.1 所示

9.3.1.3 主要工序说明

1. 测量放样

利用现场已经加密的控制点，在施工现场设置施工控制网，路基边坡测量

9.3 路基开挖施工

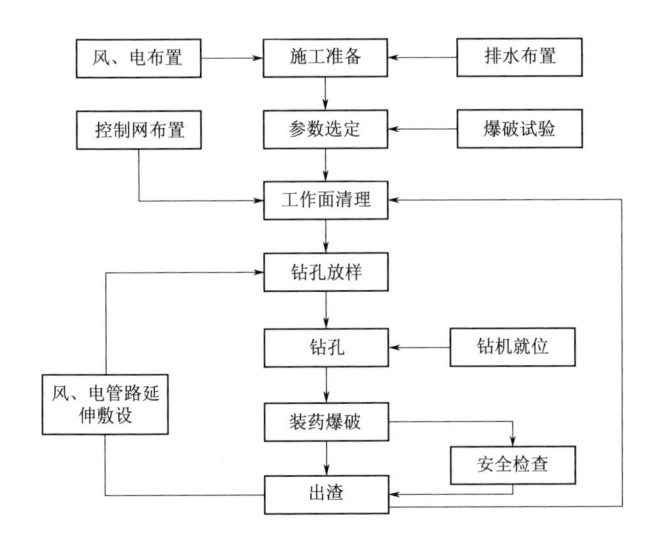

图 9.1 主要施工工艺流程[257]

采用全站仪、水准仪进行施工控制[258]，每层石方开挖前，先清理钻孔工作面，然后测量出岩石面高程，结合基础开挖设计高程，确定各部位的具体开挖深度。

2. 钻孔

路基边坡开挖钻孔主要采用YQ100B高风压潜孔钻机，对钻机无法到达的部位，采用手风钻钻孔爆破，基础面保护层开挖采用手风钻进行钻孔爆破，对局部边坡开挖，马道保护层范围内岩石开挖和槽挖采用YT28手风钻机钻孔。

钻孔要求：钻孔严格按爆破设计进行，各钻孔需保持平直，均匀布置，所有基面均不允许欠挖，且最大超挖量不大于15cm，钻孔深度需保证每层孔底高程一致，使爆破后岩面平整，方便下一循环作业和满足建基面开挖要求，开挖边线采用预裂或光面爆破技术，预裂爆破孔间距一般为75～85cm。

3. 装药

为便于药量控制，岩石爆破装药采用定型A70mm和A32mm药卷，其中大面积开挖爆破采用A70mm药卷，马道、基础面保护层采用A32mm药卷，装药作业时，除爆破工之外，施工设备及其他施工人员均需撤离到安全地带，并安排3～4人进行警戒。

4. 联网起爆

装药结束，按爆破警报约定，进行准备—预警—起爆—警报解除等程序，起爆由前排依次向后排起爆，为保证爆破作业安全，采用毫秒微差非电导爆管起爆网络。

第9章 引道施工

5. 安全检查及处理

爆破完成等待5min后，由爆破工及安全人员进入开挖区进行安全检查，对发现的问题如盲炮、险石等进行处理。出渣前，采用人工或挖机清理边坡松动石块，及时对开挖岩面进行清理，以保证岩石边坡稳定安全。

9.3.1.4 光面爆破

光面爆破必须采用不耦合装药，不耦合系数范围2～5，应通过简单的爆破试验确定相关爆破参数[259-260]。

光面爆破效果，相邻两残留炮孔间的不平整度不应大于15cm，对于不允许欠挖的结构部位应满足结构尺寸的要求，残留炮孔壁面不应有明显爆破裂隙[261]。除明显地质缺陷外，不得产生裂隙张开、错动及层面抬动现象。炮孔痕迹保存率对节理裂隙不发育的岩体，应达到80％以上，节理裂隙较发育和发育岩体应达到50％～80％，节理裂隙极发育的岩体，应达到50％～10％。

采用光面爆破开挖保护层时，光爆孔前的爆破孔一般不多于两排，在前沿清理结束后施爆，缓冲孔炮孔间距不大于1.5m，药卷直径应减小为主炮孔药卷直径的2/3～1/2。

9.3.1.5 梯段爆破

边坡开挖中采用的爆破方法中严禁采用洞室、竖井、药壶爆破[262]，梯段爆破各类炮孔装药量及装药形式应通过试验确定，其爆破效果，应符合下述要求，爆破石渣的块度和爆堆，应能适合挖掘机械作业，爆破石渣如需利用，其块度和级配还应符合有关要求，爆破对紧邻爆区岩体破坏范围小，爆区底部炮根少，爆破飞石少。

9.3.1.6 控制爆破

对基础开挖范围较小，深度较深的局部采用保护层开挖方法[263]。

第一层：对基础岩层1.5m保护层以上部分，采用梯段爆破，炮孔不得穿入距基础面1.5m的保护层范围，炮孔装药直径不大于40mm。

第二层：对基础面以上1.5m以内的垂直保护层，采用手风钻分层钻爆，炮孔不得穿入距离基础面0.5m的范围，并在孔底设置柔性垫层，装药直径不大于32mm。

对于软弱、破碎岩基，最后一层应留足20cm插挖层，采用机械配合人工清除。

9.3.2 特殊地质条件下的边坡开挖

首先对边坡进行削坡，减缓边坡坡度，使边坡处于稳定状态，加强排水，避免夹层，软弱破碎带充填物长期被水浸泡，内摩擦角值减小，坡体稳定性降低。除开挖前修筑截、排水沟，把雨水地表水引至开挖区之外，增设排水孔，降低地下水位，排水孔按设计要求进行实施，降低开挖分层高度，预留保护层，以 1.5~2.5m 分层高度，预留保护层开挖，手风钻钻孔，浅孔小药量爆破，降低爆破震动对边坡围岩过大扰动，保证边坡开挖的稳定，加强监测，随时对坡体进行观测，已开挖区加密监测断面，对监测结果进行分析，并及时把监测结果报监理工程师，以便确定坡体稳定性，根据工程师指示进行开挖、支护。

9.3.3 开挖质量控制

爆破施工应避免基础岩石面出现爆破裂隙，或使原有构造裂隙和岩体自然状态产生不应有的恶化，临近路基的基础面，预留岩体保护层，其保护层的厚度应由现场爆破试验确定，采用小炮分层爆破的开挖方法，若采用其他开挖方法，必须经过试验证明可行，并经监理工程师批准[264]。

开挖后的岩石表面应干净、粗糙。岩石中的断层、裂隙、软弱夹层应清除到施工图纸规定的深度，岩石表面应无积水或流水，所有松散岩石均应予以清除，建基面岩石的完整性应满足施工图纸的规定。

基础开挖后，如基岩表面发现原设计未勘察到的基础缺陷，则按监理的指示进行处理，包括（不限于）增加开挖、回填混凝土、埋设灌浆管等，监理如果认为有必要时，可要求进行基础的补充勘探工作。

开挖完成后基础面不得有反坡、倒悬坡、陡坎尖角，结构上的泥土、锈斑、钙膜、破碎和松动岩块以及不符合质量要求的岩体等均必须采用人工清除或处理。

基础面不允许欠挖，开挖面应严格控制平整度。

9.4 边坡防护施工

明线路基边坡防护主要施工内容：开挖坡率 1∶0.5，每15m 设置一道边坡平台，边坡平台宽 2m；在二级边坡开口线外采用 2 排 C25 自进式中空注浆锚杆（$L=6.0$m）锁口，梅花形布置，间排距为 2m×2m；坡面采用挂网喷锚支护，采用 C22 砂浆锚杆（$L=4.5$m），梅花形布置，间排距为 2m×2m；坡面设单层 A6.5 钢筋网，网格间排距 0.2m×0.2m，坡面喷 C20 细石混凝土（厚 12cm），边坡平台喷 C20 细石混凝土（厚 8cm）。

9.4.1 挂网喷锚施工工艺流程

挂网喷锚施工工艺流程，如图 9.2 所示。

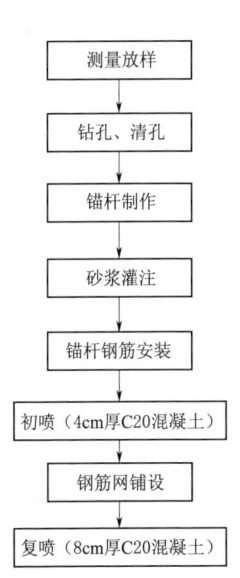

图 9.2 挂网喷锚施工工艺流程[265]

9.4.2 挂网喷锚施工方法[266]

9.4.2.1 施工准备

1. 现场作业面准备

由于开挖采用纵向分段横向分仓法边开挖边支护的方式，在边坡开挖 5～7m 深时，由测量站对实际开挖线和坡比进行复测，经检验符合设计要求后，施工作业人员对坡面松动岩块和强风化土进行彻底清理，对一些凹凸较多的区域应注意局部修坡或采用短钢筋局部锚固，同时尽量保持壁面的粗糙，以确保混凝土与岩石间有足够黏结力，对遇水易潮湿、泥化的岩层，则应用高压风清扫岩面。

2. 物资材料准备

在施工前，确保现场施工电力畅通，并在现场配 30m³ 水箱，保证施工用水供给。由物资部进购经检验合格的水泥、砂子、豆石及速凝剂，并提供原材料检验合格证明及出厂证明。现场水泥应下垫上盖，防止水泥受潮，砂子与细石应分别放置，严禁掺杂在一起，施工所需混凝土搅拌机、喷射机、空压机等提前进场，并保证运转正常。

3. 人员准备

成立一支专业喷锚支护队伍，专门负责对已开挖的坡面进行素喷支护处理，现场配备一名技术员负责对现场施工质量的把控。

9.4.2.2 技术准备

试验室提供经试验监理工程师批复同意使用的 C20 细石混凝土配合比，工程技术部按要求编制施工方案，并上报监理部批准实施后，对边坡防护作业队人员进行技术交底后，方可进行施工。

排架搭设前上报高排架施工专项方案并经监理审批后方可进行排架搭设，排架搭设后须经监理验收合格后方可进行下一步施工。边坡高度大，坡度陡，排架搭设的稳定性十分重要，排架搭设时一定要做到以下几点：

（1）各作业平台、通道等必须满铺马道板（木板厚度不小于 45mm），外挂安全网，要求外观整齐。

（2）架管、管卡质量必须有保证，满足规范要求，架管壁厚不小于 3.5mm。

（3）采用斜支撑、拉锚筋、剪刀架和承载部位增加立柱密度相结合的措施，保证管架刚度，满足承载要求。

9.4.2.3 施工放样

在锚杆施工范围内，起止点用仪器设置固定柱，中间视条件加密，在施工阶段不得损坏。其他孔位以固定桩为准进行放样，可用钢尺丈量，全段统一。

锚杆制作：普通型挂网喷锚设计含 C25 自进式中空锚杆（长 6.0m）、C22

砂浆锚杆（长 4.5m）。对已检验合格的钢筋进行除锈处理，安装定位支架，并加以固定，且保证钢筋在孔内基本居中。

9.4.2.4 钻孔

采用轻型潜孔钻根据图纸布设的孔位进行钻孔，钻孔时保持下倾角的稳定，并随时加以检测。钻孔采用无水钻进方式，同时采用高压气清孔，将岩粉排出，保持孔壁干净粗糙。锚杆钻孔直径不小于设计直径，钻孔倾角不宜小于10°，孔轴保持直线。

边坡裂隙水位置需增设泄水管，采用 A50 发泡塑料泄水管间排距 2m×2m 矩形布置，要求深入坡面不小于 10cm，进口端包裹绑扎渗水土工布，外倾 5°，裂隙水发育坡面泄水管须加长，用钻孔机开孔，插入泄水管后回填粗砂。

9.4.2.5 灌浆、安装锚杆

砂浆锚杆：用注浆泵将 M30 水泥砂浆注入孔内，砂浆填充锚杆孔体积的2/3后方可停止注浆，及时将加工好的 $\phi 22$ 砂浆锚杆插入孔内，如孔口未被砂浆封满，则对其进行补灌。

9.4.2.6 初喷混凝土

在受喷面按 5m×5m 的间距菱形埋设控制喷射混凝土厚度的钢筋标志，钢筋露出受喷面 4cm，喷射方式为"干式"喷射法，启动搅拌机，空气压缩机向清理好的边坡喷射 C20 细石混凝土，厚度为 4cm。

9.4.2.7 坡面挂网

铺设钢筋网时要随坡面起伏而变化。搭接要牢固，并注意与锚杆焊接牢固，钢筋网采用 A6.5mm 钢筋，间排距为 20cm×20cm，矩形排列。

9.4.2.8 复喷混凝土

普通挂网喷锚设计：复喷 8cm 厚 C20 细石混凝土，混凝土总厚度为 12cm。15～20m 设伸缩缝一道，缝宽为 2cm，缝内填充沥青麻絮。

9.5 路肩挡土墙施工

在路基边坡开挖完成后，且清除路基上弃渣，再进行 K0+000～K0+015.9 路段右侧的路肩挡土墙施工，路肩挡土墙墙身与基础采用 C15 片石混凝土，墙帽采用 C20 混凝土，施工前应提前进行测量放样，确保路肩挡土墙的准确位置。

9.5.1 准备工作

（1）组织技术人员对挡土墙图纸进行复核，并与现场实地情况进行了核对，发现与设计图纸不相符立即进行上报。

（2）在砌筑前，对挖方段坡面进行检查，坡面平整、密实、线形顺适，局

部有凹陷处不得用虚土进行修补。

（3）对施工班组进行了技术交底，明确了技术和质量控制要点。

（4）对挡土墙进行施工放样工作。

（5）完成原材料的各项标准试验，并对进场材料进行了抽样检验。

9.5.2 施工工艺

C15片石混凝土路肩式挡土墙施工工艺[267]：

施工准备──→测量放线──→基槽开挖──→地基承载检测──→立模加固──→安装泄水孔──→浇筑混凝土──→拆除模板──→养护。

9.5.3 施工方法

（1）测量放线，定出开挖边界线。

（2）采用人工配合机械开挖基坑，基坑开挖后，做地基承载力检测试验，该挡土墙基底容许承载力不小于350kPa，且基底应置于密实卵（碎）砾（碎）石土、强风化硬岩等满足承载力要求的地基上，基底逆坡符合设计要求，以保证墙身稳定。若地基承载力不足，报监理和设计确定处理方案。

（3）基础侧模采用组合钢模板，用钢管和方木支撑，支撑间距不大于70cm，模板在安装前必须打磨，并刷脱模剂，为保证浇筑过程中不出现移位、爆模等现象，应采用对拉螺杆进行模板加固。挡土墙衡重台及墙背地面线处各设置一排泄水孔，其以上每隔2～3m交错设置泄水孔，采用直径为80mm的PVC管，PVC管应超出构造物背面10cm，其端部15cm长应设ϕ10圆孔，用渗水土工布包裹，并在泄水孔进水口处设置粗颗粒材料堆以利排水。

（4）掺加片石要求。混凝土的片石不小于15cm×15cm，巨石应破碎后植入，片石掺加前应清除表面的杂物、泥土，石质一致、不易风化、无裂缝、抗压强度不小于30MPa。片石掺入量不得超过总圬工体积的20%，掺入时不可乱投乱放，石块应分布均匀，净距不小于10cm，距结构侧面和顶面的净距不小于15cm。石块不能直接接触基底、模板，片石距模板的距离控制在15cm为宜。片石掺入后，用振动棒边振边埋入混凝土，直到片石一半左右的部分埋入混凝土。

（5）C15片石混凝土浇筑，混凝土采用拌和站统一拌和，混凝土应分层浇筑，每层厚度控制在30cm，每层混凝土入模后现场采用插入式振捣棒振捣，混凝土振捣密实，快插慢拔，无漏振，无蜂窝麻面等，当二次浇筑时，应用高标号水泥砂浆于第一次浇筑顶面上铺设5～7cm高强砂浆作为基础底模，再进行施工。第一次浇筑完毕需于顶面处设置接插石，以增加墙体的整体性能。

（6）拆模养护，混凝土采用覆盖洒水养生，养生时间不少于7d，养生期间必须一直保持砌体表面的湿润，待混凝土强度达到2.5MPa以上时方可拆除模板。

（7）沉降缝施工，墙身沿路线方向在不同的墙高位置连接处共设置2道沉降缝，位置分别在K0+006，以及K0+012，缝宽2cm，墙的内外顶三侧用沥棉絮填塞，深度不小于15cm。

9.5.4 挡土墙形式及标准尺寸

挡土墙形式采用衡重式路肩挡土墙，如图9.3所示。

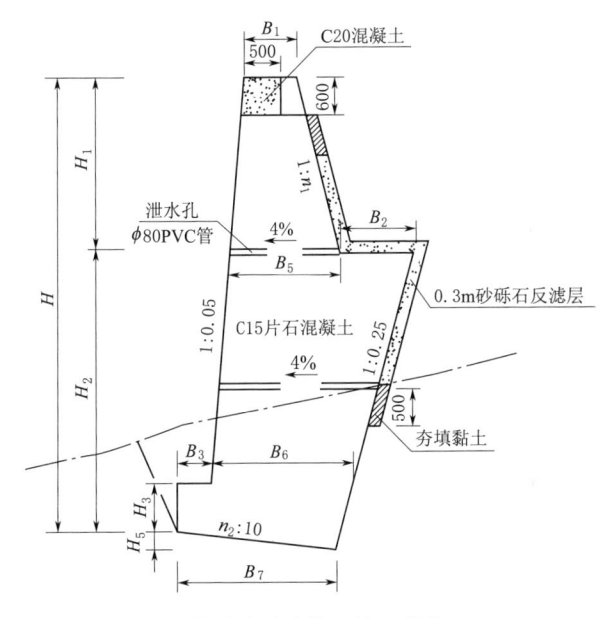

图9.3 衡重式路肩挡土墙（单位：mm）

表9.1 衡重式路肩挡土墙标准尺寸

地基承载力[σ]	摩阻系数 f	墙高 H /cm	上墙背坡 n_1	基底逆坡 n_2	断面尺寸/mm											每延米圬工体积/m³		里程/km
					B_1	B_2	B_3	B_4	B_5	B_6	B_7	H_1	H_2	H_3	H_5	C20混凝土	C15片石混凝土	
350 kPa	0.4	300	0.25	2	500	700	250	0	860	1300	1357	1200	1800	500	0	271	0.31	3.26	12~15.89
		400	0.25	2	500	700	250	0	980	1300	1357	1600	2400	500	0	271	0.31	4.6	6~12
		500	0.25	2	500	700	250	0	1100	1300	1357	2000	3000	500	0	271	0.31	6.06	0~6

9.6 路堑路基路面施工[268-270]

9.6.1 填挖交界及半填半挖路基

为保证填挖过渡段路基的整体稳定性和路面平顺，避免产生不均匀沉降，纵向填挖交界处，沿路基垂直方向开挖台阶[271]，台阶宽为2m，台阶底做成向内倾斜4%的坡度，并在路床范围开挖10m长的超挖段。

对半填半挖路段路侧设置路肩挡土墙等防护工程时[272]，当原地面横坡陡于1∶5时，仅开挖2m宽的台阶并向内倾斜2%～4%的横坡。填筑材料必须符合设计及规范要求，并严格按照分层填筑压实，填筑按照Ⅰ型路面设计结构类型控制为20cm级配碎石底基层，22cm厚5%水泥稳定碎石基层。当场地狭窄时压实工作应采用小型的手扶式震动碾或震动夯进行。

9.6.2 石质路基路段施工

根据设计通知中明确，K0+000～K0+056段路基结构形式采用28cm水泥混凝土面层、22cm厚5%水稳碎石基层和20cm厚级配碎石底基层，采用Ⅰ型路面结构。

9.6.2.1 施工工艺

石质路基路段路基路面施工工艺流程[273-274]，如图9.4所示。

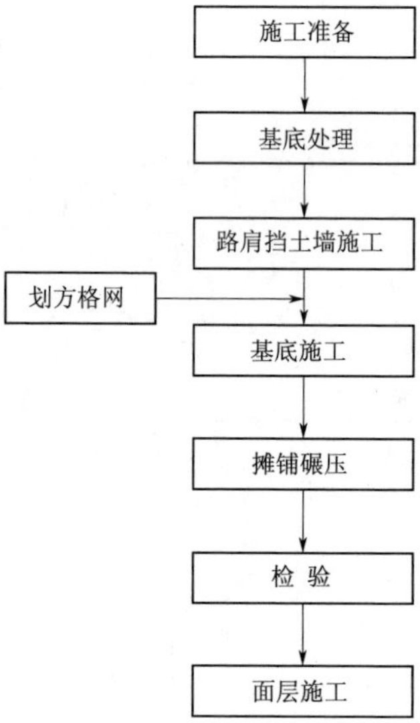

9.6.2.2 施工方法及要点

（1）基底处理。地表压实后整平，起伏较大，自下而上挖台阶。

（2）基层施工。待基底处理完成后，根据适用于岩石路基的Ⅰ型结构，全路段铺设20cm厚级配碎石底基层，22cm厚5%水泥稳定碎石，采用振动压路机沿纵向全宽碾压。碾压速度一般为2～4km/h。开始先静压一遍，然后振动碾压，再进行静压至表面无轮迹。

（3）检验。按设计规范要求，基层压实度不小于97%。

图9.4 石质路基路段路基路面施工工艺流程

9.6.2.3 面层施工

明线段路基路面采用28cm厚的水泥混凝土路面，水泥混凝土路面板设计弯拉强度5.0MPa，弯拉弹性模量31GPa，水泥混凝土路面板纵向施工缝均设置于路中心线位置，路面横向缩缝间距为4.0m，线路起点、终点、桥隧两侧、明涵两侧、平交路段、土质路基与岩石路基分界处、小半径弯道两端及规范要求设胀缝处均需设置胀缝，当胀缝无法设置传力杆时必须设置板边补强钢筋，且靠近胀缝的路面板块在2.0m范围内由280mm逐渐增厚至340mm。水泥混凝土路面板纵向接缝均设置拉杆，拉杆直径C16mm(HRB400级钢筋)，间距为80cm，最外侧拉杆距横向接缝距离不小于100mm，横向缩缝，为不设传力杆假缝形式，胀缝缝宽为2cm，采用平缝，设ϕ32传力杆，传力杆间距为25cm，并用聚乙烯闭孔胀缝板填缝，最外侧传力杆距纵向接缝或自由边的距离为150~250mm，水泥混凝土路面板纵向接缝为路中心线施工缝时锯切槽口深度为40mm，纵向接缝为纵向缩缝时锯切槽口深度为120mm。

9.6.3 路面施工注意事项[275-276]

（1）每日施工结束或因临时原因中断施工时，必须设置横向施工缝，其位置应尽可能选在缩缝或胀缝处，设在缩缝处的施工缝，应采用加传力杆的平缝形式，设在胀缝处的施工缝，其构造与胀缝相同。

（2）嵌缝料采用聚硫密封胶，胀缝板采用聚乙烯闭孔胀缝板。

（3）混凝土板应设置垂直相交的纵向和横向接缝，将混凝土板分为矩形板，相邻板的接缝应对齐，不得错缝，已出现错缝情况时，与接缝相对的板边应加设防裂钢筋。

（4）混凝土板中布置有孔洞时，采用两层螺纹钢筋加强，距孔壁不应小于5cm，距板顶和板底为5cm。

（5）胀缝应采用滑动传力杆，与构筑物相接处或与其他道路交叉的胀缝无法设置传力杆时，可采用厚边型。

（6）胀缝处的两块板边缘及线路起终点路面板板端设置板边补强钢筋，胀缝、施工缝、自由边的面层角隅及板角小于60°时锐角面层角隅设置角隅补强钢筋。

9.7 排水工程施工

9.7.1 工作内容

排水工程包括路堑边沟和排水沟，共计71m。

9.7.2 施工方法

9.7.2.1 材料准备

砌筑用石料，利用路基开挖中满足设计规范要求、合格的石料。

9.7.2.2 边沟

按设计图纸测量放样，人工进行开挖，整形，砌体采用座浆法砌筑，砂浆在现场用0.35m³砂浆拌和机拌制，人工砌筑浆砌片石，挖方路段边沟靠近路面一侧砌体顶面28cm用C20混凝土造面，造面时用标准小钢模立模，小型振捣器振捣，人工抹面，4m做一施工缝，与混凝土路面缩缝一致。

砌筑片石时，遇到有电缆管线或电杆位置，应先预埋好管线，并预留出电杆位置，给后续施工创造条件。

9.7.2.3 结构形式

K0+000～K0+056路堑边沟为0.4m×0.4m梯形沟共计56m，K0+056排水沟为0.4m×0.4m矩形沟共计15m。

第 10 章 梁板架设施工

梁板是建筑物中相互作用的梁、板的结合整体。梁板对于维持建筑物稳定性和整体质量起着关键作用[277]。随着我国建筑领域的快速发展,桥梁梁板的架设越来越普遍,桥梁梁板的施工工艺越来越多,由传统的普通预制梁板逐渐发展到现阶段的预应力梁板等[278]。

桥梁梁板的不同的尺寸结构和截面形式、不同的施工工艺、不同的浇筑方式、不同的桥梁跨度都会对梁板的施工产生各种各样的影响[279]。梁板的架设也会受到施工环境不同程度的影响,因此,在桥梁梁板架设施工过程中需要将各种因素考虑全面,从而制定适宜的施工工艺与施工方法。

工程地质、气象、水文:工程区覆盖层主要为冲洪积、崩坡积、崩积等,工程区基岩以砂岩加粉砂质板岩为主,板理较发育。

工程区气温随海拔高程增加而降低,多年平均降水量为705mm,雨季(5—10月)降水量为661mm,多年平均气温10.9°,极端最高气温35.9°(7月),极端最低气温−15.9°(1月)。

工程区地下水类型为松散堆积层孔隙水,基岩裂隙水两类,无色无味透明,对混凝土钢筋无腐蚀性。

10.1 盖梁施工准备及托架设计

盖梁指的是为支承、分布和传递上部结构的荷载,在排架桩墩顶部设置的横梁。又称帽梁。在桥墩(台)或在排桩上设置钢筋混凝土或少筋混凝土的横梁。主要作用是支撑桥梁上部结构,并将全部荷载传到下部结构。有桥桩直接连接盖梁的,也有桥桩接立柱后再连接盖梁的[280-282]。

10.1.1 施工准备

盖梁施工的所需物资材料及设备见表10.1和表10.2,施工工艺流程,如图10.1所示。

第10章 梁板架设施工

表10.1　　　　　　　　　交界墩盖梁施工物资材料

序号	材料名称及规格	数量	进　场　时　间
1	钢筋 ϕ25	13.1t	2018年2月底
2	钢筋 ϕ16	3.7t	2018年2月底
3	钢筋 ϕ12	11.7t	2018年2月底
4	C50混凝土	307m³	所需砂石骨料、水泥、粉煤灰、外加剂等已于2018年2月底进场

表10.2　　　　　　　　　盖梁主要机械设备一览表

序　号	设 备 名 称	规 格 型 号	数　　量	进场情况
1	混凝土拌和站	HLS90	2台	已进场
2	柴油发电机	50kW/200kW/250kW	1台	已进场
3	钢筋加工机具		2套	已进场
4	自动弯弧机		3台	已进场
5	电焊机	30kW	4台	已进场
6	钢筋拖车		1台	已进场
7	混凝土罐车	8m³	4辆	已进场
8	钢筋拖车		1台	已进场
9	混凝土罐车	8m³	4辆	已进场
10	塔吊		1架	已进场
11	振动棒	70	4根	已进场
12	无塔缆索起重机	WLQ200kN	1台	已进场
13	装载机	ZLC50	1台	已进场

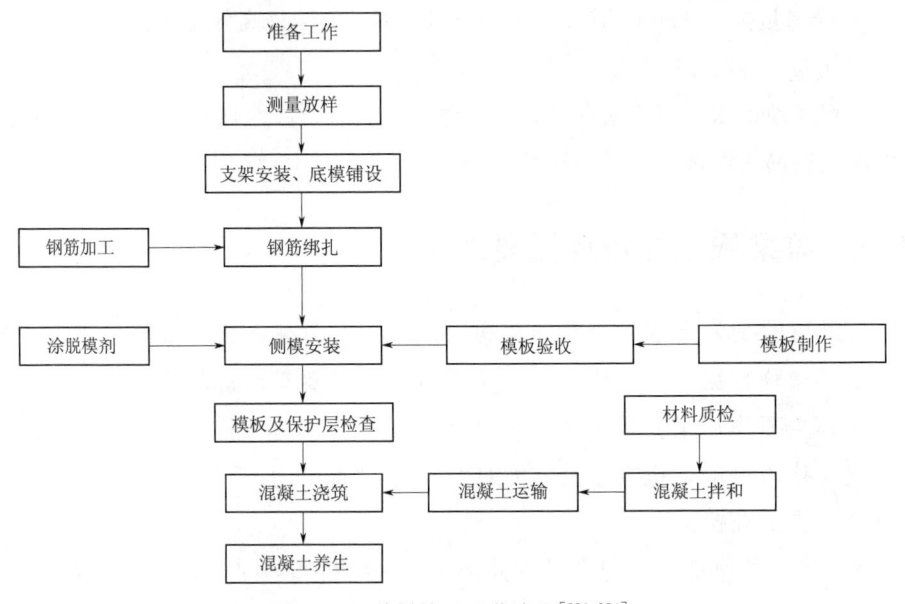

图10.1　盖梁施工工艺流程[283-284]

10.1.2 托架设计

桥梁设计中，柱式桥墩是普遍采用的结构形式。对于简支桥梁，盖梁是一个承上启下的重要构件，上部结构的荷载通过盖梁传递给下部结构和基础，盖梁是主要的受力结构。在设计中的跨径、斜度、桥宽、车辆荷载标准的变化梁设计的影响很大，很难完全套用标准图和通用图。盖梁设计的标准化程度很高，需要对盖梁进行较多的计算，所以盖梁设计是桥梁设计的一个关键部分[285-286]。

设计主要技术参数如下：

混凝土自重 $G=26.5kN/m^3$。

钢材弹性模量 $E=210GPa$。

材料容许应力 Q235 钢，弯曲应力$[\sigma_w]=145MPa$，剪应力$[\tau]=85MPa$，轴向应力$[\sigma]=140MPa$。

10.1.3 交界墩盖梁托架荷载确定及强度计算

1. 墩身内空心部分荷载

（1）混凝土部分。盖梁总体积通过画图计算为 $153.5m^3$（图10.2）；其中空心部分混凝土体积为下图白色加粗部分，通过画图计算为 $18.4m^3$（图10.3）。

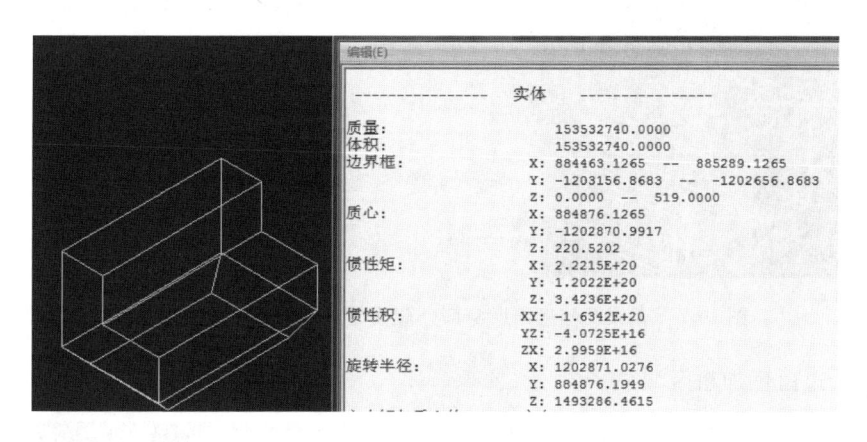

图 10.2 墩身内空心部分荷载计算图（一）

墩身内空心部分混凝土荷载$=26.5\times18.4\times1.2/(2.51\times2)=116.6kN/m^2$。

墩身内空心部分混凝土荷载按照 1.2 倍的系数考虑。

（2）人群及机具荷载。人群及机具荷载按照 $3.5kN/m^2$ 考虑。

倾倒和振捣产生的荷载按照 $5.6kN/m^2$ 考虑。

墩身内空心部分 12 槽钢均布荷载 $q=(116.6+3.5+5.6)/9/1.95=7.2kN/m$。

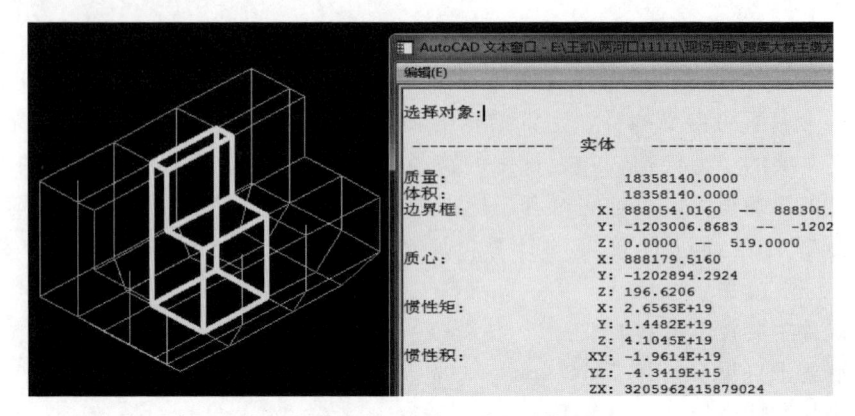

图 10.3 墩身内空心部分荷载计算图（二）

2. 盖梁两侧悬出墩身部分荷载

（1）混凝土部分。盖梁总体积通过画图计算为 $153.5 m^3$；其中墩身外部悬出混凝土体积，如图 10.4～图 10.6 所示。

高边白色加粗区域：

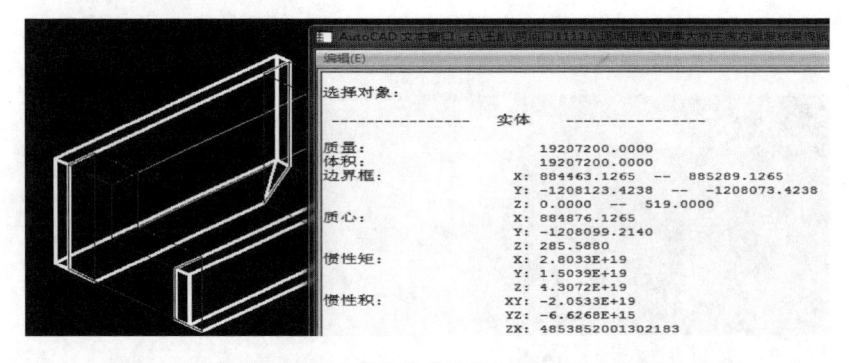

图 10.4 盖梁两侧悬出墩身部分荷载混凝土部分计算图（一）

低边白色加粗区域：

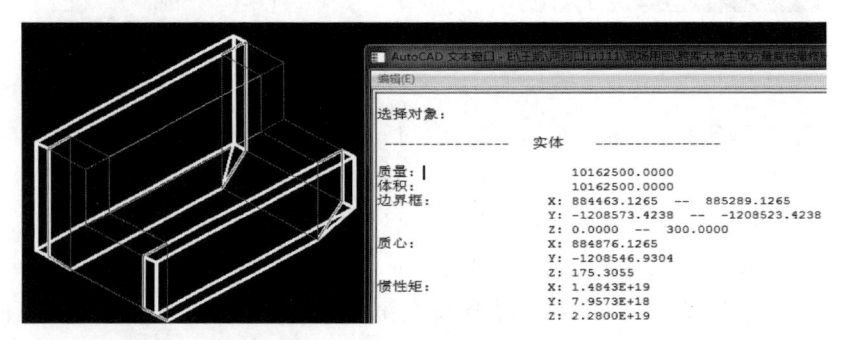

图 10.5 盖梁两侧悬出墩身部分荷载混凝土部分计算图（二）

两侧棱台灰色线条区域：

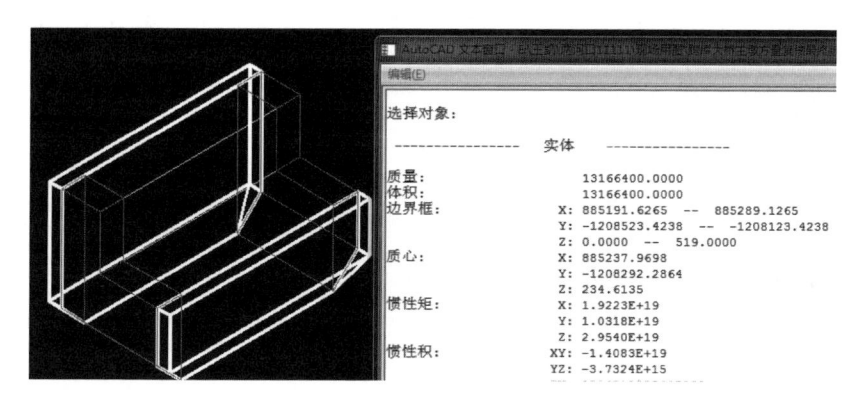

图 10.6　盖梁两侧悬出墩身部分荷载混凝土部分计算图（三）

墩身外侧悬出高边部分混凝土荷载 $=26.5\times19.2\times1.2/(0.5\times8.26)=147.8\mathrm{kN/m}^2$。

墩身外侧悬出低边部分混凝土荷载 $=26.5\times10.2\times1.2\div(0.5\times8.26)=78.5\mathrm{kN/m}^2$。

墩身左右两侧悬出部分单侧混凝土荷载 $=26.5\times13.2\times1.2/(5\times0.975)=86.1\mathrm{kN/m}^2$。

墩身内空心部分混凝土荷载按照 1.2 倍的系数考虑。

（2）人群及机具荷载。人群及机具荷载按照 $3.5\mathrm{kN/m}^2$ 考虑。

（3）倾倒和振捣混凝土产生的荷载。倾倒和振捣产生的荷载按照 $5.6\mathrm{kN/m}^2$ 考虑。

墩身外侧悬出高边部分 320 工字钢均布荷载 $q=(147.8+3.5+5.6)/8.26/2=9.5\mathrm{kN/m}$。

墩身外侧悬出低边部分 320 工字钢均布荷载 $q=(78.5+3.5+5.6)/8.26/2=5.3\mathrm{kN/m}$。

墩身左右两侧悬出部分单侧双 20 工字钢均布荷载 $q=(86.1+3.5+5.6)/2/5=9.5\mathrm{kN/m}$。

10.2　盖梁立模

10.2.1　模板制作

盖梁侧模利用墩身模板进行加工、底模倒角模板采用竹胶板，模板在现场加工完成后吊运至墩顶进行组拼。模板采用槽钢拉杆进行加固[287]。

模板加工必须保证模板有足够的强度和刚度，并保证板面的平整度、结构尺寸满足施工技术规范要求。加工成型后的模板允许误差：面板平整度不大于1.5mm，任意对角线误差不大于2.0mm，横、竖向连接螺栓任意孔眼之间的距离误差不大于1.0mm，横、竖向连接的边缘与面板边重合，避免面板边缘不齐造成模板的对接不严密[288]。

(1) 墩身顶部凿毛。

(2) 测量放样。放出墩身顶纵横向轴线以及墩顶标高。

(3) 支撑设置。在墩身上预埋工字钢，顺桥向桥后各预埋六道32工字钢，设置承重横梁（采用2根32工字钢），在承重横梁上设横向分配梁，然后铺设底模，底模利用楔子进行分配梁和底模板标高调平，底模安装完成后进行测量放样、调整至设计位置，施工过程中严格按照图纸进行控制。

10.2.2 钢筋骨架的制作

采用常规绑扎钢筋施工，在进行钢筋加工前，必须将钢筋表面的油渍、漆皮、鳞锈等清除干净，并且在加工前必须对钢筋进行检验，合格后才能使用。盖梁钢筋制作统一在钢筋棚集中完成，加工好的钢筋按规格、长度、编号堆放整齐，并检查钢筋长度和数量是否满足要求，同时注意防雨防锈。施工过程中严格按设计图纸和规范要求进行钢筋加工[289]。

在进行盖梁施工时，考虑到施工机具等因素的影响，盖梁钢筋施工采取在现场安装焊接，在进行钢筋施工时，骨架的主筋在后场接长时采用直螺纹及焊接连接，主筋与箍筋之间呈梅花状绑扎结实、牢固[290]。

10.2.3 钢筋骨架安装

进行钢筋安装前，检查墩顶位置的混凝土凿毛情况，符合要求后方可进行钢筋骨架的安装[291-292]。

在进行盖梁钢筋骨架安装时，需先将墩顶预留墩身钢筋调顺直，然后才能进行骨架安装，在进行钢筋起吊和转运过程中需采取可靠的措施，避免钢筋的变形。盖梁钢筋安装采用缆索吊结合人工进行，钢筋骨架在现场对接时为焊接施工，过程中应注意钢筋焊接以及绑扎的质量[293]。施工中必须确保钢筋骨架的整体稳定，接头焊缝质量（焊接采用搭接单面焊，焊缝长度以及焊缝厚度必须满足施工技术规范要求），同一截面的钢筋接头数量不大于50%，钢筋的各项技术指标严格按施工技术规范和设计图纸要求进行控制。

钢筋施工中的注意事项如下：

(1) 放样要准确。

(2) 放出钢筋骨架位置线，以及钢筋结构尺寸线。

(3) 利用检验合格的垫块来保证保护层。

(4) 模板的接缝必须严密，不发生漏浆。

10.2.4 模板安装

钢筋骨架经过验收后进行模板安装，模板安装前，必须先清洗墩顶及盖梁底模上的杂物[294-295]。

在模板具备安装条件后将已加工检查好的模板运至施工现场后，在现场将模板进行组装，涂刷脱模剂，然后用缆索吊将模板分块进行拼装。模板安装时严格按照放出的边线进行控制。为保证模板的整体稳定，模板拼装好后，设置对拉螺杆。模板拼装时应注意保证拼缝的密封性和钢筋骨架的保护层，防止漏浆和露筋。

模板安装时，先将侧模拼好，接缝之间采用泡沫双面胶密封。将拉杆大致紧上，再由测量人员和作业人员配合进行模板调整。模板安装完成后，由测量人员校核盖梁顶标高及轴线并做好支撑加固工作。

模板安装完毕，测量放样，设置支座垫石及挡块预埋筋。

及时填写检查资料报监理工程师签认。

模板施工的一些注意事项：模板的刚度、强度、稳定性顺直度和接头平整度符合模板设计要求，模板接缝严密满足混凝土浇筑时水泥砂浆不得流失。确保混凝土外表美观。

为保证模板的水平缝和竖向缝光顺、不露浆，采取措施：水平接缝与竖向接缝均采用泡沫双面胶衬垫；每次拆模后均及时将模板表面清理干净，确保在下一次使用时无污染；每次立模前先将模板表面清理干净，去除污垢、不洁物或铁锈（如有），涂上适量脱模剂后方可立模。

10.3 盖梁混凝土施工[296]

10.3.1 混凝土拌和

混凝土采用拌合楼集中拌和。混凝土运输采用混凝土输送车运输到施工作业点，由缆索吊运送浇筑盖梁混凝土。拌制混凝土的配料器具经标定符合要求后，才能使用，使用过程中按时进行重新标定。对骨料的含水量在开盘前或在施工过程中天气突变时进行检测，据以调整骨料和水的用量。

10.3.2 混凝土浇筑

模板经监理工程师验收合格后，方可进行混凝土浇筑[297]。

混凝土由拌和站统一拌和，拌制完成后通过混凝土搅拌车运送至两侧桥台，再采用缆索起重机进行调运至盖梁处入仓。

混凝土振捣采用插入式振捣器振捣，混凝土的施工严格按照《公路桥涵施工技术规范》（JTJ 041—2000）[1]要求进行，控制好浇筑速度。混凝土采用分层（按照一定顺序和方向）浇筑分层振捣，每层浇筑厚度为30cm。在每层混凝土浇筑过程中，随混凝土的灌入及时采用插入式振捣棒振捣。振捣时移动间距不超过作用半径的1.5倍。振捣过程中，振捣棒与模板间距保持5～10cm的距离，并避免碰撞钢筋，不得直接或间接地通过钢筋施加振动。振捣上层混凝土，振动棒应插入下层混凝土内5～10cm。每一处振捣完毕后，应边振动边徐徐提出振动棒。对每一振动部位，必须按照技术规范要求振动到该部位混凝土密实为止，混凝土密实的标志是混凝土停止下沉、不再冒出气泡、表面呈现平坦、泛浆。混凝土振捣时，混凝土振捣工人可入模进行操作。确保混凝土的振捣，保证混凝土的密实度，使盖梁内实外光。

混凝土浇筑时，前、后场必须服从统一指挥并有经理部值班领导协调好前后场，使混凝土浇筑连续快速进行[298]。

混凝土浇筑过程中应保证有足够的混凝土运输设备，并保证设备性能处于良好状态，进行混凝土浇筑前应进行全面的检查和保养，以确保完成盖梁浇筑的混凝土运输和浇筑任务。

混凝土浇筑完成后，及时进行养护。混凝土的养护可采用洒水覆盖的养生方法进行。混凝土的养护时间不得少于14d[299]。

盖梁混凝土强度达到2.5MPa后方可拆除侧方模板，待强度达到设计强度的80%以后方可拆除底板承重模板及支架。拆除过程中应避免模板碰撞结构物。拆除的模板必须及时进行清理和修整，涂上脱模剂，转到下个墩位施工。模板拆除后及时对结构进行保湿养生。

10.4 盖梁施工检测及安全措施

10.4.1 盖梁结构测量控制方法

配备齐全先进的测量设备，对每个工程结构进行测量控制[300-301]。所有测量仪器在使用前应在计量部门标定合格后方准使用，并定期按规定重新标定。为了保证施工的精度，在原有三角网的基础上进行加密，建立核查全合同段及桥址平面导线控制网与水准控制网。具体操作方法如下：

（1）平面控制测量。根据设计部门提供的平面控制网布设施工测量平面控制网，并根据施工需要加密布置控制点，施工放样时应相互复核，确保准确无误。

布设原则为选点合理，通视条件良好，埋设牢固，不影响精度。水准点的引测，以方便施工，满足施工要求为目的。

（2）高程测量。除使用设计部门提供的水准点外，设置工地临时水准点（将高程测量误差控制在部颁标准规定的误差范围内），采用三等水准规范进行施工测量放样。

(3) 各控制点的检查。在施工中定期对各控制点进行检查复核，以保证各点的准确性。首先布设稳定点，对各三角网的控制检查点定期进行复测，以防止由于基准点位置变化影响控制网精度，复测时，观测精度与原三角网精度相同，并再次丈量基线线段。同时加强与相邻标段进行联测，复核检查平面和高程控制点，确保测量施工控制。

10.4.2 原材料及配合比检验

1. 原材料检验

（1）粗集料。进场需检验外观、颗粒级配、针片状颗粒含量、压碎值指标等符合现行行业标准。

（2）细集料。进场后需检验外观、筛分、细度模数、有机物含量及石粉含量等符合现行行业标准。

（3）水泥。每批进场水泥都必须具有质保单和厂家的试验报告等合格证明书，并应按批次对水泥进行强度、细度、安定性和凝结时间等性能进行检验。

（4）混凝土拌和用水需经过水质化验，符合要求后方可使用。

（5）钢筋种类、型号和直径均要满足设计图纸要求。并有厂家的产品合格证书，运到施工现场的每批钢筋严格按照技术规范的规定进行抽样检验，确保钢筋性能符合规范和设计要求。

（6）钢筋接头按规范进行验收。

（7）所有半成品材料严格按照招标文件技术规范和有关规定进行验收。

2. 配合比检验

混凝土的配合比设计、试验由试验室完成，并进行工艺试验，满足技术规范要求后报监理工程师审批，施工中按照审批的配合比使用，按照监理工程师规定的混凝土数量取样进行制作混凝土抗压强度试验的试件，试件的制作、养生及试验均在监理工程师的监督下按照技术规范要求进行。

水泥、钢材等原材料进场前除具有产品质保书外，还需进行抽样试验，各种材料的质量和规格必须符合有关施工规范要求和质量验收标准。工地试验室在监理工程师的指导下，严格按照有关技术规范的规定开展测试项目，并把试验分析结果及时报给监理工程师。

10.4.3 钢材检测[302]

（1）按每批 60t 钢筋的同一牌号、同一炉罐号、同一规格为一钢材检测单位。

（2）钢筋的外观质量不能有裂纹、结疤和折叠；表面的凸块、缺陷的深度和高度、钢筋直径符合相关规定。

（3）在检查合格的每批钢筋中任选两组试样，检验其拉伸（含抗拉强度、屈服点、伸长率）和冷弯性能。

10.4.4 混凝土检测[303]

(1) 在混凝土拌和前,试验员严格按照施工配料单进行材料、搅拌时间数据的输入、控制,对电脑数据的真实性和可靠性负责;在拌和过程中,试验员和拌和站司机应实时关注混凝土拌和状态,如有异常,应立即分析情况并处置,直至拌和物的和易性符合要求,方可持续生产。当施工配合比调整后,亦应注意开拌时的监视与检测工作;试验员负责拌和站混凝土的和易性检测并作好记录,和易性包括坍落度、坍落流动度、含气量和温度。

(2) 质检员。对拌和站的原材料的日常储存要定时检查,发现问题要及时和现场相关人员协同处理并向站长报告;严格检查作业队伍对技术交底的执行情况,发现问题及时解决,必要时责令其返工,并向上反映出现的问题,做好相关的资料。

(3) 混凝土运输车司机。混凝土运输车司机应根据拌和站调度的统一安排,负责将混凝土在规定时间内安全运至使用地点;当因混凝土质量不合格拒绝接受时,司机应要求工地调度及时和拌和站调度取得联系,按照拌和站调度指令进行处理;运输车进场前,主动进行清洗作业,杜绝将污染物带进拌和站;严禁擅自加水,严禁混凝土被拒收后又"转圈回来"的现象。

(4) 混凝土到达现场后,技术人员和质检人员要提前对混凝土进行检查并检测混凝土的塌落度;如发现混凝土有问题,迅速联系工地试验室对拌和站混凝土进行调整。

10.4.5 施工作业安全操作技术措施

1. 模板作业安全操作技术措施

(1) 不得使用不合格的模板、杆件、连接和支撑件。

(2) 按支模工序进行,立模未连接固定前,设临时支撑以防模板倾倒。

(3) 立模的支模作业有安全的作业架子,禁止利用拉杆和支撑攀登上下。

(4) 模板架设牢固,连接可靠,保证一栓一孔。

(5) 拆除模板时间经技术人员同意。

(6) 拆除模板按顺序分段进行,严禁猛敲、硬砸或大面积撬落和拉倒。

(7) 拆下的模板按规定堆放。

(8) 拆除模板时按规定设临时吊设防护。

2. 钢筋作业安全操作技术措施

(1) 钢筋堆放要分散、规整摆放,避免乱堆和叠压。

(2) 绑扎钢筋时,搭设合适的作业平台,不得站在钢筋骨架上或攀登钢筋骨架上下。

(3) 高大钢筋骨架设置临时支撑固定,防止倾斜。

(4) 使用切断机切料时不得超过机械的负荷能力,在活动片前进时禁止送

10.4 盖梁施工检测及安全措施

料、手与刀口的距离不少于15cm。

（5）弯曲长钢筋时，有专人扶住，并站于弯曲方向的外侧，调头弯曲时，防止碰伤人、物。

（6）调直钢筋时，在机械运转中不得调整滚筒、严禁戴手套作业，调直到末端时，人员必须多开，以防钢筋甩动伤人。

3. 混凝土作业安全操作技术措施

（1）混凝土采用缆索吊运必须有专人指挥。

（2）混凝土浇筑时要设置操作台，不得站在模板或支撑上操作。

（3）有倾倒掉落危险的浇筑要有相应的防护措施。

（4）使用振捣器时要穿绝缘胶鞋，戴绝缘手套，湿手不得解除开关，电源线不得有破皮漏电。

（5）振捣时发现模板膨胀、变形时立即停止作业并进行处理。

4. 托架施工安全技术措施

为保证托架安全安装，在墩身混凝土施工完毕后拆除爬模的模板系统，保留爬升系统及操作平台，作为盖梁托架安装的施工平台。

5. 临边施工防护技术措施

托架安装完后，在托架横梁四周用钢管焊接成高度为1.2m的安全围栏，立杆间距为1m，围栏上悬挂安全网，围栏底部设置30cm高踢脚板；操作平台上满铺厚度为5cm的木板，并用钢筋将木板固定在托架上。

侧模安装好后应当在模板顶部四周焊接高度不小于1.2m的护栏。

6. 施工用电安全技术措施[304]

（1）施工现场的一切电源、电路的安装和拆除必须由持证电工操作。用电设备必须严格接地或接零保护且安装漏电保护器，必须采用15mA漏电保护器，各设备用电必须分闸，严禁一闸多用。电缆必须有防磨损、防潮、防断等保护措施。照明采用符合规范要求的安全灯。

（2）在高压带电区域部分停电工作时，人体与带电部分应保持安全距离，并有人监护；配电室、外高压部分及线路停电工作时切断有关电源，操作手柄应上锁或挂指示牌、验电时戴绝缘手套，装设接地线由二人进行，并均穿戴绝缘防护用品，检修完并全面检查无误后，方可拆除临时短路接地线。

（3）电焊机外壳必须接地良好，电焊机设单独开关、焊钳和把线必须绝缘良好、连接牢固；把线、地线禁止与钢丝绳接触，不得以钢丝绳和机电设备代替零线，所有地线接头必须连接牢固；清除焊渣时要戴防护镜或面罩；多台焊机在一起集中施焊时，焊接平台或焊件必须接地；雷雨时停止露天电焊作业；施焊时清除周围的易燃、易爆物品或进行可靠覆盖、隔离；电焊结束后切断焊机电源并检查操作地点，确认无起火危险后方可离开。

7. 起重作业安全技术措施[305]

(1) 起重机的司机、拆装、司索、指挥人员，必须经过建设行政主管部门专业培训，考核合格，取得操作证后，方可上岗作业，严禁无证操作。

(2) 严禁司机、拆装、司索和指挥人员酒后作业，在作业中司机、指挥及司索人员要密切配合，严格按指挥信号操作，司机和指挥人员不得擅离岗位。

(3) 在作业的全过程中，必须有指挥人员指挥才能操作，严禁无指挥作业，更不允许不服从指挥信号而擅自操作。在作业中有两个或两个以上指挥人员，只有一个发出信号时，方可操作，凡是有两个或两个以上指挥人员同时发出信号时，不得操作。

(4) 每个拆装工人在每次拆装作业中，必须了解自己从事的项目、部位、内容及要求；各拆装工人必须在指定的专门指挥人员的指挥下作业，其他人员不得发出指挥信号；拆装工进入工作现场时必须戴安全帽，登高作业必须系安全带，穿防滑鞋；作业前拆装工人必须对所使用的钢丝绳、卡环、吊钩等各种吊具、索具按有关规定做认真检查，合格者方准使用，不准超载使用。

(5) 指挥人员必须经过专门培训，经考核合格并持有主管部门颁发的指挥证的人员担任；指挥人员必须了解所指挥作业的起重机械性能和每项作业的内容要求，作业时检查所用的钢丝绳和吊钩，不合格者严禁使用；指挥人员要监督所辖范围的作业人员的安全帽、安全带，有不符安全规定时，指挥人员不得指挥作业；指挥人员在作业中必须位于司机听力或视力所及的明显处，不允许进入司机的盲区和隔音区指挥，所采用的信号必须清晰可辨，随时都可传出指挥信号。

第 11 章 桥 面 系 施 工

桥面系[306-308]指的是桥梁附属设施中,直接承受车辆、人群等荷载,并将其传递至主要承重构件的桥面构造系统,包括桥面铺装、桥面板、纵梁、横梁、遮板和人行道等。桥面板、加筋肋、纵梁和横梁等构件组成直接承受车辆荷载作用的桥构造系统。桥面系包括纵梁、横梁和纵梁间的连接系。

桥面系工程包括湿缝工程、防撞护栏工程、桥面铺装层工程和伸缩缝工程等一些桥面附属工程。在雨水区或沿海区预应力混凝土梁体间的接缝一般采取湿接缝,能弥补节段接合面的细小缺陷,密封性好,能有效防止水汽入侵,且能承受一定拉力。桥梁防撞护栏的安装是为了分割过往行人、车辆,避免交通事故的发生。桥面铺装指的是为保护桥面板和分布车轮的集中荷载,用沥青混凝土、水泥混凝土、高分子聚合物等材料铺筑在桥面板上的保护层。常用的桥面铺装有水泥混凝土和沥青混凝土两种铺装形式。其作用是防止车轮直接与混凝土桥面接触使混凝土行车道板面受到磨损;分布车轮压力以减少荷载对桥面板的作用力;保护混凝土桥面板及主梁防止混凝土及钢筋的腐蚀;提高行车的舒适度;增加了桥梁美观。伸缩缝是指为防止建筑物构件由于气候温度变化(热胀、冷缩),使结构产生裂缝或破坏而沿建筑物或者构筑物施工缝方向的适当部位设置的一条构造缝。桥面上为满足变形的要求,通常在两梁端之间、梁端与桥台之间或桥梁的铰接位置上设置伸缩缝,用于调节由车辆荷载和桥梁建筑材料所引起的上部结构之间的位移和联结[309-313]。

11.1 湿接缝施工

11.1.1 T梁中心线及标高复测、调整

对安装完成的 T 梁进行内、外边线的复测,同时对每片梁进行标高复测,并对需进行中线、标高调整的梁进行调整[314]。

标高调整利用两只 100t 油顶配合,进行单端的逐个调整。调整后标高经监理复测后方可进行后继施工。

11.1.2 梁断面凿毛

梁断面凿毛按规范要求严格执行,一般在梁场进行完毕,如有不到位的,

湿接缝施工前进行补凿，凿毛后认真清理松散层，报监理验收后进行下一道工序的施工[315]。

11.1.3 钢筋绑扎

湿接缝钢筋均在钢筋加工场成型后，运至梁上进行钢筋绑扎，钢筋加工成型与绑扎均按设计文件和规范的要求进行施工。

湿接缝钢筋绑扎[316]应注意以下几点：

（1）纵向钢筋连接前先将预留钢筋相对应作调直，然后对应连接，不得错位连接。

（2）湿接缝钢筋 N8 的搭设必须设置在上方，与预制梁外伸钢筋电焊绑扎固定，绑扎时应注意不能遗漏对应肋板（端横梁）位置的箍筋。

11.1.4 底模支立

湿接缝底模采用1.8cm竹胶板配方木组成。根据湿接缝两梁间距预先配制成分块模板，模板与梁边接触处布设周边海绵条，以免浇筑过程中出现漏浆现象[317]。

各分块模板后面用8cm×8cm方木作竖楞，并采用A20mm圆钢拉条螺栓将两侧竖楞对拉。在施工时应注意拉条螺丝应松紧均匀，同时保证湿接头模内尺寸。

11.1.5 混凝土浇筑

湿接缝混凝土浇筑顺序严格按设计图纸规定的施工步骤进行。混凝土采用拌和站集中拌制，混凝土搅拌车运输至现场，依靠滑槽送入模进行浇筑。

混凝土拌和严格按配合比进行。施工配合比根据砂、石料含水量情况作相应调整，以确保混凝土拌和质量。

混凝土浇筑自一端向另一端斜向分层浇筑，采用插入式振动棒进行振捣，浇筑过程中严禁混凝土堆积，以及用振动棒赶混凝土。

湿接缝混凝土宜在一天中气温较低时进行浇筑，以避免收缩裂缝的出现。

11.1.6 养生

湿接缝混凝土养生采用土工布覆盖洒水养生方法进行。

11.2 桥面铺装层及防水层施工

11.2.1 桥面铺装层施工

1. 桥面清理、冲洗

清理桥面上所有杂物并打扫干净，采用经改装后的凿毛机对梁面进行凿毛，如果桥面上出现油渍等难清理地方，则采用集中凿除部分混凝土方式进行清理，以确保新老混凝土黏结牢固。

清理完成后用高压水枪进行全桥面的冲洗工作，并经监理验收合格后方可进入后继施工。

2. 桥面焊接钢筋网片布设

钢筋网片采用C12HRB400型钢筋制作，间距为10cm×10cm，按照4m×4m呈梅花形布置进行支撑，安装严格按设计文件规范要求进行，特别是网片间搭接长度不能小于图纸和规范规定[318]。

3. 标准带浇筑

根据桥面宽度，为保证桥面横坡满足设计要求，桥面铺装采用半幅浇筑方式分段进行浇筑，提前在两边垫梁内侧各设一条同强度的C50钢纤维混凝土标准带，标高带设计宽度为30cm，具体施工步骤如下：

（1）测量放样。利用全站仪测放出标准带中心线，并根据中心线进行标准带施工。为减少梁面施工缝，中心线处的标高带采用2m间距支立钢筋，将A50mm钢管放置于支立钢筋上控制标高，标准带浇筑厚度通过水准测量确定，每间接2m设一个标高控制点，以保证桥面铺装施工的平整度。

（2）支立模板。按照水准测量成果进行模板高度控制并支立模板。模板标高必须控制在2mm误差之内。

（3）浇筑标准带混凝土。标准带混凝土按桥面铺装同级别（C50钢纤维混凝土）浇筑，标准带浇筑完成后需对其表面进行收光工作，浇筑时严格按模板标高要求浇筑，成型后标高误差在2mm之内，否则凿除后重新浇筑[319]。

4. 桥面铺装混凝土浇筑[320]

桥面铺装混凝土浇筑是桥面铺装施工的重要环节，对该工序施工作业阐述如下：

（1）施工准备。该工序涉及施工人员及施工机械的合理充分安排。施工前，做好施工人员的组织落实工作，并且做到定人定位、分工明确。施工机械主要是振捣、磨平机械。浇筑时振捣采用平板振捣器振捣，振动梁复振刮平的方法进行。振捣梁采用桁架式振动梁。配备磨平操作平台两副，必须满足磨平人员（4~5人）的承载力，电动磨平机2台及其他辅助设备如铁板、木提、提浆棍等均要及时准备到位。

（2）混凝土浇筑。混凝土拌和在拌和场集中拌制，混凝土搅拌车运输至现场，泵车进行混凝土垂直运输工作。

混凝土拌和严格按配合比进行，施工配合比根据所测定的砂、石料含水量作相应调整，以确保混凝土拌和质量。混凝土坍落度控制在16~18cm。混凝土浇筑自一端向另一端浇筑，每次浇筑30m，采用混凝土搅拌罐车搭配滑槽进行放料，同时按横桥向平行推进方式进行。混凝土浇筑应注意以下几点：

1) 混凝土布料时须均匀布料，送料后应采用人工配铁锹予以大致整平，绝不允许用振动器赶料，避免造成水泥浆过分集中而出现表面收缩裂缝。

2) 振动梁或平板振捣器振捣过后，三滚轴反复滚动拉平（三滚轴两端置于标准带上，并要有足够的刚度）。并用3m直尺刮平，使用人工在操作平台上进行木提抹面两遍精平。

3) 当混凝土表面的手指下压下沉在5mm左右时，用磨平机磨平提浆，再用木提提浆一遍，用铁板收光，然后用塑料拉毛刷拉毛，拉毛要配靠尺，确保拉毛印迹平行。

4) 根据本地气候特点，准备60m彩条布，以备混凝土施工时下雨之用。

（3）养生。混凝土初凝后采用土工布覆盖洒水养生的方法进行混凝土的养生。

11.2.2 桥面防水层施工

桥面防水层[321]采用涂刷桥面专用防水涂料BBC-251Ⅱ型。具体施工方法如下：

（1）基层清理。喷涂桥面防水涂料前，首先凿除混凝土浮浆，平整凸凹不平处，清除油污，垃圾等，然后彻底清扫基面，再用吹尘器把基面吹干净。

（2）喷涂桥面防水涂料。喷涂桥面防水涂料第一层时，要在涂料中适当掺加一定量的表面活性剂溶液进行稀释，以促使涂料掺入基层毛细孔隙以提高防水涂层的黏结强度和抗剪强度。喷涂第二、三、四遍涂料，要待上一遍涂料实干后才能喷涂。

（3）局部涂刷。为避免涂料污染防撞墙，在喷涂桥面防水涂料时，有两人执挡布护住防撞墙，因此防撞墙底部防水层，是采取人工涂刷的。

11.3 外侧连续防撞护栏

11.3.1 测量放样

用全站仪对护栏内、外边线进行精确定位放线，以确保护栏线条顺畅，同时按定型模板尺寸对护栏标高进行测设。

11.3.2 钢筋绑扎

钢筋加工成形在钢筋加工场制作，吊至梁面进行绑扎。钢筋的加工与绑扎、焊接严格执行图纸和规范的要求。对于垫梁、栏杆地梁部分预埋偏位的钢筋，采取重新钻孔、植筋，以保证钢筋与梁体的连接性能。外护栏钢筋绑扎后要及时做好护栏扶手预埋件中预埋工作[322]。

11.3.3 模板支立

外护栏模板采用现场自有组合钢模板经打磨处理后，采用角钢现场加工而成，加工时应保证线形顺直，模板平整度良好。

外侧护栏模板支立时应根据测放边线进行，同时应对其线型及标高进行检查。

外护栏模板支立上端利用两块模板竖楞用拉条对拉连接，下端利用预埋于桥面铺装层中的钢筋或对拉拉杆固定，整体模板制立完成后应再作检查，以保证外观线型[323]。

11.3.4 混凝土浇筑

混凝土采用拌和站集中拌制，混凝土运输车运输至现场，采用滑槽进行浇筑。

混凝土拌和严格按配合比进行。混凝土浇筑采用由一端向另一端斜向分层浇筑方法。用插入式振捣棒进行振捣，同时配木提提浆后用铁板收光。

11.3.5 混凝土浇筑注意事项

（1）混凝土浇筑前应认真检查一下预埋件，确保每个预埋件不漏埋。

（2）混凝土浇筑下料应尽量均匀，且布料不要超出模板，以免水泥浆溢出造成桥面及结构物外观影响。

（3）混凝土浇筑时应注意在间隔9m设置1cm宽断缝。

具体指标要求：防撞护栏基础混凝土颜色一致，表面平整，无蜂窝、麻面，一次性振捣到位，避免出现修补情况，浇筑节段间应平滑顺接，线形直顺美观，栏杆安装必须牢固，杆件连接处的填缝必须饱满平整，强度满足设计要求。

11.4 桥面沥青混凝土施工

桥面沥青混凝土施工，在防水工程施工完成且质量经验收合格后，在基层清洁、干燥状态和气温不低于10℃时摊铺沥青[324]。

11.4.1 铺筑前处理

沥青混凝土铺筑前对桥面铺装进行检查，桥面应平整粗糙、干燥整洁、不得有尘土、杂物或油污，桥面横坡应符合要求，不符合要求予以处理，对尖锐突出物或凹坑予以打磨或补修，用人工清除浮屑和吹尘，然后用高压水枪清洗桥面。

11.4.2 测量放样

放出横坡控制点高程，报监理工程师检验，合格则进行铺筑。

11.4.3 铺筑防水层

桥面防水层采用涂刷桥面专用防水涂料BBC-251Ⅱ型，桥面防水层必须全桥面满铺，涂料必须拌匀，铺设防水层成型后立即铺筑保护层，在铺筑保护层前禁止包括行人在内的一切交通。

11.4.4 沥青摊铺

后续工作以专业的沥青混凝土摊铺队伍完成,在铺筑沥青混凝土前先洒布黏层沥青,黏层油采用机动沥青洒布机喷洒,应注意洒布均匀不得过量,热拌沥青混合料摊铺主要采用机械摊铺,在摊铺过程中对沥青混合料温度做检测,其温度控制见表11.1。

表11.1　　　　　　　沥青混合料摊铺及碾压温度　　　　　　　单位:℃

施 工 工 序	施工方法	AC-13/AC-16
运输到现场温度不低于	正常施工	150
混合实摊铺温度不低于	正常施工	160
	低温施工	140
开始碾压混合料内部温度不低于	正常施工	150
	低温施工	135
碾压终了的表面温度不低于	钢轮压路机	80
开放交通的表面温度不高于	正常施工	50

11.4.5 沥青路面的压实与成型

沥青混合料的压实度是保证沥青混路面结构质量的重要环节,也是沥青面层施工的最后一道重要工序,通过压实矿料颗粒间相互嵌挤并被沥青黏结在一起,使结构层达到设计所要求的密实度、强度和水稳定性,沥青路面压实采用25t钢筒式压路机,所有碾压环节压路机要保持匀速,不得随意停顿,严禁在碾压路段调头,对于路面边缘等压路机难以碾压的部位,采用振动夯板作为补充碾压。碾压过程分初压、复压及终压[325]。

11.4.6 完工路面养护

沥青混凝土路面碾压成型后,尚未完全冷却时,任何车辆禁止在上面行驶,当路面开放交通时,要专门安排人保持路面整洁,不允许在路面上倒料或堆放砂石土等杂物,确保路面洁净美观,最大努力减少污染,在钻芯检测压实度时,尽量在靠两边的位置钻取芯样,并及时填补好钻芯孔。

11.5　伸缩缝施工

全桥共设置伸缩缝4道[326],两种型号,其中Em-60型伸缩缝2道用于0号和9号桥台处,YLF320型伸缩缝2道用于4号和7号墩顶。0号台处由于桥面加宽,伸缩缝长度为10.4m,其余均为9m。

11.5.1 工艺流程

伸缩缝施工工艺流程，如图 11.1 所示。

11.5.2 施工方法

1. 施工前期的准备工作

（1）熟悉施工图纸及安装操作规程。

（2）机械设备、小型机具配备齐全。

（3）配备防止污染路面的塑料布、胶带等材料及养护用的塑料薄膜、浇水工具等。

2. 切缝、清槽

桥面沥青混凝土铺筑完毕，按预留槽口宽度用混凝土切割机切缝[327]。依据实际桥台（墩）中心处伸缩缝中线，然后按设计要求向两侧反尺寸，从伸缩缝中心线向两侧弹出施工所需宽度，要注意桥台侧宽度有变化；弹线要顺直，宽度一致。然后使用混凝土切缝机按所画边线对沥青铺装层进行切缝；要保证切缝位置、尺寸准确、垂直、顺直、无缺损。

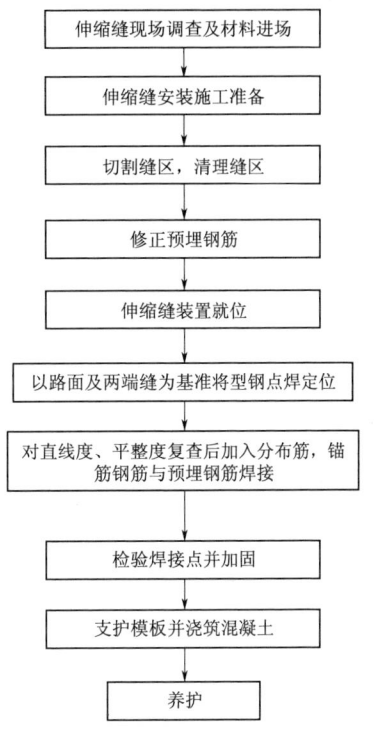

图 11.1 伸缩缝施工工艺流程

使用空压机配合人工对伸缩缝处沥青铺装层及混凝土临时硬化剔除干净，并对槽口表面混凝土进行凿毛，使用空压机管吹净粉渣；然后将梁体缝间所夹的其他杂物进行清理保证梁体间空隙。注意对缝外铺装层要采取保护措施，严禁剔除及破坏，保证边角整齐与顺直。

3. 预埋钢筋检查、修整

清好槽及梁间杂物后，首先检查预埋筋的完好情况，如出现弯曲变形的要调直，使其位置与形式准确。

4. 伸缩装置就位焊接

伸缩装置[328]吊运就位后，选用槽钢以双肢的形式，按间距 1m 的距离，垂直于伸缩装置，设于桥面上。然后采用丁字螺栓将伸缩装置吊起，固定在槽钢上。槽钢与伸缩缝两侧路面和伸缩装置要压紧、贴严（当路面结构为新铺筑的沥青混凝土结构时，考虑到沥青混凝土会因压紧、密实而发生高度变化，为此伸缩装置应比路面略低 1~2mm 为宜）。安装后要保证伸缩装置在横缝方向和纵缝方向都垂直，以路面标高伸缩缝中心轴线为准，进行调直调平，使伸缩装置（型钢）中心线与桥梁伸缩缝中心线对正，最大偏差不超过 10mm，确保型钢顶面标高、横坡、纵坡与桥面或路面吻合。

定位、点焊：沿伸缩装置的一端依次将伸缩装置两侧的配套锚环与锚固筋每隔2～3个锚固筋先点焊，点焊完成后全面检验一下伸缩装置的平整度、顺直度、高程等项目，合格后再进行焊接。

焊接：伸缩缝固定后对其标高再复测一遍，确定在临时固定过程中未出现任何变形、偏差后，把异性钢梁上的锚固钢筋与预埋钢筋在两侧同时焊牢，如出现预埋筋与伸缩装置锚固环不能吻合焊接现象，则制作U形或相应钢筋，作为中间连接钢筋，进行加固焊接[329]。在焊接的同时，随时用3m直尺、塞尺检测异型钢梁的与桥面高差值，高差值控制在0～2mm，以避免出现跳车现象。

焊接人员数量配置要合理，焊接时间要尽量缩短，在全部焊接工序完成后要及时拆除夹具、解除缩缝与吊缝装置，放松后再进行一次全面质量检验，如不符合要求则需重新调整。

5. 模板支护

伸缩装置焊接完成经检验合格后，进行模板支护。可视具体情况采用聚乙烯泡沫板或五合板支护，确保浇筑混凝土时无漏浆现象。采用塑料胶带粘于伸缩装置的上口和两侧路面的边口处，作为浇筑混凝土时对其的保护。

6. 混凝土浇筑

混凝土采用C50钢纤维混凝土浇筑严密振捣的方法施工，罐车将混凝土运至现场后，必须检查混凝土的和易性和塌落度，塌落度应控制在40mm左右。采用插入式振捣棒进行振捣，其移动间距不超过振捣棒作用半径的1.5倍，振捣要密实，以混凝土不再下沉至无气泡止，做到不漏振也不过振。然后用刮杠刮平，用铁抹子收浆抹面，要求3次收浆，确保混凝土面无开裂现象。并按要求留设混凝土试件[330-331]。

7. 混凝土养生

采用塑料薄膜覆盖加盖土工布进行养护，养护期间设专人负责洒水，混凝土的养生不得少于7d，养生期间严禁车辆通行。

经过养生，水泥混凝土强度达到设计强度的80%以上后，方可安装橡胶密封条。

8. 清理现场开放交通

施工现场做到完工场地干净，根据浇筑混凝土时预留的试件实测结果和现场施工情况，经试验报告反映达到设计强度后开放交通。

11.6 桥面及附属工程施工质量及安全控制

桥面及附属工程施工质量控制的要求和措施如下：

（1）配备精干的测量人员，并配置全站仪、精密水准仪等先进测量仪器。

（2）对已测放的桩位和施工用加密导线点、临时水准仪，派专人定期复核并做检查记录。

（3）确定合格的材料供应商，对所有进场原材在使用前按技术规范进行相关试验，并向监理部门报批，同意后方投入使用。

（4）严格控制钢筋的加工质量，钢筋加工前应取样复试，合格后方可加工，并严格按照设计图纸加工。

（5）混凝土振捣由有经验的振捣工进行振捣，严格控制振捣间距和振捣时间，不得漏捣或过振，保证振捣的质量。

（6）测量、试验全过程配合施工活动，及时反映所得数据以指导施工。

（7）质量控制贯彻整个施工过程，及时对施工原始数据进行汇总存档，掌握动态信息，严密监控施工过程和质量。

11.6.1 钢筋施工质量保证技术措施

钢筋采购必须要有出厂质量保证书，没有出厂质量保证书的钢筋，不能采购，对使用的钢筋，要严格按规定取样实验合格后方可使用。

钢筋焊接的操作人员必须持证上岗，焊接接头要经过试验合格后，才允许正式作业，在一批焊接中，进行随即抽样检查，并以此作为加强对焊接作业质量的监督考核。

钢筋配料卡必须经过技术主管审核后，才准开料，开料成型的钢筋应按图纸编号顺序挂牌，堆放整齐，钢筋的堆放场地要采取防污措施。专人负责钢筋垫块（保护层）的制作，要确保规格准确，数量充足，并达到足够的设训强度，垫块的安放要疏密均匀，起到可靠的保护作用。

钢筋绑扎完毕后，要经过监理工程师验收合格后，方可浇筑混凝土，在混凝土浇筑过程中，必须派钢筋工值班，以便处理在施工过程中发生的钢筋及预埋件位移等问题。

11.6.2 模板施工质量保证技术措施

模板要经过结构设计，保证有足够的强度和刚度，并要装拆方便；加工钢模板时要严格按技术规范施工实行分级验收程序。

钢模板统一调配，安装时要涂脱模剂，模板缝隙要严密，并注意控制高差、平整轴线位置、尺寸、垂直度等技术要求，流水作业，逐一检查，防止漏浆、错装等错误。

根据混凝土的强度要求准确计算出混凝土的配合比，申报监理工程师审批，监理工程师同意后方可使用，使用过程中，要严格按照配合比执行。

派专人（试验人员）到搅拌站监督检查配合比执行情况，以及原材料、坍落度、试件取样、称量衡器检查校准及拌和时间是否与要求相符。

混凝土运抵现场后，必须经过坍落度试验，符合要求后才能浇筑，若坍落度损失过大，试验人员可根据实际情况征得监理工程师的同意后适量加入水泥

第 11 章 桥面系施工

浆,确保混凝土的水灰比不变,并要搅拌均匀后方可浇筑。

浇筑混凝土,全部模板和钢筋要清洗干净,不得有杂物,模板若有缝隙应嵌填密实,并经监理工程师检查批准后方可开始浇筑,混凝土的浇筑方法,必须经监理工程师的批准。混凝土浇筑作业应连续进行。

混凝土振捣时,振捣器的插入或拔出时的速度要慢,振捣点均匀,在振捣器不能达到的地方应铺以插铲式振捣,以免发生漏振现象。

施工缝的处理,应按规定或监理工程师的要求进行,在切缝前找准位置,做到放线准确,保证伸缩装置轴线左右两侧对称,切缝沥青面层时,切缝必须垂直不得出现歪斜,两侧切缝宽度应和桥台后背或主梁铺装层端头混凝土齐平或略宽,严禁出现沥青面层下部悬空,留下质量隐患[332]。

混凝土终凝后要采取适当措施养护,并在浇筑部位注明养护起止日期,以免养护时间不足。

第12章 试 验 交 验

桥梁试验段[333]试验是为确定桥梁工程施工机械、机器数量以及组合方式合理性而设立。试验段试验可以确定透油层的喷洒方式效果、摊铺压实工艺等实际工况,可以验证沥青混合料配合比,提出工程所需标准配合比。试验交验即为试验段交工验收流程情况。

12.1 试验概况及目标

12.1.1 试验概况

库首跨库大桥及其引道段施工沥青混凝土路面施工为跨库大桥路面、大桥终点与日地隧道起点间7m路基明线以及隧道进口端50m范围内。

主要设计标准:
(1) 公路等级为四级公路(桥梁按30km/h三级路标准实施)。
(2) 设计基准期为按照规范要求为100年。
(3) 设计安全等级为一级。
(4) 设计速度为30km/h。
(5) 桥面横坡2.0%(双向)。
(6) 桥梁宽度为9.0m(0.25m栏杆+0.75m人行道+0.25m侧向宽度+2×3.25m行车道+0.25m侧向宽度+0.75m人行道+0.25m栏杆)。
(7) 路面类型为沥青混凝土。
(8) 路面结构为跨库大桥桥面采用6cm厚粗粒式密级配粗型沥青混凝土AC-16C和4cm细粒式密级配粗型沥青混凝土AC-13C;隧道内进口(雅江端)50m范围内复合式路面段分两层依次为细粒式密级配粗型沥青混凝土AC-13C上面层(4cm)、中粒式密级配粗型沥青混凝土AC-16C中面层(4cm),下面层为20cm厚水泥混凝土面层;跨库大桥终点与日地隧道进口7m明线路基分两层依次为细粒式密级配粗型沥青混凝土AC-13C上面层(4cm)、中粒式密级配粗型沥青混凝土AC-16C中面层(6cm)。

准备进行沥青混凝土面层施工[334],按照监理工程师的要求,在沥青混凝土面层施工前,先铺筑面层试验段,试验段长度按规范要求选定为200m,试铺路段的运输、拌和、摊铺和碾压各道工序按现行沥青路面面层施工规范进行。

12.1.2 试验段实施目标

(1) 验证沥青混合料目标配合比，确定正式施工的最佳沥青混合料生产配合比。

(2) 通过试验段施工确定合理的施工机械型号、数量、组合方式，最佳工艺流程和生产效率。

(3) 通过试拌确定拌和机的上料速度、拌和数量与时间、拌和温度、沥青和集料变化与波动的调控手段等施工工艺。

(4) 通过试铺确定沥青混合料的摊铺温度、摊铺速度和松铺系数[335]。

(5) 通过碾压确定适宜的压路机类型和数量、压路机组合方式、碾压温度、碾压速度和碾压遍数等施工工艺。

12.2 沥青混凝土路面试验材料要求

12.2.1 施工准备

(1) 试验段位置、实施时间确定根据总体施工顺序安排和试验路段具有代表性的要求，选择设计桩号K0+056～K0+256范围段为试验段。计划于2019年8月24日开始实施。

(2) 技术准备：
1) 路面面层施工前，桥面防水层及水泥混凝土路面已验收合格。
2) 沥青混凝土已进行配合比试验，试验成果报审通过。
3) 施工前需先进行技术交底，技术、质检、试验、测量等人员到位。

(3) 材料准备。沥青路面所需细集料、粗集料采用雅江县鸿鑫砂石加工厂生产的砂石料，矿粉采用都江堰市浦阳重钙厂生产的矿粉，骨料及矿粉检验合格后，用于道路路面沥青混凝土面层。抗剥落剂产自重庆鹏创道路材料有限公司。沥青采用中石化90号A级石油沥青。

12.2.2 材料要求

根据道路使用性质及气候分区，采用符合"道路石油沥青"技术要求的90号A级石油沥青，其技术要求见表12.1。

表12.1 道路石油沥青技术要求

实 验 项 目	90号A级	实 验 项 目	90号A级
针入度（25℃，100g，5s）/(0.1mm)	≥(80～100)	软化点（环球法）/℃	≥44
10℃延度/cm	≥30	闪点/℃	≥245
质量变化（T0610或T0600实验方）	$-0.8<Lt<0.8$	蜡含量（蒸馏法）/℃	≤2.2
残留针入度比不小于/%	≥57	溶解度/%	≥99.5
残留延度（10℃）/cm	≥8	密度（15℃）/(g/cm³)	实测记录
15℃延度/cm	≥100		

12.2 沥青混凝土路面试验材料要求

根据材料实际情况，路面所用碎石技术要求见表12.2。

表12.2　　　　　沥青混凝土用粗集料质量技术要求

指　　标		面　层	试验方法
石料压碎值/%		≤30	T0316
洛杉矶磨耗损失/%		≤35	T0317
表观相对密度		≥2.45	T0304
吸水率/%		≤3.0	T0304
坚固性/%		—	T0314
针片状含量	针片状颗粒含量（混合料）/%	≤20	T0312
	其中粒径大于9.5mm/%	—	
	其中粒径小于0.5mm/%	—	
水洗法 $M<0.075mm$ 颗粒含量/%		≤1	T0310
软石含量/%		≤5	T0320

所用细集料主要采用机制砂，并选用优质石料生产，应洁净、干燥、无风化、无杂质，并有适当的颗粒级配，其级配应符合要求，其质量技术要求见表12.3和表12.4。

表12.3　　　　　沥青混凝土用细集料质量技术要求

细集料质量控制指标	指　　标	试验方法
表观相对密度	≥2.45	T0328
坚固性（>0.3mm部分）/%	—	T0340
含泥量（小于0.075mm的含量）/%	≤5	T0333
砂当量/%	≥50	T0334
亚甲蓝值/(g/kg)	—	T0349
棱角性（流动时间）/s	—	T0345

表12.4　　　　　沥青混凝土用机制砂或石屑规格

规格	公称粒/mm	筛　孔　/　mm							
		9.5	4.75	2.36	1.18	0.6	0.3	0.15	0.0075
		水洗法通过各筛孔的质量百分比/%							
S15	3～5	100	90～100	60～90	40～75	20～55	7～40	2～20	0～10
S16	0～3	—	100	80～100	50～80	25～60	8～45	0～25	0～15

(1) 施工人员投入情况。参与施工的管理、技术、质检、试验检测人员全部到位，见表12.5。

233

表 12.5　　　　　　　　　　主要施工管理人员一览表

序号	职务	职责
1	项目经理	负责工程全面控制
2	项目总工	负责工程技术支持及质量控制
3	现场副经理	负责现场协调事宜
4	安全总监	负责现场施工安全管理
5	质检负责人	负责现场质量控制
6	质检员	负责现场质量控制
7	测量队长	负责现场测量控制
8	试验室主任	负责现场试验检测工作
9	施工队长	负责现场施工管理

（2）施工劳动人员投入情况，见表 12.6。

表 12.6　　　　　　　　　　施工劳动人员投入情况

序号	工种	数量/人	职责
1	司机	12	负责摊铺、碾压运输混合料
2	技工	10	负责协助摊铺混合料
3	普工	5	协助施工及道路保通
4	维修工	1	负责施工机械的保养与维修

（3）主要施工机械投入情况，见表 12.7。

表 12.7　　　　　　　　　　主要施工机械投入情况

序号	设备名称	数量/台	状态
1	沥青摊铺机	1	良好
2	压路机	2	良好
3	装载机	1	良好
4	运输车	10	良好

12.3　面层试验段施工

12.3.1　透层油施工

为了使沥青面层与基层结合良好，在基层上浇洒乳化沥青、煤沥青或液体沥青而形成的透入基层的薄层。透层油[336]宜在铺筑沥青面层前 1~2d 洒布，洒布前应清扫路面，遮挡防护路缘石避免污染。透层油宜采用沥青洒布车一次喷洒均匀，有花白遗漏应人工补洒，喷洒过量的立即洒布石屑或砂吸油，必要时作适当碾压。

透层油洒布后应充分渗透，通过钻孔或者挖掘确认透层油透入基层的深度宜不小于5~10mm，并能与基层联结为一体，透层油洒布后的养生时间以确保液体沥青中的稀释剂全部挥发，乳化沥青渗透且水分蒸发一般不少于24h后才能摊铺沥青面层。

12.3.2 沥青混合料面层施工

1. 施工流程

混合料拌制——→混合料运输——→混合料摊铺、整平——→碾压——→接缝处理——→检查试验——→交通管制[337-338]。

2. 施工方法

（1）混合料的拌和：

1）施工人员进入岗位，做好施工前的准备工作，机械试运转。

2）装载机将各种材料按目标配合比数值，分不同比例上到冷料仓中，控制室操作手将按生产配合比沥青最佳量输入到微机中去，并随时调整各材料的进料速度。

3）由民工负责将矿粉装入粉泵中去，然后由矿粉泵将矿粉打到矿粉罐中去，沥青的加热由专门的试验员监督，派一名技术工人负责用导热油加热所需的沥青罐，控制导热油的进出温度，同时监控沥青罐上的温度表，控制在145~165℃。

4）启动拌和机，将燃烧器火苗增大，直至矿粉加热温度达到160~175℃，同时调整好拌和时间，一般为30~50s，其中干拌时间不得少于5s。

5）若由两台或两台以上拌和机同时生产一种混合料时，必须事先将它们振动筛的尺寸相统一，而且应备足易损筛。

（2）混合料的运输。拌和好的沥青混合料采用15~20t自卸车运往现场进行摊铺，保持车厢光滑、整洁，涂防黏薄膜剂，保证无漏料、无污染现象。所有装满料的运输车均加篷布覆盖，以防雨水和热量损失。运输车辆的数量在满足拌和设备连续生产要求的同时，还必须要有一定的富余，以备车辆意外事故发生，不能因车辆少而停工。刚开始，以每6min一次的间隙，混合料运输车依次装料发车。司机每车次做好"发车时间""到达前场时间""从前场开始返回时间""返回到达拌和场时间"记录，为合理组织运输提供科学数据。混合料运抵前场后，按照前场指挥要求，从西往东依次在预先标示的卸料点位倒料或摊铺机前等候。运输司机在每次卸料后，要检查车厢内有无残余料，及时清理。

第12章 试验交验

(3) 混合料摊铺、整平[339-340]。

1) 摊铺过程中采用一台摊铺机全幅施工，虚铺系数暂定1.2。

2) 调整好熨平板的高度和横坡后，进行预热，要求熨平板温度不低于100℃。它是保证摊铺质量的重要措施之一，要注意掌握好预热时间预热后的熨平板在工作时摊铺面出现少量沥青胶浆，且有拉沟时，表明熨平板已过热，应冷却片刻再进行摊铺。

3) 正确处理好角笼内料的数量和螺旋输送器的转速配合，角笼内最恰当的混合料数量是料堆的高度平齐于或略高于螺旋叶片，料堆的这种高度应沿螺旋全长一致，因此要求机械手操作螺旋的转速配合恰当。

4) 热拌料运到路段上、检测员检测温度后，由现场指挥人员指挥卸料，最好4~5台料车排好卸料，减少摊铺机停机次数，保证摊铺的连续性。

5) 连续稳定的摊铺是提高新铺路面平整度的主要措施，根据施工经验，保证连续摊铺的几种解决方法如下：

a. 摊铺机[341]的摊铺速度根据拌和机的产量、施工机械配套情况及摊铺厚度、密度进行调整选择，做到缓、慢、均匀、不间断地摊铺。摊铺过程中不得随意变换速度，避免中途停顿，防止铺筑厚度、温度发生变化，而影响摊铺质量，在铺筑过程中，摊铺机螺旋拨料器不停地转动，两侧应保持有不少于拨料高度2/3的混合料。一旦熨平板按所需厚度固定后，不应随意调整。摊铺机的速度应符合2~6m/min的规定。

b. 采用大吨位的运输车辆，富余的运力进而减少停机的次数，增长连续摊铺的长度。运输车辆需用数量一般根据拌和场至路段之间的距离来确定。

c. 机前的清扫工作要保证1km的作业面，作业面内不得有闲杂人等，不得停留车辆，以保证摊铺的连续性。

d. 摊铺机推动运料车进行混合料摊铺，摊铺时测量工利用水准点随时跟踪检查摊铺厚度和标高，根据测量的数据调整传感器，掌握好松铺系数，使摊铺的沥青混合料路面符合设计要求。

e. 在摊铺过程中，随时检查摊铺质量，出现离析、边角缺料等现象时人工及时补洒料，换补料。

(4) 碾压[342]应遵循以下程序：先轻后重、先慢后快、适时碾压、先静后振、直进直出、分段碾压、打斜抹平。

1) 沥青路面压实程序初压（钢轮）、复压（钢轮＋胶轮）、终压（钢轮）。

2) 沥青路面压实方法

a. 初压：

（a）应在混合料摊铺后较高温度下进行，一般为130~145℃，碾压速度为1.5~2.0km/h，并不得产生推移、开裂。

(b) 压路机应从外侧向中心碾压，相邻碾压带应重叠 1/3～1/2 轮宽，最后碾压路中心部分，单幅从低向高处碾压，压完全幅为一遍，每条碾压带折回点部都应等距错开，一遍完成进行第二遍碾压时，用压路机将所有错开的折回点打斜抹平，提高平整度。

(c) 采用关闭振动装置的振动压路机碾压两遍，其压力不宜小于 350N/cm，初压后质检员、测工检查平整度。测工检查平整度、路拱、必要时予以适当调整。

(d) 碾压遍数根据以往经验按 2 遍控制（钢轮弱振 2 遍），采取静前振后的方式。

b. 复压：

(a) 采用振动压路机，振动频率宜为 45～50Hz，振幅为 0.3～0.55mm，并根据混合料种类、温度和厚度选择，层次较厚时选用较大的频率和振幅，相邻碾压重叠宽度为 10～20cm，振动压路机倒车时应先停止振动，并在另一方向运动后再开始振动。

(b) 碾压遍数根据以往经验按 6 遍控制（钢轮强振 2 遍＋胶轮静压 4 遍）。

c. 终压。终压采用钢轮压路机，紧跟复压后进行，终了温度不低于 70℃。压实过程中随时用 4m 靠尺检查，用压路机趁热反复碾或用细料修补。碾压遍数根据以往经验按 2 遍控制（钢轮静压 2 遍）。

(5) 接缝处理[343]。由于工作台中断，摊铺材料的末端已经冷却，或者在第二天恢复工作时，就应做成一道横缝。横缝应与铺筑方向大致成直角，严禁使用斜接缝。横缝在相邻的层次和相邻的行程间均应至少错开 1m。横缝应有一条垂直经碾压成良好的边缘。沥青混合料路面铺筑期间，当需要暂停施工时使用平接缝；在当天施工结束后切割、清扫、成缝。

1）接缝摊铺前先用直尺检查接缝处已压实的路面，如果不平整、厚度不符合要求时，应切除后再摊铺新的混合料。

2）横向缝连续施工前先涂刷黏层油并用熨平板预热。

3）重新开始摊铺前，在摊铺机的整平板下放置起始垫板；垫板的厚度等于混合料松铺厚度与已压实路面厚度之差，其长度应超过整平板的前后边距。

4）横向接缝铺混合料后先清缝，然后检查新摊铺的混合料松铺厚度是否合适。清缝时不得向新铺混合料方向过分推刮。

5）横向接缝碾压时按垂直车道方向沿接缝进行，并在路面纵向放置支撑木板，其长度应足够压路机驶离碾压区。如果因为施工现场限制或相邻车道不能中断交通时，也沿纵向碾压，但在摊铺机驶离接缝后应立即进行，且不得在接缝处转向。

(6) 检查试验：

1) 按施工技术规范要求的频率认真做好各种原材料、施工温度、矿料级配、马歇尔试验、压实度等试验工作。

2) 在施工过程中随时检查铺筑厚度、平整度、宽度、横坡度和高程。

3) 所有检验结果资料报监理工程师审批。

(7) 交通管制。热拌沥青混合料中面层应待摊铺层完全自然冷却，混合料表面稳定低于50℃后，方可开放交通。严禁载重车辆在其上面行驶时急刹车和调头。

参 考 文 献

[1] 交通部第一公路工程总公司．公路桥涵施工技术规范：JTJ 041—2000［S］．北京：人民交通出版社，1993．

[2] 中国水能及电气化编辑部．水利工程建设阶段划分及施工准备阶段的工作内容［J］．中国水能及电气化，2019（12）：69-70．

[3] 张建东．论建筑企业施工安全管理准备工作［J］．城市建设理论研究（电子版），2019（17）：45-46．

[4] 张莉，权雅萍，祁雪花．如何做好施工准备工作［J］．中国金属通报，2019（5）：114-116．

[5] 杜国军．公路桥梁施工监理准备工作与质量控制策略［J］．产业创新研究，2018（10）：84-85．

[6] 杜兴林．浅谈农网改造业主和施工项目部职能职责划分：县级管理实践之谈［J］．通讯世界，2017（19）：220-222．

[7] 王建伟，李成刚，周志健．总承包管理施工部署分析［J］．住宅与房地产，2019（33）：123．

[8] 江波，张明亮，王大纲，等．复杂地质条件下大直径灌注桩施工技术：以湖南广播电视台节目生产基地建设项目为例［J］．中外建筑，2020（5）：173-176．

[9] 张雨晨．建筑工程项目群材料运输问题研究［D］．沈阳：沈阳工业大学，2020．

[10] 曾潘港．工程测量过程中精度的影响因素与控制探究［J］．中华建设，2022（7）：143-144．

[11] 桑卫东，刘建华．某弧型建筑工程定位放线的实践［J］．平顶山工学院学报，2008（4）：72-73．

[12] 孙亮，秦银刚，王文涛．建设单位项目部选址浅析［J］．四川建筑，2016，36（2）：298-299．

[13] 康士明．施工现场临时用电安全隐患统计分析及预防［J］．建筑安全，2022，37（6）：73-76．

[14] 闫海峰，周晓惠．施工临时用电接地系统安全性比较与适用场所选择［J］．建筑安全，2022，37（6）：77-80．

[15] 胡勇．施工现场临时用电安全技术及管理策略［J］．中国高新科技，2022（2）：136-137．

[16] 师玉龙．钢管桩排架在水下桩基施工中的应用［J］．珠江水运，2020（19）：71-72．

[17] 陶川，梁超．奥维地图在高速公路临建设施选址上的运用［J］．四川建材，2021，47（11）：119-120．

[18] 王凯．施工溜索在高山峡谷地区的应用［J］．建筑施工，2022，44（1）：143-145．

[19] 邢振华，姜盛超，李向宇，等．超高层幕墙水平溜索滑轨及卡具吊篮技术研究［J］．施

工技术，2018，47（S4）：1700-1701.

[20] 尚超华，王红松，高静，等．临时索道桥解决物资设备过江问题的应用［J］．四川水力发电，2014，33（S1）：40-42，61.

[21] 陈伟，刘跃宾，宇文超琪．传统建筑消防技术措施探讨［J］．消防界（电子版），2021，7（23）：60-61.

[22] 江伟，孟德鑫，范义芝，等．高层住宅附着式升降脚手架非常规拆除施工技术［J］．建筑技术，2022，53（4）：451-452.

[23] 闫子夜．国道丹阿公路桥梁建设中智能张拉压浆施工技术［J］．四川建材，2022，48（7）：151-152.

[24] 孟刚，王海东．大坝闸墩环氧涂层钢绞线锚索张拉工艺研究［J］．湖南水利水电，2021（5）：12-15.

[25] 王子云．公路桥梁施工中预应力技术及质量控制措施研究［J］．交通世界，2022（Z1）：87-88.

[26] 马凌，汪彬，蒋朝旭．公路桥梁预应力施工中存在的问题及质量控制措施研究［J］．交通世界，2021（9）：12-13.

[27] 林龙，苏兴彬，郭林超．宁明干渠24m槽身后张法预应力施工质量控制措施［J］．广西水利水电，2020（6）：87-89.

[28] 王锡志．装配式箱梁与桥台施工偏差及处理方案［J］．工程与建设，2022，36（3）：798-800.

[29] 中国钢铁工业协会．钢丝绳通用技术条件：GB/T 20118—2017［S］．北京：中国标准出版社，2017.

[30] 钮彦鑫．双索面贯通式斜拉索调索施工方法及控制技术研究［J］．安徽建筑，2022，29（4）：166-167，178.

[31] 张明坦，高德华，蒋金华，等．景观悬索桥主缆及桥面安装施工技术要点［J］．交通世界，2021（Z1）：162-163，167.

[32] 张康银，左君，杨大利，等．钢横梁吊装施工技术要点研究：以凉州2号特大桥为例［J］．工程技术研究，2021，6（21）：26-28.

[33] 朱清东．桥面人行道板整体悬浇模板体系的研制与应用［J］．铁道建筑技术，2016（9）：36-41.

[34] 张利华．珠三角城际轨道桥梁路基土石方开挖施工技术研究［J］．中国水能及电气化，2021（12）：8-13.

[35] 刘仁华．隧道光面爆破开挖质量控制的应用研究［J］．工程技术研究，2021，6（14）：14-15，18.

[36] 董海佩，程贵海，牛虎，等．基于事故树分析法的控制爆破危害影响研究［J］．爆破，2018，35（2）：151-154，176.

[37] 中华人民共和国水利电力部．水工混凝土施工规范：SDJ 207—82［S］．北京：水利电力出版社，1982.

[38] 张晓文，张强，刘兆羽，等．客运索道使用管理体系及典型问题分析［J］．起重运输机

械，2021（18）：78-80.

[39] 中交公路规划设计院公司. 公路桥涵地基与基础设计规范：JTG D 63—2007 [S]. 北京：人民交通出版社，2007.

[40] 唐德强. 浅谈人工挖孔灌注桩施工工艺及难点应对措施 [J]. 四川建材，2021，47（11）：129-130，132.

[41] 甄江辉. 人工挖孔灌注桩施工工艺及控制措施 [J]. 中国公路，2014（17）：132.

[42] 谢显科. 关于人工挖孔灌注桩施工工艺及安全措施的探析 [J]. 科学中国人，2014（4）：32，36.

[43] 闫博. 人工挖孔灌注桩施工工艺及安全措施分析 [J]. 黑龙江科学，2014，5（2）：46.

[44] 吴昌军，樊启洪. 冲孔桩终孔验收办法 [J]. 中国招标，2012（20）：35-36.

[45] 周佳奇，薛高升. 超长、超重地连墙钢筋笼整体制作和分节吊装技术 [C]//2021水利水电地基与基础工程技术创新与发展，2021：271-280.

[46] 宋哲. 水利工程钻孔灌注桩及桩基混凝土浇筑施工工艺探析 [J]. 山西建筑，2019，45（8）：69-71.

[47] 钟贤雄. 某跨海大桥桩基海工混凝土配合比设计及灌注质量控制 [J]. 福建建材，2018（5）：74-75，117.

[48] 高彬彬，张涛，盘倩. 桥梁工程水下冲孔桩基混凝土灌注施工控制要点：以阆中市嘉陵江四桥主塔群桩基础施工为例 [J]. 重庆建筑，2015，14（11）：38-40.

[49] 王永清. 浅析如何控制钢筋混凝土灌注桩基施工质量 [J]. 黑龙江科技信息，2015（22）：241.

[50] 刘英. 桥梁钻孔灌注桩施工技术及注意事项 [J]. 交通世界，2021（27）：29-30，42.

[51] 朱建强. 土建基础工程建设的钻孔灌注桩施工与注意事项 [J]. 住宅与房地产，2019（25）：219.

[52] 李旭东. 灌注桩施工过程控制要点及注意事项 [J]. 四川水泥，2018（7）：349.

[53] 臧胜高. 浅析桥梁钻孔灌注桩施工过程中的注意事项 [J]. 石家庄铁路职业技术学院学报，2015，14（3）：14-18.

[54] 赵志刚，朱卫东，郭林山. 钻孔灌注桩的施工及质量保证措施 [J]. 河南水利与南水北调，2012（8）：44-45.

[55] 赵青山，吴业桉. 水下混凝土灌注桩混凝土施工中通病防治 [J]. 技术与市场，2014，21（8）：194-195.

[56] 交通部公路科学研究所. 公路工程质量检验评定标准：JTJ 071—98 [S]. 北京：人民交通出版社，1999.

[57] 王红军. 房屋建筑材料质量的检测与保证措施 [J]. 建材与装饰，2017（22）：68-69.

[58] 徐红杰. 房屋建筑混凝土施工质量保证措施 [J]. 技术与市场，2011，18（8）：372.

[59] 赵日宏. 某工程大体积混凝土施工质量与安全保证措施研究 [J]. 建筑安全，2019，34（10）：28-30.

[60] 张登亮，王继航，王成俊. 水利水电工程施工现场环境保护措施研究 [J]. 居舍，2022（10）：169-171.

参考文献

[61] 郑昊. 建筑工程雨季施工应采取的技术措施 [J]. 科技展望, 2014 (11): 52.

[62] 任来卉. 浅谈建筑工程雨季施工技术措施 [J]. 黑龙江科技信息, 2017 (9): 179.

[63] 韩斌. 试析建筑施工现场临时安全用电综合防护措施分析 [J]. 河南建材, 2018 (3): 396-398.

[64] 张恒. 施工现场临时用电安全防护措施探讨 [J]. 设备管理与维修, 2018 (10): 28-29.

[65] 高俊龙. 公路桥梁主桥桥墩桩基及承台工程施工技术 [J]. 居舍, 2021 (8): 48-49.

[66] 国家质检总局. 大体积混凝土施工规范: GB 50496—2009 [S]. 北京: 中国计划出版社, 2009.

[67] 张勇. 工程进度控制方法和保证措施探讨 [J]. 中国新技术新产品, 2010 (23): 107.

[68] 张俊光, 李凯. 基于项目资源细分的关键链进度监控方法研究 [J]. 管理评论, 2021, 33 (6): 224-231.

[69] 刘燕, 向高, 彭驰. 承台施工工艺与质量控制 [J]. 四川水泥, 2020 (6): 245-246.

[70] 王刚. 高寒地区大体积承台施工工艺及控制要点 [J]. 科技创新导报, 2019, 16 (20): 36-38.

[71] 刘立峰. 探讨钢套箱封底混凝土分块浇筑技术要点 [J]. 中外建筑, 2019 (7): 212-214.

[72] 高玉亭, 周杰, 李小月, 等. 结构底板后浇带自凿毛模板的设计与施工 [J]. 建筑施工, 2022, 44 (4): 728-731, 736.

[73] 林恩川. 双肢墩顶0#块模板及托架施工方法研究 [J]. 城市建筑, 2019, 16 (3): 128-129, 147.

[74] 谢季军, 龚国庆. 东新特大桥连续梁0号块V形托架设计与施工 [J]. 山西建筑, 2011, 37 (10): 158-160.

[75] 郭星亮. 高速铁路桥梁钢筋工程质量控制技术创新研究 [J]. 科技与创新, 2022 (8): 98-100.

[76] 全国钢铁工业协会. 钢筋混凝土用钢 第3部分: 钢筋焊接网: GB/T 1499.3—2010 [S]. 北京: 中国国家标准化管理委员会, 2010.

[77] 祖金龙, 张双, 王国庆. 承台斜面垫层定型模板化施工技术 [J]. 建筑施工, 2022, 44 (2): 335-337.

[78] 郭若飞. 无梁单桩承台预制胎模板施工技术应用研究 [J]. 福建建材, 2021 (12): 94-95, 106.

[79] 交通部公路科学研究所. 公路工程水泥及水泥混凝土试验规程: JTG E30—2005 [S]. 北京: 人民交通出版社, 2005.

[80] 交通部公路科学研究所. 公路工程集料试验规程: JTG E42—2005 [S]. 北京: 人民交通出版社, 2005.

[81] 凌霄雁. 施工缝的设置与处理方案 [J]. 黑龙江科技信息, 2017 (7): 234.

[82] 韩巧平. 混凝土楼梯施工缝质量缺陷分析及控制措施 [J]. 科技与创新, 2015 (14): 145-146.

[83] 沈伟锋.建筑工程混凝土施工缝的处理技术及应用研究［J］.低碳世界，2014（23）：237-238.

[84] 陈岑.隧道衬砌混凝土养护工艺技术措施研究分析［J］.新型工业化，2022，12（2）：55-57.

[85] 于龙.桥梁实体墩身混凝土喷淋养护策略分析［J］.时代汽车，2022（3）：191-192.

[86] 乔永立.大体积混凝土温度裂缝的分析与控制措施［J］.中国建材科技，2022，31（2）：137-138，84.

[87] 刘瑞美.承台大体积混凝土温度裂缝分析及控制措施［J］.价值工程，2017，36（14）：138-140.

[88] 黄静.混凝土温度裂缝的成因分析与控制措施［J］.交通世界（工程技术），2015（4）：88-89.

[89] 王孝军.柳林滩黄河特大桥承台大体积混凝土水化热温度分析及温度裂缝控制措施［J］.甘肃科技，2012，28（16）：132-133.

[90] 王辉.大体积混凝土温度裂缝的成因分析及控制措施［J］.大坝与安全，2012（1）：54-56.

[91] 田占龙.混凝土温度裂缝分析及控制措施［J］.河北建筑工程学院学报，2007（4）：24-25，28.

[92] 席淼.大体积混凝土测温系统的研究［D］.天津：天津科技大学，2020.

[93] 付前龙，刘洪海，谢哉警.大体积混凝土测温试验研究［C］//2019年全国土木工程施工技术交流会暨《施工技术》2019年理事会年会论文集（上册），2019：291-292.

[94] 黄晓云.刍议大体积混凝土测温点设置与测温要求［J］.四川水泥，2019（3）：292.

[95] 赵龙，左丰收，李萌，等.密云水库第一溢洪道水工大体积商品混凝土温控计算方法与措施研究［J］.北京水务，2021（5）：57-62.

[96] 聂军洲.大坝混凝土温控防裂措施优化研究［J］.水利科技与经济，2022，28（6）：109-112，121.

[97] 郑镇平.桥梁承台大体积混凝土温控防裂技术探讨［J］.福建交通科技，2021（12）：76-78，82.

[98] 于敬铎.大坝混凝土温控防裂措施优化研究［J］.水利科学与寒区工程，2022，5（1）：25-27.

[99] 邱冬梅，熊涛，蔡畅，杨卫.DG水电站大坝工程碾压混凝土仓面设计［J］.水电与新能源，2019，33（12）：12-16.

[100] 梁晋.雨季施工措施［J］.中国招标，2016（26）：36-37.

[101] 赵强.雨季建筑混凝土施工质量的保证措施［J］.一重技术，2019（4）：72-74.

[102] 温莲蓉.浅析工程施工中安全保证体系的建立及保证安全生产的措施［J］.科技创新导报，2012（9）：112.

[103] 翟秀珍.施工中的安全生产措施［J］.民营科技，2015（6）：108.

[104] 杜宝龙.高速公路桥梁施工安全管理对策及环保措施［J］.居舍，2021（21）：128-129.

参考文献

[105] 徐静. 建筑施工现场存在的安全及环保问题探讨 [J]. 房地产世界, 2022 (7): 149-151.

[106] 贾增荣. 建筑工程施工中节能环保措施探究 [J]. 四川水泥, 2022 (3): 144-145.

[107] 何兴华. 铁路桥梁承台墩身冬季混凝土施工工艺 [J]. 北方建筑, 2021, 6 (6): 59-62.

[108] 温仁斌. 薄壁空心墩液压滑模施工技术在公路桥梁工程中的应用 [J]. 交通世界, 2021 (Z2): 159-160.

[109] 敖顺通, 杨雄峰, 陈立彦. 液压爬模在桥梁变截面薄壁空心墩中的施工技术分析 [J]. 运输经理世界, 2021 (5): 77-78.

[110] 郭增社, 刘世雄, 王福来. 公路桥梁薄壁空心墩液压爬模施工技术 [J]. 建筑技术, 2021, 52 (2): 248-251.

[111] 龙晓辉. 高速铁路桥梁的设计特点及施工技术准备 [J]. 江西建材, 2016 (9): 200.

[112] 李春花. 桥梁加固工程中自密实混凝土配合比试验研究 [J]. 价值工程, 2016, 35 (12): 126-128.

[113] 杨积财. 高速公路施工准备阶段的测量工作 [J]. 住宅与房地产, 2021 (3): 212-213.

[114] 卢雷. 道路桥梁施工中工期质量的保证措施研究 [J]. 科学中国人, 2016 (21): 52.

[115] 郭世同. 建筑工程施工工期的管理方法分析 [J]. 建材与装饰, 2015 (52): 181-182.

[116] 王月艳, 秦兆彬. 建筑工程施工工期保证措施浅析 [J]. 中华民居 (下旬刊), 2014 (9): 375.

[117] 田毅. 高双肢空心薄壁墩施工工艺及关键控制点 [J]. 甘肃科技, 2021, 37 (11): 107-108, 96.

[118] 张常轩. 液压自爬模在高墩大跨联体刚构空心墩施工中的应用 [J]. 铁道建筑技术, 2016 (12): 11-14, 32.

[119] 王祥军. 自动纵横移式预制墩身模板系统在宁波舟山港主通道工程中的应用 [J]. 建设机械技术与管理, 2018, 31 (12): 68-71.

[120] 李莼, 宋富生, 王蒙蒙. 整体式液压爬模提升施工技术在薄壁空心墩施工中的应用 [J]. 公路, 2020, 65 (9): 368-370.

[121] 洪新明. 高速公路桥梁现浇连续箱梁新型支架搭设方案 [J]. 交通世界, 2021 (19): 82-83.

[122] 李俊松. 浅析桥梁高墩柱及系梁模板施工技术 [J]. 江西建材, 2021 (12): 263-265.

[123] 胡展孝, 耿建均. 建筑工程施工中混凝土浇筑施工技术 [J]. 中国建筑金属结构, 2022 (6): 11-13.

[124] 李成禹. 建筑工程高温季节混凝土养护方式探索: 推荐采用带模养护法及冬季施工棚罩法 [J]. 建筑安全, 2018, 33 (9): 66-69.

[125] 樊万里. 跨U形深沟河谷高架桥梁施工测量控制技术 [J]. 交通世界, 2019 (23):

106-108.

[126] 王振国. 曲线桥梁挂篮悬浇施工测量控制方法探索 [J]. 江西建材, 2015 (5): 197-198.

[127] 陶诗君, 汤伟, 于文韬. 预制装配墩柱的特点与施工工艺 [J]. 公路, 2021, 66 (3): 132-135.

[128] 李忠汶. 桥梁工程高墩柱系梁施工工艺探讨 [J]. 交通世界, 2020 (29): 114-115.

[129] 李曙光. 桥梁空心薄壁高墩柱爬模施工方法 [J]. 黑龙江交通科技, 2021, 44 (9): 134-135.

[130] 孙海胜, 邵艳菊. 大型立交墩柱施工工艺及施工方法 [J]. 中华建设, 2017 (3): 122-123.

[131] 成爱萍. 钢箱梁悬空搭接施工的研究 [J]. 山西交通科技, 2017 (3): 74-77, 85.

[132] 王修斌. 公路桥梁矩形空心墩墩身施工质量控制要点 [J]. 北方交通, 2020 (8): 21-24.

[133] 周建峰. 公路桥梁空心薄壁墩高墩施工质量控制 [J]. 工程技术研究, 2020, 5 (4): 194-195.

[134] 张天毓, 全厚辉. 建筑工程施工安全管理存在的问题及保证体系的建立 [J]. 大连大学学报, 2015, 36 (3): 121-123.

[135] 中华人民共和国交通部. 公路工程施工安全技术规程: JTJ 076—95 [S]. 北京: 人民交通出版社, 2000.

[136] 赵捷. 公路桥梁现场施工安全管理技术 [J]. 绿色环保建材, 2021 (4): 103-104.

[137] 刘洪. 建筑机械施工安全管理问题及措施 [J]. 现代物业 (中旬刊), 2019 (2): 162.

[138] 陈莹. 高空作业安全要求 [J]. 吉林劳动保护, 2016 (7): 42.

[139] 王维. 建筑工程高空作业安全预警与管理探讨 [J]. 居舍, 2021 (35): 139-141.

[140] 杨彬. 落实施工现场安全管理与文明施工理念的有效措施探究 [J]. 房地产世界, 2022 (13): 130-132.

[141] 宋文斌. 建筑工程安全文明施工技术及管理措施 [J]. 大众标准化, 2022 (5): 58-60.

[142] 王菊玲. 市政道路工程中的绿色施工环境保护策略分析 [J]. 居舍, 2022 (6): 64-66.

[143] 陈坤强. 高铁站房施工施工环保、水土保护目标及措施 [J]. 四川水泥, 2021 (2): 98-99.

[144] 余成体. 连续刚构 0♯ 梁段托架施工设计与计算应用 [J]. 黑龙江交通科技, 2020, 43 (7): 111, 114.

[145] 刘钊. 国外预应力混凝土叠合体系 T 梁结构分析及应用实例 [J]. 中国市政工程, 2021 (3): 28-31, 119.

[146] 许永庆. 高速公路桥梁预制 T 梁施工技术的应用阐述 [J]. 建材发展导向, 2021, 19 (16): 239-240.

[147] 马瑞华. 公路桥梁预制 T 梁施工技术分析 [J]. 四川建材, 2022, 48 (7): 122-123.

参考文献

[148] 冀凯峰. 标准化T梁预制施工技术及工艺分析 [J]. 科学技术创新, 2021 (13): 119-120.

[149] 韩磊. 桥梁工程中预应力T梁预制的施工工艺分析 [J]. 交通建设与管理, 2020 (1): 80-81.

[150] 邵天赋, 徐放. 一种新型预制T梁模板吊装装置的设计及应用价值分析 [J]. 公路, 2020, 65 (6): 47-49.

[151] 卢亮. 高速公路预制T梁设计与施工要点 [J]. 交通世界, 2018 (20): 88-89.

[152] 张宗格, 周俊义, 吴锦涛. T梁预制台座方案优化与设计 [J]. 云南水力发电, 2021, 37 (12): 164-166.

[153] 刘波, 郭强, 赵正春, 等. 一种预制T梁型钢台座的设计与应用 [C]//2021年全国工程建设行业施工技术交流会论文集 (下册), 2021: 207-209.

[154] 赵海俊. 山区公路波纹管涵施工关键技术 [J]. 交通世界, 2022 (15): 157-158, 168.

[155] 容之攀, 易磊. 市政桥梁工程中后张法预应力施工技术研究 [J]. 工程建设与设计, 2018 (22): 199-200.

[156] 郭伟民, 高健杰. 大跨径钢筋混凝土T梁预应力张拉稳定性分析 [C]//北京力学会第二十五届学术年会会议论文集. 2019: 1010-1012.

[157] 朱彦鲁. 桥梁工程中T梁预应力智能张拉精细化的施工技术 [J]. 工程建设与设计, 2017 (9): 157-159.

[158] 崔建兵, 王波, 李伟, 等. 山区高速公路桥接隧零路基T梁架设施工技术 [J]. 云南水力发电, 2022, 38 (5): 64-68.

[159] 张冬云, 杨元林, 张锐. 高速公路线外梁场布置及T梁架设关键施工技术 [J]. 云南水力发电, 2022, 38 (5): 93-96.

[160] 王显鹤, 何苋, 王冰. 架桥机安装拆除施工技术研究 [J]. 中国电力企业管理, 2022 (3): 92-93.

[161] 刘志坚. 码头预制梁板采用架桥机安装技术实践 [J]. 珠江水运, 2021 (5): 53-54.

[162] 张勋榜. 架桥机安装验收项目的设置与要求 [J]. 山东工业技术, 2017 (5): 88.

[163] 孙伟, 陈高杰. 架桥机在T梁拆除工程中的应用 [J]. 中华建设, 2021 (10): 152-153.

[164] 袁向彪. 高速铁路T梁吊装设计与施工研究 [J]. 建筑机械, 2018 (8): 83-86.

[165] 艾鑫. 湿接缝技术在公路桥梁建设施工中的应用 [J]. 工程机械与维修, 2022 (4): 256-258.

[166] 赵坤. 钢筋气压焊接技术在桥梁施工中的运用 [J]. 交通世界, 2019 (31): 96-97.

[167] 石铸明. 预应力T梁施工质量控制要点 [J]. 黑龙江交通科技, 2020, 43 (6): 108, 110.

[168] 刘庆. T梁预制施工质量控制要点 [J]. 四川建材, 2018, 44 (10): 124-125.

[169] 贺文. 高速铁路现浇道岔连续梁施工工艺及质量控制要点 [J]. 科技传播, 2013, 5 (3): 123-124.

[170] 梁军．铁路桥梁墩身混凝土开裂原因研究［J］．建材发展导向，2022，20（12）：175-177．

[171] 李小琴．大体积混凝土开裂的起因及防裂技术［J］．大众标准化，2022（10）：163-165．

[172] 张奎．公路双导梁架桥机施工安全管理控制探讨［J］．工程机械与维修，2022（4）：248-250．

[173] 王有顺．浅析公路施工安全管理以及应急预案管理［J］．黑龙江交通科技，2020，43（10）：244，246．

[174] 杜连玉，李兆霞．连续箱梁桥构件易损性及重要性的评价方法［J］．公路，2022，67（7）：157-161．

[175] 宗敬云．装配式预应力混凝土连续箱梁桥施工技术［J］．交通世界，2021（32）：152-153．

[176] 范非凡．杨杖子特大桥连续梁0#段施工技术［J］．工程建设与设计，2018（5）：133-135．

[177] 徐刚龙．护国河特大桥0#块托架预压施工技术［J］．建筑施工，2020，42（4）：591-592．

[178] 赵振海．悬臂浇筑连续梁0号梁段现浇模板支架施工技术方案［J］．城市建设理论研究（电子版），2017（13）：213-214．

[179] 袁永军，范蕴蕴．缓粘结预应力钢绞线用缓粘粘合剂的拉伸剪切强度快速检验方法研究［J］．建筑结构，2019，49（13）：142-144．

[180] 邓斌，韦权，程怡．五里大桥0#块托架设计及施工应用分析［J］．西部交通科技，2022（4）：104-107．

[181] 交通部公路规划设计院．公路钢筋混凝土及预应力混凝土桥涵设计规范：JTG D62—2004［S］．北京：人民交通出版社，2004．

[182] 林恩川．双肢墩顶0#块模板及托架施工方法研究［J］．城市建筑，2019，16（3）：128-129，147．

[183] 吴文平．空心薄壁桥墩一体化模板设计与监测［J］．施工技术（中英文），2021，50（22）：61-64．

[184] 马克诚，吴小燕，王建军，等．连续梁桥菱形挂篮结构设计与验算［J］．技术与市场，2022，29（7）：61-66．

[185] 吴昌宏．大跨度刚构-连续组合梁桥施工监控与挂篮结构模拟分析［D］．合肥：安徽建筑大学，2022．

[186] 王克星．悬浇箱梁施工中的挂篮拼装［J］．科技创新与应用，2018（13）：144-145．

[187] 刘学．悬灌连续梁挂篮预压及拼装的方法［J］．科技信息，2009（21）：671-672．

[188] 鲍奇志．连续梁挂篮走行系统改进浅析［J］．价值工程，2019，38（22）：175-176．

[189] 魏宗新．市政桥梁工程预应力管道灌浆施工技术探讨［J］．工程技术研究，2021，6（4）：71-72．

[190] 中华人民共和国住房和城乡建设部．预应力筋用锚具、夹具和连接器：GB/T

参考文献

14370—2015 [S]. 北京：中国标准出版社，2015.

[191] 交通部公路科学研究所. 公路工程水泥及水泥混凝土试验规程：JTG E30—2005 [S]. 北京：人民交通出版社，2005.

[192] 交通部公路科学研究所. 公路工程集料试验规程：JTG E42—2005 [S]. 北京：人民交通出版社，2005.

[193] 李明. 混凝土梁后张拉法理论伸长量计算研究 [J]. 现代制造技术与装备，2020，56 (11)：65-70.

[194] 刘士涛. 后张法预应力筋张拉伸长量计算原理和影响因素分析 [J]. 广东水利电力职业技术学院学报，2020，18 (1)：9-11，30.

[195] 娄志会，钱思沁，王伟，等. 非对称变宽度连续刚构弯箱梁桥合龙预应力束张拉优化研究 [C]//2021年工业建筑学术交流会论文集（下册），2021：204-207.

[196] 石玉. 预应力高性能混凝土预制盖梁制作与钢束张拉优化 [J]. 建筑施工，2021，43 (7)：1353-1356.

[197] 贺胜朋. 预应力孔道压浆工艺的试验及应用 [J]. 中国新技术新产品，2013 (1)：148-149.

[198] 张敏. 桥梁工程真空压浆施工关键技术分析 [J]. 工程机械与维修，2021 (5)：148-149.

[199] 王明堂，范光明，王永强，等. 真空压浆技术在跨渠桥梁施工中的应用 [J]. 人民长江，2014，45 (10)：46-48，59.

[200] 梁超，曹凯杰. 连续刚构高墩边跨直线段钢管支架施工工艺 [J]. 四川建材，2021，47 (1)：117-118.

[201] 钟享华. 不平衡连续梁边跨直线段施工技术 [J]. 铁道建筑技术，2020 (10)：106-109.

[202] 封冠英培. T形连续刚构桥合龙段施工工艺优化的理论与试验研究 [D]. 柳州：广西科技大学，2020.

[203] 颜世留. 攀枝花金沙江大桥中跨合龙段施工技术探析 [C]//2018年4月建筑科技与管理学术交流会论文集，2018：253-254.

[204] 贡保甲，刘世忠，赵瑶琴. 沱江大桥中跨合龙的顶推施工控制分析 [J]. 兰州交通大学学报，2013，32 (3)：26-29.

[205] 廖丰. 连续刚构桥梁中跨合龙劲性骨架顶推施工技术 [J]. 城市道桥与防洪，2018 (3)：133-135，15.

[206] 罗哲涛. 桥梁预应力智能张拉压浆系统原理及施工技术研究 [J]. 企业科技与发展，2022 (4)：182-184.

[207] 安玉鹏. 建筑工程模板施工技术要点与质量控制措施 [J]. 工程技术研究，2021，6 (22)：66-67.

[208] 陆锡逢. 建筑模板安装质量控制研究 [J]. 住宅与房地产，2021 (21)：177-178.

[209] 张仕龙. 预应力施工技术在公路桥梁施工中的应用 [J]. 建筑技术开发，2022，49 (10)：136-138.

[210] 王小龙.桥梁工程预应力混凝土空心板梁施工质量控制[J].四川水泥,2022(7):201-203.

[211] 万奔.预应力技术在桥梁工程建设中的应用及质量控制[J].交通世界,2022(17):157-159.

[212] 杨栋.后张法预应力混凝土孔道压浆施工过程质量控制[J].山西建筑,2018,44(18):95-96.

[213] 董文博.预应力箱梁孔道压浆质量控制及检测要点研究[J].交通世界,2019(28):92-93,97.

[214] 李育强.预应力箱梁孔道压浆质量控制要点[J].科学技术创新,2018(10):121-122.

[215] 余宗贤.后张法预应力梁孔道压浆施工质量控制要点探讨[J].建筑监督检测与造价,2014,7(2):65-67.

[216] 杨永贵.复杂地质环境下高速公路隧道施工技术分析[J].科技创新与应用,2022,12(18):154-157.

[217] 邱干."新奥法"在隧道工程中的应用:以S232布尔津至喀纳斯机场段公路隧道工程为例[J].交通世界,2022(17):145-147.

[218] 崔正国.新奥法施工技术在公路隧道工程中的应用[J].交通世界,2022(13):65-66.

[219] 陈现立.单口掘进隧道出洞口优化施工方案[J].铁道建筑技术,2008(S1):205-207.

[220] 杨瑞英,田艳军.环形开挖预留核心土法在杨柳垭隧道洞挖中的应用[J].四川水力发电,2019,38(5):90-94.

[221] 高志刚.锚杆钢筋网喷射混凝土联合支护在富强矿的应用[J].煤炭技术,2005(2):27-28.

[222] 李钊,梁庆国,孙文,等.隧道台阶法施工上台阶长度对隧道变形的影响[J].隧道与地下工程灾害防治,2022,4(1):55-62.

[223] 张之钰,侯浩.全断面掘进机施工隧洞的围岩地质条件[J].山西水利科技,2008(4):4-6,20.

[224] 杨峻熙,曹江涛,肖贤炎,等.高寒地区特长隧道施工关键技术[J].施工技术,2018,47(S4):1448-1451.

[225] 汪平.高铁隧道新型自行式仰拱栈桥施工技术[J].山东交通学院学报,2022,30(1):59-66.

[226] 龚涛.高速公路桥隧连接工程中隧道洞门施工技术[J].城市建设理论研究(电子版),2019(35):43.

[227] 王志伟,马伟斌,王子洪.全断面预制装配式隧道明洞设计施工关键技术[J].铁道建筑,2022,62(6):11-15.

[228] 朱熙.高速公路隧道施工中的超前支护技术[J].工程建设与设计,2021(23):181-183,229.

参考文献

[229] 赵玉龙. 普通砂浆锚杆施工工艺 [J]. 黑龙江科技信息, 2016 (26): 271.

[230] 朱勇, 封艳巧. 隧道工程砂浆锚杆施工工艺的改进与研究 [J]. 中国科技财富, 2008 (11): 1.

[231] 王晓方, 曹云祥, 梁恩. 隧道超前注浆小导管生产技术的应用与改进 [J]. 建筑施工, 2021, 43 (12): 2541-2543.

[232] 刘争刚. 台阶法施工技术在软弱围岩大断面隧道工程中的应用 [J]. 中国高新科技, 2020 (15): 127-128.

[233] 黄邓承. Ⅳ-Ⅴ级围岩预留核心土法施工在高速公路工程中的应用 [J]. 交通世界, 2020 (34): 125-126.

[234] 陈俊成. 某公路隧道施工方法及钻爆方案设计 [J]. 西部交通科技, 2021 (4): 116-119.

[235] 谭强, 李继业, 张剑兴. 龙那1#隧道工程钻爆设计分析 [J]. 采矿技术, 2019, 19 (3): 131-133.

[236] 中交第一公路工程局有限公司. 公路隧道施工技术规范: JTG F60—2009 [S]. 北京: 人民交通出版社, 2009.

[237] 谢建枫. 锚杆喷射混凝土支护的技术应用 [J]. 四川水泥, 2020 (3): 18-19.

[238] 温李彬. 喷锚支护施工技术在隧道工程中的应用分析 [J]. 建设科技, 2017 (13): 112-113.

[239] 吴俊峰. 隧道二次衬砌施工工艺的探讨 [J]. 四川水泥, 2019 (9): 225.

[240] 曹梦娟. 浅析隧道工程二次衬砌施工工艺 [J]. 太原城市职业技术学院学报, 2018 (5): 167-169.

[241] 侯玉平. 高海拔高寒地区隧道防排水施工 [J]. 建筑技术开发, 2022, 49 (2): 97-99.

[242] 王国栋. 浅析隧道防排水施工技术 [C]//北京力学会第二十七届学术年会论文集, 2021: 1069-1071.

[243] 鲍大春. 监控量测在隧道新奥法施工中的应用 [J]. 山西建筑, 2019, 45 (5): 159-160.

[244] 中铁二院工程集团有限责任公司. 铁路隧道监控量测技术规程: TB 10121—2007 [S]. 北京: 中国铁道出版社, 2007.

[245] 陈绿燕. 隧道水泥混凝土路面施工质量通病控制要点简述 [J]. 黑龙江交通科技, 2014, 37 (4): 78.

[246] 鲁晓燕. 浅析高速公路特长隧道机电施工管理与技术 [J]. 科学技术创新, 2020 (10): 99-100.

[247] 中交公路规划设计院有限公司. 公路桥涵设计通用规范: JTG D60—2004 [S]. 北京: 人民交通出版社股份有限公司, 2015.

[248] 种增华. 桥梁引道设计技术及其措施 [J]. 交通世界 (运输. 车辆), 2013 (10): 129-130.

[249] 单春松. 道路工程设计实例 [J]. 交通世界, 2016 (Z2): 52-53.

[250] 李丽芬．公路路基工程开挖施工工艺与安全防护［J］．交通世界，2021（23）：62-63．

[251] 王恩德．公路路基开挖施工技术及施工安全控制［J］．居舍，2022（16）：68-70．

[252] 于俊卿，滕海青．洞口段开挖及支护施工技术［J］．河南水利与南水北调，2010（9）：80-81．

[253] 王洋．路基石方爆破施工工艺［J］．黑龙江交通科技，2018，41（6）：60，62．

[254] 黄竞锋．路基石方控制爆破施工技术初探［J］．建材与装饰，2017（24）：249-250．

[255] 郭亮．YQ-100B型潜孔钻机在预裂钻孔中的应用［J］．中国科技投资，2013（Z2）：131-133．

[256] 王楠．石方路基爆破施工［J］．交通世界（建养．机械），2013（4）：126-127．

[257] 刘勇刚，曲志鹏．浅谈路基石方爆破方案［J］．林业科技情报，2010，42（4）：72-73，75．

[258] 姜晓伟．石方爆破施工的测量控制方法［J］．有色金属文摘，2015，30（5）：100-101．

[259] 东兆星．光面爆破参数的合理确定［J］．建井技术，1999（4）：25-27．

[260] 张志呈．光面爆破参数的选择［J］．西南工学院学报，2000（4）：58-64．

[261] 曹世平．提高光面爆破效果的主要措施［J］．山西煤炭，1995（3）：25-27．

[262] 管仕辄．浅孔梯段爆破技术的改良和运用［J］．水利科技，2006（2）：25-26，29．

[263] 黄宝龙．控制爆破技术在复杂环境爆破中的应用［J］．福建建材，2021（11）：77-78，91．

[264] 刘喆，朱晓荣．浅议白鹤滩水电站泄洪洞上平段底板保护层开挖质量控制措施［J］．四川水利，2020，41（1）：79-81，85．

[265] 彭驰．浅析挂网喷锚技术在高边坡治理中的应用［J］．湖南水利水电，2017（4）：8-10．

[266] 黑春喜．挂网喷锚技术在边坡防护中的应用意义［J］．黑龙江交通科技，2021，44（8）：26-27．

[267] 李洪林．挡土墙及路肩墙水泥混凝土抗滑桩施工工艺［J］．黑龙江科技信息，2012（3）：226．

[268] 王国元．公路路基施工技术和质量控制方法［J］．黑龙江交通科技，2021，44（7）：55，57．

[269] 庄宝振．公路路面施工质量因素的有效控制与管理分析［J］．居业，2021（11）：113-114．

[270] 岳晓东．路堑施工及质量控制［J］．技术与市场，2012，19（5）：222．

[271] 张小军．半填半挖路基施工方法的应用［J］．山西建筑，2012，38（31）：164-165．

[272] 方乾，万晓丹．半填半挖路基质量控制［J］．江西建材，2011（3）：197-198．

[273] 陈茂喜，章琪．石质填方路基施工技术应用［J］．城市道桥与防洪，2015（5）：136-138，17．

[274] 尹力新．石质路基施工技术探讨［J］．交通标准化，2013（6）：123-125．

参考文献

[275] 徐婷. 公路桥梁路面工程的施工技术 [J]. 科技创新导报, 2019, 16 (36): 43-44.

[276] 刘景艳. 路面面层施工技术在公路施工中的运用 [J]. 工程技术研究, 2020, 5 (23): 62-63.

[277] 李朝. 现浇梁板模板施工技术在房建施工中的应用研究 [J]. 四川水泥, 2021 (11): 163-164.

[278] 李进宏. 桥梁梁板施工工艺分析 [J]. 黑龙江交通科技, 2014, 37 (9): 92, 94.

[279] 虎永辉, 周先伟, 李新淼. 桥梁梁板施工常见问题分析及处理 [C]//第二届水电工程施工系统与工程装备技术交流会资料汇编, 2010: 91-95.

[280] 吴执政. 桥梁盖梁支架方案概述及工程实例 [J]. 广东土木与建筑, 2022, 29 (6): 100-104.

[281] 肖溢华. 桥梁多柱式盖梁设计与工程实例 [J]. 安徽建筑, 2021, 28 (4): 144-145.

[282] 谭晓雷. 装配式盖梁施工技术在桥梁工程中的应用 [J]. 交通世界, 2021 (Z2): 171-172.

[283] 李学东. 公路桥梁现浇盖梁支架施工工艺探索 [J]. 中华建设, 2022 (7): 145-146.

[284] 何锐. 高速公路桥梁现浇盖梁支架施工工艺 [J]. 四川建材, 2021, 47 (8): 117-118.

[285] 宁建刚. 高架桥单柱式桥墩现浇盖梁施工方案 [J]. 四川建筑, 2017, 37 (3): 181-182.

[286] 陈治雄. 柱式桥墩盖梁安全施工支架设计及建模验算 [J]. 市政技术, 2021, 39 (S1): 58-61.

[287] 李权福. 特大桥引桥施工技术 [J]. 河北企业, 2008 (3): 69-70.

[288] 王晓东. 混凝土桥梁盖梁施工技术探讨 [J]. 交通世界 (建养. 机械), 2012 (7): 202-203.

[289] 惠世春. 预制拼装盖梁施工技术与质量控制研究 [J]. 中国高新科技, 2021 (17): 141-142.

[290] 何远义, 彭浪. 装配式盖梁施工技术在桥梁工程中的应用 [J]. 工程建设与设计, 2020 (5): 198-200.

[291] 李波, 荣蓉, 崔亚军, 等. 超长盖梁钢筋骨架整体加工及吊装施工 [J]. 施工技术, 2020, 49 (S1): 1162-1165.

[292] 刘涛. 大盖梁预制拼装施工技术在公路工程中的应用 [J]. 工程机械与维修, 2021 (6): 184-185.

[293] 张帅民, 韩国栋. 桥梁盖梁钢筋骨架整体吊装施工 [J]. 北方交通, 2012 (9): 92-94.

[294] 郭帅. 桥梁耐久性施工技术与质量控制 [J]. 交通世界, 2019 (25): 106-107.

[295] 韩富伟. 盖梁施工技术及质量控制 [J]. 交通世界 (运输. 车辆), 2013 (9): 214-215.

[296] 吴迪, 苏海涛. 试析钢筋混凝土盖梁施工技术 [J]. 河南科技, 2013 (9): 145.

[297] 苗光华. 桥梁桥墩及其盖梁施工技术 [J]. 交通世界, 2017 (29): 120-121.

[298]　陈鹏凯．桥梁桥墩及其盖梁施工技术探析［J］．交通标准化，2013（5）：80-82．

[299]　马成兵．桥梁桥墩及其盖梁施工技术研究［J］．安徽建筑，2018，24（4）：210，297．

[300]　吕祖博．桥梁测量控制浅谈［J］．黑龙江交通科技，2016，39（12）：161，163．

[301]　姜晨光，盖玉松，吕振勇，等．特大公路桥梁施工测量方法的新探索［J］．中国公路学报，2000（3）：60-62，87．

[302]　陈轶良．建筑钢材检测中需要注意的问题分析［J］．砖瓦，2020（11）：132-133．

[303]　王雁．建筑工程质量检测中的混凝土检测技术分析［J］．质量与市场，2022（14）：130-132．

[304]　武琳盛．建筑工地施工用电安全技术措施［J］．智能城市，2021，7（12）：145-146．

[305]　张连明，隋仕涛，王忠民．起重机械的安全使用与事故预防措施分析［J］．中国新技术新产品，2010（13）：142-143．

[306]　《中国公路学报》编辑部．中国桥梁工程学术研究综述·2014［J］．中国公路学报，2014，27（5）：1-96．

[307]　陈红．丫髻沙大桥桥面系加固设计［J］．桥梁建设，2013，43（2）：93-98．

[308]　胡铁明，黄承逵，陈小锋，等．简支变连续梁湿接缝接头疲劳损伤试验［J］．土木工程学报，2010，43（10）：36-44．

[309]　华东东．某中小跨径水泥混凝土桥面铺装改造加固与施工［J］．工程技术研究，2022，7（6）：64-66．

[310]　赵若昀，马芹纲，宋德洲，等．公路钢桁梁桥组合桥面预制板湿接缝收缩自应力计算分析［J］．科学技术与工程，2021，21（12）：5098-5104．

[311]　黄瑜珍，姜顺荣．桥面伸缩缝的类型及施工注意事项［J］．交通世界，2017（35）：80-81．

[312]　赵欢．桥面系防撞护栏施工技术［J］．江西建材，2015（19）：151，154．

[313]　李恩良．中俄同江铁路桥钢桁梁桥面系结构形式研究［J］．铁道工程学报，2015，32（10）：66-72．

[314]　朱建，王勇．预制T梁提升及架设施工技术分析［J］．黑龙江交通科技，2020，43（10）：76-77．

[315]　吕国栋．桥梁湿接缝施工工艺对混凝土界面黏结力的影响研究［J］．公路，2020，65（9）：113-118．

[316]　麦权想．港珠澳大桥海中桥梁工程预制墩身干湿接缝施工工艺分析［J］．广东交通职业技术学院学报，2017，16（2）：9-13．

[317]　李银兵．连续梁桥悬臂浇筑施工关键技术研究［J］．交通世界，2018（21）：110-111．

[318]　李锡通，张荣敦，何祎．冷轧带肋钢筋在桥面铺装施工中的应用［J］．中外公路，2003（3）：38-39．

[319]　李国龙．水泥混凝土桥面铺装病害及预防措施［J］．科技创新导报，2010（13）：32．

[320]　程克达．桥面铺装工程病害成因分析及防治措施［J］．混凝土世界，2022（6）：79-82．

参考文献

[321] 张红荣.桥梁工程施工中桥面防水施工技术[J].建筑技术开发,2022,49(10):133-135.

[322] 黄逸锋.桥梁装配式防撞护栏连接件优化设计研究[D].广州:华南理工大学,2021.

[323] 田世伟.改良预应力空心板梁施工工艺:梁底座及模板支立[J].黑龙江科技信息,2003(6):154.

[324] 杨俊.桥面沥青混凝土铺装综合施工技术[J].工程技术研究,2021,6(16):111-112.

[325] 张陆军.浅析沥青混凝土路面压实度施工控制[J].建筑技术开发,2021,48(1):119-120.

[326] 邹云坤.桥梁桥面与伸缩缝养护的施工技术[J].设备管理与维修,2017(4):75-76.

[327] 邹良发.桥梁伸缩装置"后嵌法"施工与质量控制[J].交通世界(建养.机械),2010(8):126-127.

[328] 洪显诚,李晶华,成世辉,等.用预切缝代替桥面伸缩缝的新发展[J].中南公路工程,1994(1):51-54.

[329] 范文孝.桥面伸缩缝施工[J].东北公路,2001(3):66-68.

[330] 郝磊,韩建国,阎培渝,等.严寒地区混凝土桥面伸缩缝施工养护方法探讨[J].混凝土,2018(5):138-142.

[331] 徐卫东,马刚伟.钢筋混凝土简支梁桥桥面连续伸缩缝早期损坏原因及对策探讨[J].公路运输文摘,2002(6):71-72,74.

[332] 叶澍华.水工构筑物施工缝处理技术[J].黑龙江水利科技,2021,49(1):202-205.

[333] 史柏松.桥梁沥青混凝土路面试验段施工技术[J].建筑机械,2019(7):126-128.

[334] 罗岁龙.沥青混凝土面层施工技术及质量控制措施[J].中国建材科技,2020,29(5):118-119.

[335] 赵之仲,李玉成,郭忠印,等.几种统计法在精确计算沥青路面松铺系数中的综合应用[J].公路工程,2013,38(1):54-58.

[336] 杨虎.沥青路面加铺施工工艺[J].建筑技术开发,2017,44(20):109-110.

[337] 孟纪英.沥青混合料面层施工技术的思考[J].交通世界(建养.机械),2015(11):96-97.

[338] 陈莹.沥青路面面层施工要点分析及质量控制[J].中国水运(下半月),2012,12(2):206-207.

[339] 方金,范亮,杨未蓬.钢桥面板在高温混合料摊铺时温度效应参数分析[J].公路,2022,67(2):130-137.

[340] 蔡杰民.路面施工中沥青混合料摊铺的施工技术研究[J].江西建材,2021(9):219,221,223.

[341] 王苏娅,张应和,郭艳珠.沥青混合料摊铺机熨平板频率振动测试系统研究[J].机

电工程技术,2022,51(6):78-81.

[342] 何润兰.公路沥青路面摊铺和碾压施工技术研究[J].山西建筑,2018,44(19):136-137.

[343] 史小魏,马志伟,李洪闯.高速公路改扩建工程新旧路面基层接缝处理施工技术研究与应用[J].公路,2021,66(1):366-369.